KYOTO
UNIVERSITY
PRESS

本田裕志

平和と人権の思想史

近代自然法思想と哲学

学術選書 116

京都大学
学術出版会

平和と人権の思想史——近代自然法思想と哲学◉目　次

はじめに

私たちはしばしば、外国の法律について、「○○国では国民が銃などの武器を日常的に所持することを認めているが、こういうことは好ましくない」と考えたり、自国の昔の法律について、「戦国時代の分国法では、一銭斬りなどといって、ごく軽微な罪科でも斬罪に処するようなことが行なわれたが、随分ひどい話だ」などと言ったりする。これはつまり、日本と○○国、現代と戦国時代というように、国により時代によって異なっている法律を互いに比較して、その優劣を問題にするということである。このような場合私たちは、さまざまな時代にさまざまな国で制定・施行されている諸々の現実の法律（実定法）に対して、時代や国の違いを超えて普遍的に、永遠かつ不変な掟として妥当する「あるべき法」の理念のようなものを考え、現実の諸々の法律はこの理念に合致する度合に応じて正しく優れており、それから乖離《かいり》する度合に応じて不正であり劣っている、と考えるわけである。この永遠、不変な「あるべき法」の理念は、一般に「自然法」と呼ばれ、右のような考え方は「自然法論」あるいは「自然法思想」と呼ばれている。

自然法思想は西洋思想史の中で、古代ギリシアにまで遡《さかのぼ》る古い歴史を持つ考え方であるが、近代に入ってから、とくにその前期段階において重要な発展を遂げ、豊かで貴重な思想的成果を生み出した。ここに近代前期と言ったのは、国によって差はあるが、おおむね一七〜一八世紀、市民革命・産業革命を経る前の、絶対王政とマニュファクチュア（工場制手工業）を政治上・産業上の基本体制とした時代のヨーロッパを念頭に置いてのことであり、この時代の自然法思想の思想的成果と呼んだもののうちには、個人相互間の平和・人間の基本的権利の擁護・国際平和という三つの重要な理念が含まれる。本書は、この時代の思想史を構成する人物群の中から、グロティウス、ホッブズ、スピノザ、ロック、サン・ピエール、カントの六人を取り上げ、彼らが自然法をどのようなものとして捉えたか、また自然法思想を軸とした彼らの思想的営みの中から右の三つの理念がどのように成熟し結実していったかを跡づけようとする試みである。

自然法思想に立脚した国際平和の思想の、グロティウスに発する流れとしては、彼からプーフェンドルフ→ヴォルフ→ヴァッテルというように続いた国際法学の系譜が知られているが、本書はこれとは別に、哲学思想史の角度からの系譜化を試みる。とは言っても筆者には、既述の六人の思想の間に明確な継承関係や影響・被影響の関係があることを確かな根拠に基づいて立証しようとする意図があるわけではない。本書がめざしているのは、彼らのうちに自然法概念を軸とした共通の問題意識があり、それをめぐる思考努力が時代を経るにつれ、平和の思想・人権擁護の思想として徐々に具体化と哲学的深化の両方向へと発展を遂げたということを、浮かび上がらせることである。この作業は、単なる思想史の叙述に留まらず、次の点での寄与を期するものでもある。それはすなわち、右の三つの理念が一部の人々には空気のように当たり前のものとなって、その貴重さがややもすれば忘れられがちになる一方で、他の人々にはその矛盾や行き詰りが苛立《いらだ》ちをもって意識されつつある現代において、その理念としての意味と重みを、それらの誕生過程を辿《たど》りつつ再認識する助けとなること、そしてそれを通じて、現代世界の諸々の困難な課題をこれらの理念に沿って克服する努力に自ら加わろうとする人々に、ささやかな知的刺激を供することである。

各章の執筆にあたっては、平易な叙述を旨としつつ、本叢書の学術的性格に沿うべく、次の諸点に留意した。すなわち、第一〜四章では、それぞれの思想家・哲学者の説を社会思想としての角度から論じる際に専《もっぱ》ら拠り所とされてきた主要著作だけでなく、従来取り上げられることの少なかった諸著作や理論哲学上の諸著作をも参照し、各々の思想の全体像を踏まえた包括的な視点からの叙述を心がけること。第五章では、これまでルソーによる要約と批判を介して僅かに触れられるのみであったサン・ピエールの平和構想について、その具体的内容と哲学的基盤を彼の著作原典に基づいて詳述・論評すること、そして第六章では、カントの道徳哲学・法哲学・平和論の連関を明確にしつつ体系的に論じ、近代自然法思想の集大成としてのその意義を明らかにすることである。なお、第五・六両章の間にルソーに関する一章を設けなかったのは、頁数の制約に加え、サン・ピエールの平和論とカントのそれとの関係と対比を強調し、両者の考えが現代に対して持つ影響と意味を鮮明にしようとする意図による。この点については、読者の御理解・御寛如を乞う次第である。

序章　近代自然法思想の前史——古代・中世の自然法思想

〇・一　自然法思想の濫觴《らんしょう》——ソフィストたちによる問題提起

古代ギリシアの文化・思想の誕生の母胎はポリス社会であった。ポリス（πόλις）とは都市国家のことである。往時のギリシア人は、同じ言語を話す同一民族という意識を抱きつつも、一つの統一国家を作らず、多数の都市が各々独白の法や制度を持つ独立国家として分立・並存するような社会を形成していた。これらのポリスは紀元前九～八世紀頃から成立し、紀元前六～五世紀の全盛期には、ギリシア本土だけでなく、地中海沿岸各地の植民市も含めて、かなり広汎な地域に点在していた。

ポリスの市民権を有する市民たちは、各ポリスの体制の違いにより程度の差はあったが、総じて国政・司法・軍事等に関わる公的活動を重視し、その成功のために、公の場での議論を通じて自身の有能さを認めさせるのに必要な、社会常識・慣習・法制度等に関する諸々の知識や弁論のテクニックなどに習熟しようとした。この傾向は、これらの処世上の知識・技能を専門的に教授する、ソフィスト（ソピステース σοφιστής）と呼ばれる一群の職業的教師たちの出現を促した。そしてこのソフィストたちのある者によって、後の自然法思想の源となる問題提起がなされることとなった。

ポリス社会の初期には、市民たちは自国の法や慣習を素朴に信頼し、それらに合致することは正しく、違反することは不正であると単純に考えていたであろう。しかし時が経ち、ポリス同士や異民族との交流が進むにつれて、正しいことと不正なことに関する認識に、国や民族によってかなり違いのあることが自覚され、その結果、正・不正のこのような多様性に疑問を感じ、何が真に正しいことなのかを知りたく思う人々も現れたにちがいない。特にソフィストたちはその職業柄、各ポリスの社会通念や法制度に精通し、どの国ではどのような言動が「正しい」とされるかをよく知っておく必要があったから、「正しさ」の概念の国ごとの差異には敏感であらざるをえなかった。そして彼らの中には、国や民族によって異なる「正しさ」は人々が合意によって取り決めた約束事——ノモス（νόμος 人為）と呼ばれ、同じこの語によって法律・慣習などの意味も表わす——としてのそれであるとみなし、これに対して「物事の本来のあり方」——ピュシス（φύσις 自然）と呼ばれる——としての「正しさ」があると考え、それがいかなるものかについて独自の主張を展開する者が現れた。

たとえば、アテナイ出身のアンティポン（前四八〇?～前四一一）というソフィストは、残存する著作断片の中で、合意によらず自然に生じた「自然の掟」と、合意に基づいて人為的に作られた「法の掟」とを対比して、両者はおおむね敵対関係にあり、法が命じたり禁じたりする事柄は反自然的であって、自然の掟に基づく人間本性を捩《ね》じ曲げるのに対し、自然の定めは自由にするものである、と論じている。彼はまた別の断片で、自然においては人間はみな同じように生れついており、民族の違いや血統の尊卑などによって差別されない、という意味のことも述べている。また彼とほぼ同時代の、エリス出身のヒッピアスという博覧強記と多芸多才で知られたソフィストも、同様に自然（ピュシス）と法（ノモス）を対立的に捉え、法は人を支配する専制君主であって多くの反自然的なことを強制すること、人間は自然においては互いに同族・同胞であることを説いたと言われる。さらに、彼らよりやや遅れて紀元前五世紀末から次の世紀にかけて活動したアルキダマスというソフィストは、「自然は誰一人奴隷として作りはしなかった」と述べ、自由人と奴隷の差別が人間の自然本性に根ざすものではなく、人為的な法によって作り出されたものであることを示唆したと伝えられている。

彼らの言う「自然の掟」に従った人間生活とはどのようなものか。ソフィストたちの言説を素直に解するなら、それは法律などの人為的な掟に縛られることなく、人間の自然な感情や欲求のままに振舞う生き方だ、ということになるであろう。しかし、狭いポリスの中で人々がみな自己の欲するままに行動するなら、彼らは互いに対立・衝突し、欲求の対象をめぐって激しい争いが生じるであろうことは目に見えている。それに対して何の法的な拘束も強制も加えないとすれば、そこに出現するのは情容赦ない力ずくの競争が支配する世の中であろう。哲学者プラトン（前四二七〜前三四七）はその著作

『ゴルギアス』の中で、カリクレスという極端な弁論を弄《もてあそ》ぶソフィストが、まさにそのような世のあり方こそ自然本来の正しさに適うものだ、という露骨な主張を展開するさまを描いている。カリクレスは言う。自然そのもの、自然の法は、力の勝る者が力の劣る者よりも多くのものを取得すること、優れた者が劣った者を支配し余計に所有することが、正しいということを明示している。人為的な法は、自然的正義に適ったこのような状況の下では不利な立場にある諸々の弱者たちが、自分たちの利益を不当に確保するために制定したものである。彼らはこれによって、他人よりも多く取得・所有する能力のある強者を威嚇し、そのようなことは不正な醜いことであり、他人と等しいものの取得と所有に甘んじることこそ正しく美しいのだ、という偽りを教え込んで呪縛し、こうして自然本性に従った自由な生き方のできる人々に、反自然的で奴隷的な生き方を強いているのだ、と。

一部のソフィストのこのような言説は、彼らの最大の論敵であったソクラテス（前四六九〜前三九九）やその門人プラトンによって厳しく批判されたが、しかしこの一見強引で乱暴な主張の根底をなす法律批判の精神の中には、ある啓発的な問題意識が含まれていることを見落としてはならないであろう。それは、法律による強制や拘束がしばしば国家やその支配層・権力者の利益と都合のために、一部または多数の国民の自然な人間性を損い抑圧する過剰で不当なものになりがちなことに対して、私たちは常に警戒を怠ってはならず、法秩序そのものは大切にしなければならないにしても、既成の個々の法には盲従することなく、絶えずそれらに批判と是正を加える必要がある、ということである。

ソフィストたちの右の主張の要点は、次の四つに整理することができよう。(1)合意によって人為的に定められた、国ごとに異なるさまざまな法に対して、自然の掟と言うべきものが存在し、両者は必ずしも一致せず、むしろ互いに敵対する傾向がある。(2)自然の掟は全人類に共通の掟であり、あらゆる人々を同胞として扱うのに対し、人為的な法はしばしば、民族・血統・身分などの違いによる人と人との対立と差別をもたらしている。(3)自然の掟は人間の自然本性を尊重し自由に発揮させるのに対し、人為的な法は強制や拘束によって人間性を歪める、あるいは、少なくとも歪める危険を孕《はら》んでいる。(4)それゆえ、万人が真に従うべき掟は自然の掟であり、これに従うことによって人間は不当な抑圧のない自由な人間らしい生を送るとともに、差別や対立のない人間同士の同胞的関係を実現することができる。（したがって、人為的な法は、自然の掟に近いほどすぐれた、正当な法とみなされる。）

ソフィストたちのこの考え方は、実定法に対する自然法の存在と優位を主張する後世の自然法思想の、西洋思想史上最古の先駆思想と認めることができるものである。

〇・二　ストア派の自然法思想

ソフィストたちの活動した時代には、それと並行して、既述のように彼らの論敵であり批判者であったソクラテスが活動を展開した。これに続いて紀元前四世紀の前半から中盤にかけての時期には、彼の門人プラトンと、さらにその門人アリストテレス（前三八四〜前三二二）がそれぞれの壮大な哲学思想を構築し、古代ギリシア哲学の最も光輝ある時代を現出した。

しかしアリストテレスの晩年に当たる紀元前四世紀後半から、古代ギリシア社会は大きな変貌を遂げる。すなわち、彼の母国マケドニアのフィリッポス二世による全ギリシア覇権の確立により、ギリシア哲学の母胎であり最盛期の舞台でもあったポリス社会は崩壊し、次いで同王の子アレクサンドロス（大王）の敢行した東方大遠征（前三三四〜前三二四）によって広大な大王領が形成され、さらに争乱による同領の分断の果てにプトレマイオス朝エジプト、セレウコス朝シリア、アンティゴノス朝マケドニアの三王国が成立するに及んで、歴史はヘレニズム時代（前三世紀初頭〜前一世紀後半）へと移行した。この時代にはストア派・エピクロス派など幾つかの新たな哲学の学派が誕生したが、中でもストア派は、続くローマ帝国時代（前一世紀後半〜後四世紀末）にも受け継がれ、古代後期哲学思想の重要な軸となった。このストア派の哲学の中に、先駆的な自然法思想が見てとれる。

ストア派の顔ぶれは多彩で、ヘレニズム時代には同派の初祖であるキプロスのゼノン（前三三五〜前二六三）、第二祖クレアンテス（前三三一〜前二三二）、第三祖クリュシッポス（前二八〇?〜前二〇七?）、同派のローマへの伝播に寄与したパナイティオス（前一八五?〜前一〇九）とポセイドニオス（前一三五?〜前五一?）の師弟などが現れ、ローマ時代には、ヒスパニア（スペイン）出身の富豪で劇作家・政治家でもあったセネカ（前四?〜後六五）、解放奴隷出身で同派最大の哲学者であるエピクテトス（五五?〜一三五?）、ローマ皇帝で「五賢帝」の最後を飾ったマルクス・アウレリウス・アントニヌス（一二一～一八〇）らが輩出した。ここでは、主にマルクス・アウレリウスの『自省録』に基づいて、自然法に関するストア派の考え方を概観することにしよう。

マルクス・アウレリウスによれば、人間の魂がそれ自身を最も損うのは自然から離反する場合であり、逆に人間が最も優れた者となるのは、宇宙の秩序を自分に与えられた運命として受け入れ、この秩序に則って、すなわち自己の自然本性に従って生き、それによって宇宙の中で自分に振り当てられた務めを果す場合である。それゆえ、自己の自然本性に適うことは各人にとって有益なことである。しかるに、人間は理性的動物であり、人間の自然本性とは理性的であることである。したがって、人間は他の何事にも注意を向けることなく、ひたすら自分の魂がそれ自身においてもその活動においても理性的であるように、すなわち宇宙の理法である理性の法に従って生きるように努めるべきである。この点からして、理性的生活への専心の妨げとなる外的な物事への欲求やその影響から生じる情念等からの完全な解放が希求され、「ストイシズム」「ストイック」などの語の源となったストア派特有の禁欲主義倫理が説かれるのであるが、この点についてはここでは深く立ち入らない。

さて、理性はあらゆる人間の共有するもの、万人共通のものである。理性的存在としての人間は、この万人共通の理性によって、なすべきことを命じられ、なすべきでないことを禁じられる。つまり私たちは、万人共通の理性の法を法として、それに則って生きなければならない。それゆえ人間は、人間としてのかぎりでみな、宇宙あるいは世界という共同国家、すなわち他の諸々の国家がその中の家々にすぎないような最高の国家の同胞市民であり、宇宙の理法としての理性の法は、この共同国家の共通の法である。人間は理性的存在としてこの法に従うことにより、同類であるあらゆる人間に結びついて社会的に連帯し、また同じ理法に従う万物の相互関係から成る秩序ある宇宙の、その秩序の中に織り込まれた一員として、あらゆるものと互いに友好関係を結ぶのである。

ストア派の右の考え方の重要な特色は、次の二点である。(1)人間の自然本性を「理性的」という点に見たことにより、万人が本来それに従うべき共通の法である自然の掟を、ソフィストの言うような自然的欲求の全面的解放の指令としてではなく、理性の命じる法として捉え直し、かつそれを宇宙の理法そのものとみなしたこと。(2)万人がこの理性の法に従うとき、世界はいわば一つの国家、全人類を包む一つの共同体となり、万人の友好的な社会的連帯と同胞関係が成立するという、コスモポリタニズム（世界市民主義）への展望を示したこと。

この点においてストア派は、ソフィストの原初的自然法思想をさらに深化・発展させ、後世の自然法思想の本格的展開への地ならしを果したと言えるであろう。

〇・三　中世哲学の自然法思想——トマス・アクィナスの場合

西洋古代世界は四世紀末のローマ帝国東西分裂とともに終焉を告げ、続く五世紀から約一〇〇〇年余にわたる中世の時代に入る。ヨーロッパの中世は、成立以来三〇〇年近くも断続的に繰り返された迫害に耐えた後、四世紀初頭にローマ帝国の公認を得、同世紀末には唯一の合法宗教となったキリスト教が、その確立された教義と教権によって精神界に絶対的に君臨するとともに、ローマ帝国に代ってヨーロッパを統治したゲルマン系諸王国およびその後継諸王国の、封建制下の諸侯の緩やかな連合に立脚した王権と結合して、世俗界をも強力に支配した時代として性格づけることができよう。

中世哲学の特色もまた、神学と一体化したキリスト教哲学という点にある。中世哲学は大きく二つの時期に分けられる。第一の時期は、いわゆる教父哲学、すなわち教会の学識ある神父たちを担い手とした護教哲学の時代であって、彼らはギリシア哲学、わけてもプラトン哲学の理説を借りて、異教や異端の説を論駁し、キリスト教の正統教義を確立する巨大な知的努力を重ねた。この時期を代表する哲学者は、北アフリカのヒッポの司教であったアウグスティヌス（三五四～四三〇）である。第二の時期はスコラ哲学の時代であって、カトリック教会内の諸々の修道会に属する修道士の学者たちが、主にアリストテレス哲学の理論的枠組を用いて、キリスト教的世界観の壮大にして緻密な体系を作り上げた。この時期を代表するのは、イタリアの貴族出身のドミニコ会士であったトマス・アクィナス

（一二二五?～七四）である。本節では、『神学大全』第二-一部第九〇～第一〇五問題において展開された議論に基づいて、トマス・アクィナスの自然法思想の特色を探ってみたい。

(i) **トマス・アクィナスによる法の定義**　トマスによれば、法（jus または lex）は次の四つの特質を備えていなければならない。(一)法は理性に属する何物かである。理性が人を動かす力を得るのは意志からであるが、意志による命令が法の本質を備えるためには、理性による規制を必要とする。法の法としての権威の源は法の命じる事柄自体の合理性にあり、立法者がそれを命じたということにあるのではない。(二)法はすべて共通善への秩序づけに基づいていなければならない。(三)法を制定することは、全人民か、もしくは全人民の配慮を委ねられた公職者に属する。(四)法が法としての力を持つためには、公布されることが必須である。そしてこの四点から彼は、法を「共同体の配慮を司る者によって制定・公布された、理性による共通善への秩序づけ」と定義している。

(ii) **法の分類と自然法の位置づけ**　さらにトマス・アクィナスは、法を大きく永遠法・自然法・人法・神法の四つに分類し、それぞれについて次のような説明と位置づけを行なっている。

●永遠法（lex aeterna）　これは宇宙世界の全共同体を統治する神の内なる統治理念、言いかえれば、万物のすべての働きと運動を導くものとしての神的智慧の理念そのものである。それゆえ、神の本性ないし本質に属する事柄は永遠法そのものと同一であり、被造物はすべて永遠法の下にある。神の命令を理解しない非理性的被造物も、神の摂理に従って動かされるかぎり、永遠法に下属しているし、理性的被造物（人間）は永遠法をそれ自体においてではないが、その何らかの輝きに基づいて認識する。後述するように、永遠法は自然法を、自然法は人法や神法を基づける原理であるから、自然法の共通原理は万人に知られ、あらゆる法は法の本質を有するかぎり永遠法から出てくると言えよう。

●自然法（lex naturalis, lex naturae または jus naturale）　神の摂理に服する万物はすべて永遠法によって規制されているが、その中で理性的被造物は、自らも神の摂理の分担者となってそれ自身と他のもののために配慮するかぎりで、より卓越した仕方で神の摂理に服する。言いかえれば、理性的被造物はそれ自身、神の統治理念＝永遠法を分有し、それによって正しい行為・目的への自然的傾向を有する。理性的被造物におけるこの永遠法のこの分有が、自然法にほかならない。

自然法は、その諸規定がそれらの根源をなす一つの、第一の原理に帰着するかぎりで、一つである。また自然法は、この第一の共通原理に関していえば、万人について同一であり、不可変であり、人々の心から消し去られることがない。さらに、徳の行為はすべて自然法に属する。なぜなら人間に固有の形相は理性的霊魂であり、どの人間にも理性に従って、つまり徳に基づいて行為する傾向がある、言い換えれば、人間に固有の理性が各人に有徳な仕方で行為するよう自然的に命じるからである。

●人法（lex humana）　これは人間社会の現実に制定された法のことで、一般に実定法（jus positivum）と呼ばれるものに相当し、トマスもこの両語をほぼ同義に用いている。ただし厳密に言うと、人法は後述する神法と並んで実定法の一つの部類として位置づけられるべきものであろう。

自然法は、共通原理としての永遠法の、人間理性による自然的分有であり、その諸規定は共通的・一般的な倫理的規定である。しかし人の世の法はそれに加えて、個別的な事柄を導く特殊的規定、すなわち理性の命令自体からでなく人によって制定されることで拘束力を得るような諸規定を必要とする。この諸規定、すなわち人間理性が共通原理としての自然法から出発して作り出した特殊的な秩序づけが、法としての諸条件を満たす場合に、人法と呼ばれる。たとえば、人間には徳へと向かう自然的傾向がありながら、多くの人々はまた悪徳や悪事へと傾き、他の人々の静穏を乱すので、人間社会は徳と平和を維持するために、時代と状況に応じた罰や制裁などの人為的制度を定めることによって、人々を悪から引き離さなければならず、それゆえ人法を必要とするのである。

右の点から明らかなように、人法は高次の基準としての自然法から導出され、自然法によって規制されている。しかし人間的な事柄の多様性のゆえに、自然法の共通原理は万人に対して同一の仕方で規定されることはできないから、人法は多様である。また人々の条件の変化に応じて有益なことはさまざまに異なり、人間理性が不完全な状態から完全な状態へと進むにつれて、定められた法もより完全なものへと改められる必要があるので、人法は可変的である。さらに人法がそのために制定される人間の集団は徳において不完全なので、人法は自然法の禁じるすべての悪徳を禁じることはできないし、すべての有徳な行為をでなく、共通善へと秩序づけられるような行為のみを命じる。

実定法としての人法は万民法（jus gentium）と国法（jus civile）に区分される。原理から結論が導かれるような仕方で自然法から導出される事柄は万民法に、各国家が自らに適当とすることを特殊的確定として規定する事柄は国法に属する。万民法は自然法と同じく万国の万民に共通であるから、という理由で両者を同一視したり、万民法を自然法のもとに含めたりする考え方は正しくない。

●神法 (lex divina)　これはいわば神の定めた実定法であり、信仰上の掟であって、旧法 (lex vetus) と新法 (lex nova) から成る。旧法は旧約聖書に記されたユダヤ教の律法のことであり、新法は新約聖書の説くイエス・キリストの福音の教えの中の戒めと掟である。神法は自然法を前提とし、それに根ざしているが、人法の場合と同じく神法においても自然法の共通的・一般的規定の特殊的確定が行なわれ、この特殊的確定そのものは自然法に属する規定からは区別される。

　自然法と人法に加えて神法が必要とされる理由は、トマス・アクィナスによれば次の通りである。(一)永遠法の分有は、自然法をつうじて人間の自然本性の能力と可能性に応じた形でなされるが、人間の自然本性を超えた永遠の至福という目的へ向かって、より高次の仕方で永遠法が分有されるために、神与の法が必要である。すなわち、神法はそれ自体としては理性に合致し自然法を前提としつつ、人間理性を超えた信仰上の事柄において人間に助力を与える。(二)人間の判断力は不確実で、個々の特殊的行為の当否については判断がさまざまに分れ、また外面的行為に現れない内心の動きにまでは及ばないので、諸々の人法は互いに異なったり矛盾したりするうえ、内的行為を十分に抑制し秩序づけることができない。この不十分さは、神法によって補われ規制される必要がある。(三)人法は主として人々を相互に秩序づけるのに対し、神法は主として人々を神へと秩序づけるために制定されている。

(iii) **トマス・アクィナスの自然法思想の特色**　トマス・アクィナスの右の法論を自然法思想という観点から見た場合、その特色として指摘できるのは次の四点である。(1)自然法を、いわば神の内なるあらゆる正しい法の原基としての永遠法の、理性による人間的把握として捉えたことにより、自然法が神に由来するという考え方を明確にした点。(2)その一方で、自然法の法としての権威を神の恣意的立法意志にではなく、その内容の合理的妥当性に見出すことにより、自然法を理性の命令と解するストア派の立場を踏襲した点。(3)自然法と、実定法としての人法のそれぞれの特質と相互関係を明確に理論化した点。(4)神法に人法と並ぶ一種の実定法と言うべき位置づけを与えることにより、宗教上の戒律を人の定めた法律とともに人間生活の実際的規範として重視する考え方を示した点。

トマス・アクィナスの自然法思想は、右の(1)・(4)の点で中世キリスト教哲学としての性格を示しつつ、(2)・(3)の点で古代哲学の自然法思想を継承し発展させ、これを近代へと橋渡ししたと言えよう。

第1章……グロティウス——近代自然法思想の誕生と戦争抑止の法

一・一　グロティウスの生涯とその時代

(i) **誕生**　フーゴー・グロティウス（Hugo Grotius）は一五八三年四月一〇日、オランダのデルフト市に生れた。時に祖国オランダ（ネーデルラント北部七州）はスペインからの独立戦争のさなかにあり、二年前に独立を宣言したばかりであった。早くからの商工業と海運の発達による諸都市の経済的繁栄を背景に自治的気運が高揚し、宗教改革後は商工活動を積極的に意義づけるカルヴァン派新教が浸透していたこの地は、旧教国スペインの宗教的抑圧と重税・圧制に抗してこの戦いに立ち上がったのであった。独立の正式な国際的承認は一六四八年のことであるが、新興国オランダはその間にも経済活動と対外進出を活発に展開し、一六〇二年には東インド会社を設立、程なく今日のインドネシアを支配下に置き、一六三九年には欧州国としての対日本貿易の独占を勝ち取るに至った。

(ii) **学問的才能**　グロティウスは八歳でラテン語の詩を作るなど、幼時から語学・文学・歴史・神学等の広汎な分野で天才的学才を示した。一二歳でライデン大学に入学した頃には、旧教徒の母を説得して新教に改宗させたり、古代の詩人の作品を校訂・編集し刊行するなど、既に一廉《ひとかど》の学者としての働きを示し、一六歳でフランスを訪れた際には、国王アンリ四世に「ホラントの奇跡」と讃えられた。また一八歳で発表したラテン語の宗教詩集は英国の大詩人ミルトンに多大な影響を与えたという。

(iii) **公的活動**　彼は一六歳で弁護士となり、二二歳でホラント州修史官、二四歳で同州の検事総長、三〇歳でロッテルダム市主事に就任、活発・多忙な公的活動を繰り広げた。

弁護士としては、一六〇三年のカタリナ号事件に関するオランダ東インド会社の擁護活動で名を馳せた。これは、スペインとともに東洋貿易の独占権を主張してオランダのアジア進出に対する敵対行為を繰り返していたポルトガルに対抗し、その武装商船を同社の軍艦が拿捕して積荷を没収した事件である。グロティウスはまたこの捕獲行為の正当性を根拠づけるべく、『捕獲法論』(*Jure Praedae*) という大著を一六〇六年に完成したが、これは未刊のまま一八六四年の発見まで埋もれてしまう。ただし同書のうち、海上航行や対外通商などの行為があらゆる国の国民にとって自由であるべきことを論じた一つの章だけは、序文を付され独立の書として一六〇九年に刊行された。これが『海洋自由論』(*Mare Liberum*) であって、グロティウスの代表的著作の一つとして広く知られている。

修史官としては、オランダの古代史や独立前後の当代史に関する著述・編集に携わった。

州検事総長・市主事としては、独立後間もないオランダの内政・外交・宗教政策等に深く関与した。当時のオランダは、強い自治権を有する七州の緩やかな統合による分権的連邦共和国であったが、その中で人口と経済力で圧倒的優位に立つホラント州、わけても国の産業・貿易を主導するその上層市民が、独立の功労者オルデンバルネフェルトの老練な手腕をつうじて連邦全体の政治をリードしていた。これに対して他の六州や下層市民は、独立戦争時の軍事的功労により世襲の総督として連邦全軍の指揮権を委ねられていたオランニェ家（現オランダ王家）を中心とする中央集権的君主国への転換を志向し、両派は独立戦争以来の対スペイン戦争の休戦か継続かをめぐって鋭く対立した。

この対立に宗教上の対立も重なった。当時オランダ宗教界の主流であったカルヴァン派は、一七世紀初頭にライデン大学の同僚教授であった二人の神学者の論争が元で、保守・正統派のゴマルス（ホマール）派とリベラル・改革派のアルミニウス派（レモンストラント派）との対立を生じた。前者は厳格な生活規則と勤勉・禁欲を重視、国内の教義統一と教会による政治権力の指導・監督をめざし、オランニェ派支持層に浸透したのに対して、後者は各個人・地域の主体的信仰と宗教的寛容を強調、国内教義統一と教会の政治介入に反対し、ホラント派の分権主義者たちの共感を得た。グロティウスはカルヴァン派を信奉しながらも、右の両派の対立や新旧キリスト教の対立に関しては、各派の歩み寄りと平和共存を理想とし、幾つかの著作でそれを表明した。その結果彼は、一般にはアルミニウス派の寛容主義の共鳴者と目され、また分権派の拠点であったホラント州とロッテルダム市の要職に就いていたこともあって、ホラント派-アルミニウス派陣営の重要人物とみなされることになった。

(iv) 失脚・投獄から脱獄へ　両勢力の対立は、一六一八年、ゴマルス派の求める全国教会会議の開催をめぐって危機的状況に陥った。このとき、オランニェ家の総督マウリッツはクーデタにより連邦政治の全権を掌握、迅速・果断な処置で事態を収拾するとともに、オルデンバルネフェルト、グロティウスらを逮捕した。翌一九年の裁判でグロティウスは終身刑を科せられたが、その二年後に妻らの協力で脱獄に成功し、スペイン治下のアントワープ（現ベルギー領）を経てパリに逃亡した。

(v) パリ時代　グロティウスは脱獄後の後半生の大部分をパリで過ごした。その前半の一〇年間は亡命生活であったが、彼の最大の代表作『戦争と平和の法』(*De Jure Belli ac Pacis*) はこの間に刊行された（一六二五年）。獄中で書かれた法学や神学に関する諸著作も相前後して刊行されている。

一六三一年、彼は一時帰国して自身の復権を試みたが失敗し、ハンブルクに逃れてここで旧約聖書のヨセフにまつわる戯曲を書くなどして二年余を過した後、三四年にスウェーデン政府の招聘で同国の駐フランス大使に就任、再びパリでの生活に戻った。大使としての彼は、時のフランス政界の実権者リシュリューおよびその後任者マザランと折り合わず、その働きは実質の乏しいものとなった。当時のヨーロッパは三十年戦争（一六一八〜四八）という、旧教を奉ずるハプスブルク家の神聖ローマ（ドイツ）皇帝とドイツの新教徒諸侯との国内抗争に諸外国が介入して戦われた国際戦争のさなかにあり、この戦争でスウェーデンとフランスは、新教国と旧教国という対立を抱えつつ同盟国としてハプスブルク家に対峙するという微妙かつ重要な関係にあったが、同国の外交においてグロティウスの政治的経験や学問的見識が生かされる場面はついになかった。この間の彼の関心と努力は主として、新旧両教会の和解・統一という理想の実現に向けての神学の研究・著述に注がれた。

(vi) **死**　一六四五年、大使の任を解かれてスウェーデンに召還されたグロティウスは、ストックホルムに丁重に迎えられ、女王クリスティーナから国内の公職に就くよう懇請されたが固辞した。その帰途、彼の乗船はバルト海上で荒天のために遭難・漂流して現在のグダニスク付近に漂着、彼は陸路西へ向かったが途中で発病して重態に陥り、同年八月二九日未明にロシュトックで客死した。

一・二　グロティウスの法思想——自然法と万民法

グロティウスは一般に、「近代自然法論の父」「国際法の父」として知られている。ただしこの添え名は二つの点で、彼についての正確な理解を妨げる恨みがある。第一の点は、一・一で見たように単に法学のみでなく、種々の多彩な分野で優れた仕事をした総合的学問人としてのグロティウスの全体像を、見えにくくしてしまうこと。第二点は、自然法・万民法に関する彼の考え方が、スアレス、ビトリア、バスケス、ジェンティーリといった、トマス・アクィナスの正統的スコラ哲学の伝統を引く一五～一六世紀のスペインとイタリアの神学的法学者たちの強い影響下にあるという事実を、蔽い隠してしまうことである。しかしながら本章は、右の点に読者の注意を促しつつ、本書全体の目的に沿って、グロティウスの自然法論と国際法・国家間戦争に関する議論を軸に考察を進めることにする。

一・二・一　グロティウスによる法の分類

グロティウスは『戦争と平和の法』第一巻の冒頭で、「法」と訳されるラテン語 jus に三つの意味があることを指摘している。すなわち、㈠単に消極的に「不正でないこと」としての「正しさ」(justum)、㈡何かあるものを正当に所有したり、何かあることを正当に行なったりする資格を持つ人格の道徳的性質としての「権利」、㈢正しいことを義務づける、諸々の道徳的行為についての規則として、最も広義に解された「法律」(lex)、すなわち「法」の三つである。そして同書の序文では、右の㈢の意味における jus すなわち法が、次のように分類されている。

法

- ①自然法
- ②随意法
  - (1)人法
    - 〈1〉万民法＝国法よりも広い法
    - 〈2〉国法
    - 〈3〉国法よりも狭い法
  - (2)神法（神意法）
    - 〈1〉人類に与えられた神法
    - 〈2〉ある一つの国の国民に与えられた神法

このうち、自然法（jus naturale または jus naturae）と万民法（jus gentium）については別に詳述することにし、ここでは先にその他の種類の法について簡単に説明しておこう。

②随意法（jus voluntarium）　これは人間または神の意志によって作られ定められた現実の法であって、今日一般に「実定法」と呼ばれるものに相当し、その内容は場所や時代によって異なる。

②-(1) **人法**（jus humanum）　随意法のうち、人間が定めた法である。人法は、自然法に反したことを定めることはできないが、自然法を越えて多くのことを定めることができる。すなわち、自然法が禁じることを命じたり、自然法が命じることを禁じたりすることはできないが、自然的自由を制限し、自然法上許されていることを禁じることはできるのである。また、あらゆる人法は、最高度の必要性があるときは拘束力を失うように整えられている。

②-(1)-〈2〉**国法**（jus civile）　人法のうち、国家権力に由来する法が国法である。国法を生み出すものは合意に基づく義務であり、この義務は自然法からその力を得る。したがって、自然法に反する国法は不正である。その例としてグロティウスは、難船者の財物を国庫に没収することを定めた法を挙げている。また彼によれば、王または国の最高権力者の行為のうち、王または最高権力者としての行為は、彼らの私的行為とは区別され、あたかも国という共同体そのものが行なったかのようにみなされなければならないので、この共同体自身によって作られた国法によって拘束されることはない。これは近代立憲主義の国家観とははっきり異なる考え方である。

②-(1)-〈3〉**国法よりも狭い法**（jus civili arctius）　これは国家権力に由来するのではなく、それに従属する法であり、例として父親や主人の命令が挙げられている。これは法というよりも、規則・規約・約款などのような小集団の掟を総称したものとみなしてよいであろう。

②-(2)**神法**（jus divinum）または**神意法**（jus divinum voluntarium）　これは随意法のうち、神の意志から生じた法で、次の点で自然法とは区別される。すなわち、自然法はそれ自体として、またはそれ自身の本性によって義務的なことと、不当なことを、それぞれ命じ、禁じるのに対して、神法は命じることによって義務的にし、禁じることによって不当にする、ということである。神法には、人類に与えられ万人を拘束する法（②-(2)-〈1〉）と、ある一つの国の国民に与えられた法（②-(2)-〈2〉）とがある。前者は、人類創造の直後に与えられた法（アダムへの祝福の中の掟）、大洪水後の人類再生の際に与えられた法（ノ

アへの祝福の中の掟）、キリストによる人類のより高次の再生の際に与えられた法（福音の教えの中の掟）の三種であり、後者はヘブライ人に与えられた律法がその例である。

一・二・二　自然法

(i) 自然法の定義と特質　『戦争と平和の法』第一巻第一章第一〇節で、グロティウスは自然法を、「ある行為が合理的および社会的な自然本性そのものと一致するか否かに基づいて、その行為に道徳的醜悪さと道徳的必然性のどちらが内在するか、したがってまたそのような行為が自然の創始者たる神によって禁じられるかそれとも命じられるかを示すところの、正しい理性の命令」と定義している。言いかえれば、自然法は合理的・社会的な自然本性の命令であって、この自然本性によって自然法なのであり、理性的・社会的性質との必然的不一致を含む物事は、自然法からみて不正である。

また、『海洋自由論』の序文および第七章には、自然法について次のような説明がある。すなわち、神は人間に相互間の自然的な社会的結合（societas）を与え、それを万人が理解するようにしたうえ、社会的結合のための幾つかの「神の掟」を個々人の意識のうちに記した。この「神の掟」が自然法であって、人間は誰しも人間であるかぎり、自然の光（理性）のみに基づいてこれを知らずにはいられない。この掟は個々人とともに生れてその精神に植え付けられた、万人の許において同一の、恒久不変の掟であって、慣習等の実定法（jus positivum）によってこれを改変することはできず、自然法に反する実定法は無効である。最高権力者も自然法に歯向かうことはできず、この法から諸国家の国法も派生し、その神聖さと尊厳を得ている、と。この点からグロティウスは、「法は人間の効益のための単なる制定物で、国々の慣行によって異なり、同じ国でも時代により変化する」、「法は最高権力者が効益をめざす己れの意志に基づいて善いと思うように定めるものだ」、「正と不正の区別はそれ自身の本性によらず、人々の見解や慣習によって決まる」といった考え方を厳しく批判している。

ただし自然法の恒久不変性については、『戦争と平和の法』で補足説明が加えられている。すなわち、自然法自体は不変であるが、自然法がそれについて何事かを定めている物事は変化すること、また自然法の命じること・禁じることとは違って、自然法が許しているだけのことについては恒久不変性は当てはまらないということである。自然法の許すことを人法が禁じうるのはこのためである。

(ii) **自然法の基礎**　自然法の既掲の定義は、その拠って立つ基礎について明確な示唆を与えている。『戦争と平和の法』序論によると、人間に固有の多くの働きの一つに社会的結合の欲求（appetitus societatis）があり、人間本性は私たちを、相互の社会的結合を欲するようにしむけている。この人間本性こそが、自然法の母である。この社会的結合は、任意のでなく静穏な、人間知性のやり方で秩序づけられた、人類に属する者たちの共同性である。したがって、人間知性に調和する仕方で社会的結合を保護監督することが、本来的に法の名に値する法としての自然法の源泉なのである。

このように、自然法は人間に内的な原理から生じているが、この原理が人間のうちに存在することを欲したのは神であるから、正当に神に帰せられ、摂理に由来する「神の法」と呼ばれてよい。しかし、自然法について右に述べたことは、神が存在しない、もしくは人間のことなど気にかけないと認めたとしても、ある程度成り立つとグロティウスは言う。自然法という理性の命令がそれについてなされる諸々の行為は、それ自体で義務的もしくは不当であり、それゆえ神によって否応なく命じられることがら、この点で自然法が神法と異なることは、既述のとおりである。神でさえ、二の二倍を四でなくすることができないように、内在的理由によって悪いことを悪くないようにすることはできないという意味で、自然法は神の力によっても変えられない。自然法の不変性にはこのような意味が含まれる。

(iii) **自然法の内容** グロティウスによれば、何かあることが自然法に属することについて、アプリオリな証明とアポステリオリな証明がある。前者は、当の事柄が人間の理性的・社会的本性に一致することを論理的に示すことであり、後者は、あらゆる民族もしくは比較的品性の高い諸民族の許で、自然法に属すると信じられている事柄は、高い蓋然性をもって自然法に属すると考えることである。自然法に属する内容の例として、『戦争と平和の法』の序論には、(一)他人のものを欲しがらないこと、(二)他人のものを所有したり他人のものから利を得たりした場合の償還、(三)約束履行の義務、(四)過失による損害の賠償、(五)人間相互間における罰の相応性の五つが挙げられている。また『捕獲法論』の第二章（序論）では、自然法の最も基本的な内容が次の九つの掟（lex）としてまとめられている。

Ⅰ　生命を防護し、生命を害しそうなことを避けてよい。
Ⅱ　生きるために有益なものを獲得し、それを保持してよい。
Ⅲ　何人《なんぴと》も他人を侵害してはならない。
Ⅳ　何人も、他人の占有しているものを占有してはならない。
Ⅴ　悪しき行ないは正されなければならない。
Ⅵ　善き行ないは報いられなければならない。
Ⅶ　個々の市民は他の市民たちを全体としても個々人としても傷つけてはならないだけでなく、防護しなければならない。
Ⅷ　市民たちは互いに、私的にもしくは共同で他人が所有しているものを奪い合ってはならないだけでなく、一人ひとりが個々人もしくは全体にとって必要なものを寄与しなければならない。
Ⅸ　市民は市民に対して、裁判によらずに自己の権利を執行してはならない。

右の基本項目から進んで、『海洋自由論』では海上航行と通商の自由が、『戦争と平和の法』では物の所有や戦争に関連した諸々のルールや権利が、自然法のさらなる内容として示されることになる。

一・二・三　万民法

(i) **万民法とは何か**　万民法は、複数の国々の国民相互間もしくはその支配者相互間の法、すなわち今日のいわゆる「国際法」に相当する法であり、個々の集団のでなく大世界（magna universitas）の利益を配慮する。法なしに保たれるような共同体は存在せず、国家という社会的結合のためには、各個人の私有物の所有権や公共物の使用権、往来・売買その他諸々の権利や自由を定める国法が必要であるように、全人類の社会的結合、すなわち人類もしくは多数の国々の国民を互いに結びつける共同体のためにも、同様の法が必要であって、それが万民法である。両者の違いは、国法への違反に対しては最高権力者とその官吏が取締り・審理・処罰を行なうが、万民法への違反に対しては神以外にそれをなしうる者はなく、良心と世評の法廷の裁きがあるにすぎないという点にある。

ただし、グロティウスの考える万民法は単純な概念ではなく、次のような複層性を有している。

(ii) **原初的万民法**（**jus gentium primarium**）**と二次的万民法**（**jus gentium secundarium**）　グロティウスは『捕獲法論』（『海洋自由論』を含む）において、原初的（一次的）万民法と二次的万民法とを区別しており、『戦争と平和の法』も、同じ名称こそ用いないが、この区別そのものは受け継いでいる。原初的万民法は、「万民法と呼ばれうる自然法」、「二次的自然法」（jus naturae secundarium）などとも言われているように、自然法の一種あるいは一部であり、純粋の自然法ではなく既に導入された支配権に後続するが、あらゆる国法に先行する。これはいわば、既成の万民法とは一致しない、あるべき万民法の理念であり、自然法であるから変更不可能である。グロティウスは、当時の国際社会において一般的ではなかった航行や通商の自由が、これに属するとしている。

これに対して二次的万民法は、諸国家相互間で現実に行なわれている万民法のことで、「随意的万民法」(jus gentium voluntarium)、「実定的万民法」(jus gentium positivum)、「制定された万民法」(jus gentium constitutum) などとも呼ばれている。一・二・一において②-(1)-〈1〉として、すなわち随意法の一種である人法のさらに一種として分類されているのは、この二次的万民法のほうである。これは自然法と違って、確かな合理的根拠から確実に生じるのではなく、すべての、もしくは多くの国家同士の間の合意に基づいて生れる法であり、時代と慣習の案出物であって、これらの国々の国民の意志からその態様と強制力を受け取っている。したがって、二次的万民法は改変可能であり、自然法に反していれば不当なものとなる。

さらに、擬似的万民法とでも言うべき非本来的な意味における万民法も存在する。これは複数の国の国民相互の社会的結合のための合意によってではなく、各国が自国民の安寧のために勝手に定めた他国に対する行動の掟が、たまたま一致して万国間の共通ルールのようになったものである。したがってこれは本質的には万民法ではなく国法であって、どの国も他国の了解なしに改廃・離脱することができる。グロティウスは、場所と時代の違いに応じて大きく異なるさまざまな非本来的万民法が、諸国家間の共同慣習として導入されていることを指摘している。

(iii) **実例**　『戦争と平和の法』第二巻第一八・一九の両章には、随意的万民法がそれ自身で導入した、自然法にも反しない規定として、使節の権利と埋葬の権利が挙げられている。このうち埋葬の権利は要するに、たとえ敵であっても死者の遺体は放置されてはならず、敬意をもって埋葬されなければならない、ということであるが、使節の権利については、かなり綿密な議論が展開されている。

使節(legatio)とは、国家の最高命令権を有する者同士が互いに派遣し合う使者のことで、その権利は、(一)相手国に入国を許される権利と、(二)相手国から危害を加えられない権利の二つから成る。(一)は、派遣者の信義に疑いがある、使節の人物に問題がある、派遣目的に不正がある等の特別な理由がないかぎり、派遣された国は使節の入国を認めなければならない、ということである。理由あって入国が拒否される場合は派遣国に通告され、その場合は派遣が差し控えられるのが慣わしであり、強いて派遣されればその使節は敵として扱われる。(二)は、使節自身とその随員の身柄を拘束したり傷つけたりしてはならず、また彼らの動産を差し押えたり負債の担保としたりしてはならない、というルールで、使節の入国を許可した時点から、いわば暗黙の約定として受け入れ国に義務づけられる。またこれは、駐在使節は受け入れ国の国法に縛られない、という治外法権を含んでいる。その理由は、使節はある種の仮構により派遣者の人格を代表し、それゆえ受け入れ国にあってもその国に臣従しないとみなされるからである、とグロティウスは言う。また彼は、使節に対する不当な扱いは万民法と両国の尊厳・友誼とに対する侵害とみなされ、その処罰は戦争の正当な大義となる、と述べている。万民法の実例としては、他に戦時行為に関する諸々の国際ルールが挙げられ、自然法の観点からその当否が論じられているが、これについては別に考察する。

一・三　国家権力と戦争

法と戦争の関わりについてのグロティウスの議論に触れる準備として、戦争に関する彼の基本的な認識と、戦争の主要な主体である国家ならびにその権力に関する考え方とを確認しておこう。

一・三・一　国家と国家権力

(i) **国家**（civitas）・**国家権力**（potestas civilis）・**最高権力**（summa potestas）　国家は最高権力の共同主体であり、権利の享受と共同利益のために社会的に結合した自由な人間たちの集合体である。国家を管理統轄する権力が国家権力である。これは人々が、ばらばらに分離した諸々の家族集団は暴力に対して無力であるという経験に導かれ、自発的に市民（国家）社会（societas civilis）へと結合することから生じる。国家権力は統治者自身と司法官・行政官等の官吏がこれを行使し、法律の制定と改廃、戦争・講和・

盟約・課税等の事項、個人同士の公訴された紛争の裁決などを司る。国家権力のうち、その行為が他者の権利に従属せず、当人かその後継者以外の者の恣意によって無効とされえないような、そのような者の権力が最高権力ないし最高命令権（summum imperium）である。

(ii) **最高命令権の二態様と特質**　最高命令権は明らかな所有権によって保持される場合と、一時的な用益権（usufructuarium）によって保持される場合とがある。前者は世襲財産として完全な仕方で所有される王権、後者は人民の同意に基づいて保持という様態を受け取る王権であって、前者のケースでは分割相続、養子や非嫡出子による王位継承、王による継承権者の廃立等が可能であるが、後者のケースでは不可能である。最高命令権は、最高命令権者になろうとする者がそれに先立って臣民もしくは神に、命令権のあり方に関わる何事かを約束したとしても、何らかの仕方で狭められはするが、最高命令権であることをやめないし、不平等な盟約に縛られて他国の君主に従属している者、不法行為の賠償や保護の代償として他国に支払い義務を負う者、封建関係によって上位の君主に臣従する者等も、自身の従属者に対してはこれを有しうる。また最高命令権は一にして不可分であり、王の行為が議会の承認なしには有効でないとする制度によっても、権力の分割が生じることはない。

(iii) **主権在民説・抵抗権説の否認**　「最高権力は例外なく人民に属し、したがって人民には、王たちがその命令権を悪用した場合、彼らを懲戒し処罰することが許されている」という考え方をグロティウスは否定する。その理由を彼はこう説明する。すなわち、彼によれば各人は他人に奴隷として身を捧げることが許されているが、それと同様に、自己の権利を持つ人民も、誰かある一人または複数の人間に身を捧げて、自己自身の支配権を、そのいかなる部分も保たれないほどに、この相手に移譲することが許されており、国家と最高権力はこの移譲によって成立するからである、と。したがって、最高命令権を保持する人々に人民が抵抗することは、限られた例外的なケースを除いて、権利上正当にはなされえない。確かに万人は、自分に対して不法行為がなされるのを防ぐために、抵抗する権利を自然生得的に有してはいる。しかし人々の平安を護るために市民（国家）社会が成立すると、国家にはこの目的に必要なかぎりで、個々人やその所有物に対して彼ら自身よりも大きな権利が生じ、それゆえ国家はこの自然生得の抵抗権を、公《おおやけ》の平和と秩序のために禁じることができる。公共の事柄において顕著な命令と服従の秩序は、抵抗の私的自由とは両立しないからである。この抵抗の禁止は、相手が最高権力の簒奪者である場合にさえ原則的には当てはまると、グロティウスは主張している。

一・三・二　戦争

(i) **戦争とは何か**　戦争（bellum）は力によって争う人々の状態であり、戦闘や作戦行動が実行されていないときでも状態としては存在しうる。利害その他の理由によって対立し合う個人や集団の紛争に際して、裁判が機能しない状況において、戦争は発生する。

(ii) **戦争の分類**　戦争には、私的戦争（bellum privatum）・公的戦争（bellum publicum）・混合戦争（bellum mixtum）の三種類がある。公的戦争は、国の意志に基づいて、すなわち行政権と司法・裁判権を有する権威者（元首等）の意志によって行なわれる戦争で、その権威者の支配する国そのものの一部に対して行なわれる場合は内戦、他の国々に対して行なわれる場合は対外戦争である。私的戦争は、この種の権威者の意志によらず、私人や国家以外の集団が他の私人や集団に対して行なうもので、戦争と言うよりもむしろ闘争（rixa）と言うべきものである。混合戦争は、一面では公的、他面では私的であるような戦争で、敵国の兵によって自分の生命・財産を脅かされそうになった交戦国の民間人が、自己防衛のために国の命令によらずに自分の意志で敵兵と戦う場合などがこれに相当する。

戦争を行なう人々も、(a)主体者（principalis）、(b)援助者（adjuvans）、(c)主体者の道具（instrumentum）の三種に分類される。(a)は戦争においてその利害が問題になっている当人であって、私的戦争の場合は私人であるが、公的戦争の場合は公権力、なかんずく最高権力である。(b)は(a)に援助・協力して参戦する者であって、私的戦争の場合は(a)以外の私人、公的戦争の場合は他の国の、つまり同盟国の公権力・最高権力である。(c)は(a)に従属し、自分の意志によらず(a)の命令で従軍させられ戦わされる奴隷（servus）や臣民（subditus）のことである。

(iii) **戦争は自然法に反しない**　グロティウスによれば、自然法は誰が右の(a)〜(c)のどの立場で戦争を行なうことも、全面的には禁じていない。すなわち、すべての戦争が自然法に反するわけではない。

あらゆる動物は生れるやいなや、自己を保存し、自己の状態とその保存につながるものを愛好するように、また破滅や滅亡をもたらしそうな物事を遠ざけるように、自然の第一原理によって推奨され呼びかけられている。しかるに戦争の目的は、生命と肢体の保存、および生活に有用な諸事物の獲得・保存にある。したがって、戦争は自然の第一の原理に一致している。そもそも、個々の動物には自然によって、自分自身の防衛と促進のために必要かつ十分な力が付与されており、このことは、右の目的のために力を用いても自然の第一原理に違反しないことを示している。

社会的観点から見ても同じことが言える。社会がめざしているのは、共同の力・共同の計略によって、各人にとって自分のものが害されずにあるようにすることであり、自分のことに用心し自分の利益に意を用いることは、それによって他人の権利が奪われないかぎり、社会の自然本性に反しない。それゆえ、正しい理性と社会の自然本性は、一切の武力行使を禁じるわけではなく、社会に反するような、すなわち他人の権利を奪うような武力行使のみを禁じるのであって、他人の権利を侵害しない武力は決して不正ではないのである。

(iv) **私的戦争の制限**　しかしながら、戦争は裁判の機能しない状況において発生する、と言われた点から明らかなように、私人同士の紛争を調停する裁判所を備えた国家の下では、私的戦争は国法によって大幅に制限され、ほとんど禁止される。裁判所は自然によらず人為によるものではあるが、係争事がそれに何の利害関係もない人々によって調査・裁定されることは、自己愛の度の過ぎることの多い個々人が自分の正しいと考えることを自ら実行するよりも、はるかに優れた結果につながり、人々の安寧・静穏をもたらす。それゆえ、一・二・二の(iii)の掟IXが示すように、公正と自然的理性もまた、人々が私的戦争を放棄して人為的裁判所の制度に従うことを要求するのである。ただし、不法行為がわが身に及ぶことを力ずくでも防ぐことは自然法に反しないから、裁判所の制度の下でもすべての私的戦争が禁じられるわけではなく、官憲の介入に頼って裁判に訴えることの不可能な緊急の不法行為に脅かされるようなケースでは、例外的に私的戦争が許容される。山中で武装した賊に襲われた人が武器を用いて自衛することはその例である。国法による私的戦争の制限・禁止は、自然法の許容することを人法によって禁ずることは可能であるという原則の、典型的適用例と言えるであろう。

それでは、裁判権を備えた上位の共通権力の下にない国家を主体とする公的戦争には、何らかの禁止や制限が課せられうるのか。然りとすれば、それはどのような法によるどのような制限や禁止か。

一・四　戦争のための法——戦争の正当な大義について

前節から明らかなように、グロティウスは「いかなる戦争も絶対に禁じられるべきである」という絶対的非戦論には与《くみ》しない。しかしその一方で、「戦争に関してはあらゆる法は休止する」という主張、すなわち、服すべき上位の権力を持たない国家とその最高権力は、いかなる法にも縛られずに、いつ、どんな理由によってでも（公的）戦争を行なう権利があり、ひとたび戦争になれば、勝つためにはどんなことでもする権利がある、という説に対しては、彼は断固反対の立場をとる。彼によれば、戦争は法の成就のためにしか企てられてはならないし、企てられても法と信約の限度内においてしか実行されてはならない。確かに、国家間の公的戦争に対して国法はいかなる効力も持ちえない。しかし諸国家の国民相互間にも自然法や、彼らの合意に基づく（随意的）万民法が共通法として存在し、それらが「戦争のための法」（jus ad bella）あるいは「戦争中の法」（jus in bellis）として効力を有しうる。『戦争と平和の法』（De Jure Belli ac Pacis）という書名の中の「戦争の法」（jus belli）とは、「何かある正しい戦争は存在するか」という問いに対して、「このような法に則った戦争は正しい」と答えうるような法を明らかにしようとする意図を含むことを、彼は示唆している。

本節では、同書第二巻に基づいて、戦争の正当な大義を、すなわち、どのような理由による戦争ならば正当と言えるのかを規定する、「戦争のための法」に関するグロティウスの見解を概観しよう。

一・四・一　戦争の三つの正当な大義

グロティウスは、人や国家が戦争を企てる理由（causa）を二種類に区分する。その一つは、正しいこと、正当なことの考慮の下に戦争へと仕向ける理由であって、「正当な大義」（causa justifica）と呼ばれる。いま一つは、利害の考慮・計算の下に戦争へと仕向ける理由で、「使嗾的原因」(causa suasoriae) と言われる。私的戦争にせよ公的戦争にせよ、「正当な戦争」とされるためには正当な大義に基づく必要がある。使嗾的原因のみを有して正当な大義を欠く戦争は不当な戦争・侵略者の戦争であり、どちらの理由もなしに、戦時の危険や流血自体を渇望して戦うことは野獣じみている。

戦争の正当な大義は、すべて相手の不法行為 (injuria) に由来し、不法行為から身を守る「防衛」、不法行為によって奪われた財産の「取り戻し」、不法行為に対する「処罰」の三つに区分される。

(i) **防衛** (defensio) これは自分の身体もしくは財産を襲撃しようとする他者の未遂行の不法行為に対する防護行為である。これについてグロティウスは、主に私的戦争を念頭に、自然法の観点から次のように論じる。

● 生命の危険や、身体の毀損ないし貞操の蹂躙《じゅうりん》の危険を伴う仕方で、目前の他者の暴力によって自分の身体が襲撃された場合、他に回避の道がなく、かつ第三者を巻添えにしないなら、この他者と戦ってこれを倒すことは許される。ただし、この場合の危険は、相手が明らかな害意をもって武器を取っているといったような、現前の確実な危険でなければならない。

● 略奪者から自分の財産を護る場合にも、他に方法がなければ同じことが許される。また盗品を持って逃走する者に対しても、逃亡阻止の方法が他にないなら、飛び道具を投じてこれを倒してよい。

● ただし、右のような防衛の権利は、裁判所への訴えが可能な場合には直ちに停止する。またこの権利を行使せず、自分に加えられる身体的・物的危害を甘受することは、誰に対しても許されている。とりわけキリスト教徒の場合、逃亡が可能なのに自己の体面のために踏み留まって戦うことや、財産を護るために相手を殺すことは、自然法は許しても、福音書の神法がこれを禁じている。

防衛のための公的戦争についても、私的戦争の場合と同様に考えればよい。ただし、国家間の紛争に裁判所の介入は不可能なので、公的戦争は私的戦争のようには限定されず、新たな損失と危害を伴って不断に拡大される。また公的権力は防衛のみならず懲罰の権利も有するので、現前のでなく遠くから迫り来ると見える暴力をも、既に開始された違反に対して直接にでなく間接的に懲罰することによって予防することができる。ただし、相手の力が強くなりすぎるとこちらに害をなすかもしれない、というだけの理由で、他国を弱めるための戦争を防衛の名で行なうことは許されない。また、相手国に戦争の正当な大義を与えた国は、防衛を大義として公的戦争を行なうことはできない。

(ii) **財産の取り戻し** (**recuperatio rerum**)　他者の財産を自己の権力の下に有する者は、それをその他者の権力の下に移行させるように拘束される。すなわち、あらゆる占取者には、財産をその支配主に返還する義務がある。このことは、事物に対する支配権 (dominium) の導入に際して、一種の同盟として支配主相互間に契約されたものと解される。それゆえ、他者の財産を占取したまま返還しない者からそれを取り戻すために武力を行使することは、公私いずれの支配主にとっても正当である。

グロティウスは『戦争と平和の法』で、この(ii)の大義による戦争を正当なものとする具体的条件を直接には論じていない。その代りに、発見・占有・放棄・時効・譲渡・相続・継承その他、人や物に対する命令権・支配権・所有権の獲得や喪失のさまざまな要因について詳細に論じることにより、誰が何の正当な支配主ないし所有者であるのかを自然法の観点から判断するための根拠を示している。ただしこの議論は相当に冗漫で、本章の主論旨からも乖離《かいり》するので、ここでの紹介を割愛する。

(iii) **処罰 (punitio)**　処罰あるいは刑罰 (poena) とは、一般的な意味では、自分のした行為の害悪のせいで科せられる、自分の受ける行為の害悪であり、より厳密には、違反 (delictum) に対してなされる報復である。刑罰を用いるに際しては、二つの点が考慮されなければならない。一つは相応性 (meritum) であって、何人《なんぴと》もこの限度を超えて罰せられてはならない。いま一つは刑罰による利益であって、いかなる処罰も単にそれ自体のため、あるいは復讐のためになされてはならず、何らかの利益を目的として、かつそれに応じて行なわれるべきである。この利益は三種あって、その第一は、罪を犯した者自身の利益、すなわち彼をより善い人間にするための矯正である。第二は、犯罪の被害者の利益、すなわち彼が今後同じ者や他の者に再び害されないようにするための、犯罪者の懲らしめである。第三は、公的な、すなわち社会全体の利益であって、犯罪者が他の多くの人々に加害を繰り返したり、他の者が彼に倣って罪を犯したりするのを防ぐことにある。このような処罰は、市民 (国家) 社会では官憲の専権事項であるが、自然法上は万人にその権利がある。ただし、罰せられる者と同等に罪のある者には、処罰の権利は認められない。

悪しき行為のすべてが人間によって処罰されうるわけではない。純然たる内的行為、人間本性にとって避けがたい行為、他人や社会に関係しない行為、同情・報恩・寛大等のような本性上強制不可能な徳に悖《もと》った行為などは、処罰の対象にならない。また、説諭による改善の可能性、謝罪と釈明による被害者の諒解、あるいは犯罪者の無知・病的精神障害・過去の功績などの理由によって、刑罰が軽減・猶予あるいは免除されることもあってよい。

処罰を大義とした戦争に関しては、さらに次の点に注意が必要である。

●意志され考えられただけの、あるいは始められただけの悪事を罰する戦争は、多くの場合、正当でない。この種の犯罪行為は、至極重大で、そこからさらに他の害悪や非常な危険が帰結し、それゆえ将来の害悪の予防や侵害された尊厳の擁護等のために復讐が不可欠であるような場合以外は、武力によって罰せられるべきではない。

●王や元首は、自然法や万民法を著しく侵害する不法行為に対しては、自身やその臣民に対して犯されたものでなくても、武力によって罰を加える権利を持つ。例えば、人肉食や海賊行為を常習とする民族に対して、これを懲らしめてやめさせるために戦争をすることは正当である。

●ただし、神に対する犯罪に罰を加える宗教戦争は、常に正当とは言えない。正当なのは、「何らかの神霊が（一であれ多数であれ）存在し、人間の事柄を配慮している」という認識を廃そうとする者たちに対する戦争のみである。この認識は、いかなる宗教であれその名に値する宗教の確立のために絶対に必要で、人類社会を裨益《ひえき》する普遍妥当的認識であるが、これを否定する民族集団を法的に規制することはできず、武力による処罰・抑制が不可避だからである。これに対して、「神は一である」、「可視的事物は神ではない」、「世界とその素材は永遠なものではなく、神の被造物である」等の認識を否定する人々、つまりキリスト教を信仰せずその布教を拒絶する国民や、異端派のキリスト教を信奉する国民に対して、武力による処罰を加えて正統キリスト教信仰を強要したり、その領土の支配権を奪ったりすることは不当である。ただし、キリスト教を信奉もしくは布教する者を、それだけの理由で罰したり残忍に扱ったりする国に対しては、処罰のための戦争を正当に行なうことができる。

●他国に害の及ぶ犯罪に、無頓着（patientia）や受容（receptus）によって加担する国に対しても、処罰のための戦争を行なうことができる。無頓着とは、禁じられるべき犯罪がなされることを知り、また禁じることが可能なのに、これを放置することであり、受容とは、犯罪者が臣民として居住する国や逃亡先の国が、彼を相応に罰することも請求国に引き渡すこともしないことである。

●国家の犯罪のために、それに同意しなかった個人を処罰することはできない。また国家の犯罪に対する処罰は、この犯罪が行なわれたときの君主の相続人に科せられてはならない。

●総じて処罰のための戦争は、罰せられる犯罪が非常に極悪かつ明白であるか、同時に他の何らかの大義にも符合するかのいずれかでないと、不正の疑いを招きやすく、キリスト教的な赦しなどの種の観点からも、極力差し控えることが求められる。とりわけ実際的観点から見て、自国の力が相手国の力を大きく上回っている場合以外は、処罰のための戦争を行なうべきではない。

一・四・二　大義に対する疑義と戦争の回避

戦争の大義の当否は常に万人にとって明白とは言えず、しばしばそれに対する疑義が呈せられる。グロティウスは、正当な大義でないのに誤ってそう称せられがちな戦争理由を挙げるとともに、大義の当否が疑わしい場合にどのように対処すべきかを論じている。

(i) **しばしば戦争の大義として掲げられるが、正当ではない戦争理由**　これに該当するものとして挙げられているのは、次のようなことである。

○　近隣国の力に対する恐怖。例えば隣国がその領土内に要塞などの防御施設を新たに築いたことを、それが自国との合意に違反するわけでもないのに、自国に対する戦争準備であるとみなして、この隣国に先制攻撃をしかけること。

○　現領土よりも豊饒な良い土地を他国から奪うことなど、不可欠的必要性のない自国の利益。

○　他国が既に保有しているものを、自分が発見したものとして要求すること。

○　現に他国に従属している人民が自由を欲して、自己解放のための戦争を行なうこと。

○　他国にその意志に反する利益を押しつけるために、その国を支配しようとすること。例えば、ある他国にとって自立しているよりも自国の支配を受けるほうが幸福だとして征服を企てること。

○　非キリスト教国にキリスト教信仰を強制しようとするなどの宗教的目的。この種の目的は武力によらず、あくまでも平和的手段によって達成されなければならない。

○　自国が善意で与えた恩恵に対する相手国の忘恩的態度などといった類の道徳的名目。

(ii) **大義の当否が疑わしい場合の対処**　公的戦争は罪のない多くの人々に生命の危険や諸々の災厄をもたらす重大事であるから、その大義の当否に疑わしい点がある場合は、戦争を回避して平和的解決を希求しなければならない。これは犯罪容疑者を死刑に処するかどうかが問題である場合、事の重大性に鑑《かんが》みて、疑わしい点があればより安全な道を選び、無辜《むこ》の者を誤って処刑するよりは犯罪者を放免するほうが望ましいとされるのと同様である。

このような場合に考えうる戦争回避策として、グロティウスは次のような方法を挙げている。

(一)会議 (colloquium)　諸国家間の紛争はまず第一に当事国同士の議論・話し合いによる解決をめざすべきであり、武力行使はそれが不可能な場合にはじめて考慮されるのでなければならない。

(二)仲裁 (arbitrium)　当事国同士の話し合いによる合意が困難な場合は、第三者の仲裁による解決がめざされるべきである。諸国家間の紛争には共通の、定まった裁判官が存在しないので、その都度適切な第三者を仲裁者として立て、その判断に委ねなければならない。とりわけキリスト教諸国の間では、これらの国々の権力者たちによる会議を開催し、この会議において、係争問題に利害関係のない国々の権力者たちが当事国の争いを裁定して、公正な掟による平和を受け入れるように双方を強制する処置がとられることが、有益かつ必要である。

(三) 抽籤 (furs)・代表者の決闘 (certamen singulare)　これには一・五・三の(i)で言及する。

付言すると、事柄自体の当否から見れば、交戦国双方が共に正当であるような戦争はありえないが、双方とも不当な戦争をしているとは自覚していないという意味において、どちらの国も不正でないという場合はありうる。ただし、「正当な」を手続きとその法的効果に関する語として、「正規の」と同じ意味に解すれば、双方とも正当な戦争もありうるが、この「正規の」の意味については後述する。

さらに、自国側に正当な大義のあることが明らかであっても、だからといって常に戦争をすべきでもなければ、してよいわけでもない、とグロティウスは注意している。そのような場合でも、戦争をする権利を放棄することは可能であるし、事前の熟慮によって、確実な勝算と、戦争による利益の希望が損害の恐れよりも大きいという見通しが得られた場合以外は、国民の生命を危険に晒《さら》す戦争を避けることが国家の最高権力者の義務でさえある、と彼は言う。処罰のための戦争にはとりわけこのことが当てはまるという点については、既に述べたとおりである。

一・四・三　参戦・従軍に関する権利と義務

国家や個人が、主体としてではなく援助者あるいは道具として戦争に加わることに関する権利と義務についても、グロティウスは戦争の大義との関係で論じている。

(i) **正当な大義のある他者の援助者として戦争を行なうことは正当である**　この点については、次のような幾つかのケースを考えることができる。

●国家がそれ自身のでなく、自国臣民の防衛・財産回復・報復のために行なう公的戦争は正当である。ただしこれは他のすべての、もしくは大部分の臣民の重大な損害なしに可能な場合に限られるべきである。それゆえ例えば、罪のない臣民の引き渡しを敵国が要求してきた場合、自国の国力が敵国よりも大きく劣ることが明白なら、国家は彼を見殺しにして引き渡しても義務違反ではない。

●盟約で相互援助や保護後見を約束している他国を援助して参戦することは、この国に正当な大義があれば正当であり、義務でもある。盟約のない他国を友誼や人間的連帯のゆえに援けて参戦することも、同じ条件で正当であるが、義務ではなく、自国に重大な損害や危険なしに可能な場合に限られるべきである。交戦国双方と盟約がある場合は、正当な大義のある側を援助すべきであり、双方ともそれを欠くときはどちらも援助すべきでない。また双方とも不正ではない場合には、可能ならば双方に等しく援助し、それが不可能なら、より古くからの盟約国に協力すべきである。なお、大義にかかわらずどんな戦争に対しても援助を約束するような軍事同盟は、それ自体が不正である。

(ii) **交戦国の市民の従軍に関する権利と義務**　これも自国側の大義の当否に応じて定まってくる。

●交戦国の個々の市民は、従軍し軍務につくよう命じられても、自国側に正当な大義のないことが明白ならば、それを拒否しなければならない。これは権利ではなく自然法上の義務である。ただしその場合でも、敵軍による無差別的殺傷に対して市民が武力によって抵抗・防戦することは許される。

●大義が疑わしい場合、市民は国家の命令に従って従軍しても過失とはならない。万一不当な戦争であっても、過失の責めを負うのは開戦を決定した権力者であり、命じられて戦った市民ではないからである。ただしこの場合も市民には従軍拒否の権利がある。国家は開戦に際し、宣戦布告において自国の大義を公《おおやけ》に表明し、誰にでもその当否が認識・判断できるようにする必要がある。

●自国側の大義の正当性に疑いがありえない場合でも、市民には宗教的良心に基づいて従軍を拒む権利が認められなければならない。この場合、国家はそれを認める代りに、従軍拒否者から特別税を徴収することを許されてしかるべきである。

一・五　戦争中の法——戦時に守るべきルールについて

正当な大義さえあれば、戦争中に何をしてもよいか。グロティウスの答えはノーである。公的戦争を戦う国は、戦時に何が、どこまで、どのような仕方でなら許されるかを規定する「戦争中の法」を遵守しなければならない。その具体的内容については、『戦争と平和の法』第三巻で論じられている。

一・五・二 既存の万民法による戦時ルール

随意的万民法によれば、一般に他国から損害を受けた国家、もしくは損害を受けた個人の属する国家は、この損害を与えた国家、もしくは損害を与えた自国民を正しい裁判にかけない国家に従属する個人の身柄・財産を、なされるべき損害賠償に対する担保として逮捕・押収することができる。国家が他国民を侵害するこの権利は、万民法上の「正規の戦争」に際しては、さらに大きく拡大される。

(i) **正規の戦争 (bellum solenne)**　これは異なる国々の国民同士、すなわちそれぞれの国家の最高命令権を有する権威者同士によって行なわれ、かつ交戦国の一方から他方へと表示される形で公に宣言された戦争のことである。この宣言の通告、すなわち宣戦布告は、戦争が私人の冒険としてでなく、両国の国民の、もしくは彼らの首長の意志で行なわれることを確認するもので、一国の最高命令権者に対して通告された戦争は、同時にその全臣民と、同盟者としてこの国に与《くみ》する者全員とに対しても通告されたとみなされる。正規の戦争では、その法的効果により、大義の当否とは無関係にどちらの交戦国にも、敵国民の身柄と財産への加害が、国際的慣習として広汎に許容されている。

(ii) **正規の戦争において万民法上許されている行為**　これには次のような種々の行為が含まれる。

●敵国の領土内にいる人間はすべて殺傷してよい。開戦後に敵国内に入った、もしくは開戦前に入国して宣戦後一定の猶予期間内に退去しなかった外国人についても同様である。

●敵国の国民は、女性・子供・捕虜・投降者・人質等も含め、宣戦後国内外のいずれにおいても殺傷してよい。ただし毒殺・飲料水への投毒・武器に毒を塗ること・謀殺等の殺害方法や、婦女子への性的暴行は許されない。なお、飲料水を腐敗させることや、刺客による暗殺は可とされる。

●殺害してよい者や降服者の財産は、力づくでも偽計によってでも破壊または略奪してよい。この種の財産には宗教施設やその祭具・奉納物等も含まれる。略奪者は誰でも制限や限度なしに、敵から奪った物の支配主となる。敵国の土地は、自国の軍隊によって占領され、恒久的城壁で囲まれて、相手側が攻略しなければ公然とは近づけなくなったとき、自国民全体の公的獲得物となる。動産や家畜は、自国領内または自国の保塁内に運び入れられたときに自国のものとなるが、それらが公的な戦争行為によって捕獲された場合は自国民全体の公的獲得物となり、戦争中の私的行為によって獲得された場合は（その国の国法が違うことを定めていないかぎり）捕獲者個人のものとなる。敵国がそれ以前に第三国から奪い取っていたものも、右の仕方で自国が敵国から獲得すれば、自国のものとなる。

●正規の戦争の戦勝国は、敗戦国の命令権を接収し、これを自国に従属させることができる。その場合、敗戦国は国であることをやめ、戦勝国は敗戦国の国民全体のものであった財産を獲得する。

●正規の戦争における捕虜は、敵の保塁内に連行された時点から、捕えた者の奴隷とみなされる。母親が奴隷となった後に生れた子も同様であるが、それ以前に生れた子は自身も敵に捕えられた場合に限り奴隷とされる。奴隷に対して支配主は何をしてもよく、何をどのような仕方で命令・強要しても罰せられない。この慣行は、正規の戦争では敵国民を随意に殺傷してよいという既述の慣行を緩和し、彼らを助命し生け捕りにするほうが相手側にも有利になるようにする意味を持つが、あらゆる民族相互間で常に認められてきた慣行ではなく、キリスト教諸国の間では事実上廃止されている。

●捕虜が戦争中に逃亡するか、自国または同盟国の軍によって解放されて、自国または同盟国の領土内か保塁内に帰還した場合、復帰権（postliminium）によって自由を回復し、彼らの財産もすべて回復される。ただし、講和成立後に逃亡してもこの権利は生じず、奴隷として連れ戻される。敗戦で敵国に従属させられた国民も、同盟国によって敵国の命令権から解放されれば、復帰権により自由を回復する。占領された領土も、自国または同盟国の軍によって奪還され、前頁の傍点部の状態になった場合、同じ権利により自国領に戻る。ただし動産には一般に復帰権は適用されない。

一・五・二　自然法に基づく戦時ルール

自然法の観点からも、平時には許されない行為が戦時の交戦国には許される。ただしそれには、当然ながら戦争の大義の当否が深く関わってくる。さらに、従来の万民法が許してきた戦時の慣行は大幅に制限されなければならず、正当な大義のある戦争の場合もその例に漏れない。

(i) **自然法上、戦時に許されること**　これには一般に、次のようなことが数えられる。

●不正な戦争によって自国を攻撃する国やそれに味方する者に対しては、力づくでそれを防ぎ、費用と損害の賠償を要求し、刑罰を科す権利が生じる。それゆえ、戦争に正当な大義がある場合、当然自国のものであるのに他の仕方では得ることができなかったもの、またはそれに等価なものと、自国に害をなした敵国に公正な刑罰の限度内で損害を生じさせるものとを、獲得することができる。

●戦時には、自国の防衛に必要かつ有効ならば、力と威嚇だけでなく、ある種の偽計（dolus）や虚言（falsiloquium）を用いることも許される。ただし、この手段は用いないほうが気高い（generosius）ことであり、特に約束や宣誓における虚言は敵に対するものであっても許されない。また、敵側の人間の裏切りや反逆に乗じるのはよいが、彼らを裏切りや反逆へと唆《そそのか》す働きかけをしてはならない。

●敵国に物資を供給する者は、それが武器弾薬のような専《もっぱ》ら戦争に有用な物資ならば、敵と同様に扱われてよいが、快楽の具のような戦争の役に立たない物資の場合、その供給は妨げられてはならない。食料品のように戦時にも平時にも有用な物資の供給は、自国防衛上必要不可欠な場合に限り、これを妨げることができる。また、不正な戦争を行なっている敵国への物資供給の結果、自国の権利が侵害された場合は、供給者に対して損害賠償を請求したり刑罰を科したりする権利が生じる。

●戦争の局外にある中立国からは何も取ってはならないが、正当な大義のある戦争を行なっている国は、他者の所有物に対する無害使用権に基づき、非交戦国の所有物を保管・使用したり、非交戦国の土地を通過または占領したりすることができる。所有物の保管・使用は、自国にとってどうしても必要で、所有国には必要度の低いものについて、自国の必要の限度内で行なわなければならない。また土地の通過に際しては、住民の私的な所有物・所有地を侵してはならない。土地の占領は、敵がそこに侵入して回復不可能な損害を与える危険が確実な場合にのみ許され、必要がなくなれば直ちに解除されなければならず、占領中接収できるのは安全の担保に必要な監督権のみで、司法権や収益に及んではならない。さらに、いずれの場合にも非交戦国の物資を消費したら、その正当な代価を支払う必要がある。これに対して中立国の側は、正当な大義のない交戦国を有利にしたり、正当な大義のある交戦国を不利にしたりするような行動をしてはならず、大義の当否が不明の場合は、自国の所有物や土地を右のように利用させることについて、双方に対して公平でなければならない。

(ii) **随意的万民法に基づく戦時慣行の自然法による制限**　正規の戦争に際して万民法上許されている既述の諸行為の多くは、自然法その他の徳の指令から外れており、放棄されるべきものである。正規の戦争でも大義が正当でなければ、その戦争中のすべての行為は内的正義（justitia interna）に反するという意味で不正であり、かかる戦争の首謀者は、戦争の結果として生じるのを常とする一切のことについて損害賠償をしなければならず、戦争で敵から捕獲したものを返還しなければならない。

いやそればかりか、正当な大義のある戦争でさえ、交戦中にしてよいことは厳しく制限される。

●敵の殺傷が内的正義によって正当とされるのは、正当な刑罰としてなされる場合、すなわち相手に公正な裁判で死刑に相当する個人的な罪がある場合と、他の仕方では自分の生命・財産を防護できない場合とに限られる。したがって、次のような人々を殺傷してはならない。(一)子供・老人・女性。ただし成壮年男性と同等の仕方で戦闘に加わった者を除く。(二)聖職者・文筆家・農民・商人など、平和的職業に従事する敵国民。(三)降伏した者。ただし右の傍点部の条件に該当する者を除く。(四)人質。さらに、(五)戦争の首謀者でなく、命令に従って戦った指揮官や、(六)自分の意志によらず強制されて戦った捕虜・奴隷・従属国の国民などは、戦後に刑罰として殺してはならない。また、殺害に値する者も極力助命して、あまりに多数の者を殺す事態を避けなければならないし、同じ目的のために、無用な戦闘や多数の死傷者を偶発的に発生させかねない戦い方は回避しなければならない。

●敵国の破壊と廃墟化（vastatio）は、(a)自国の安全上どうしても破壊する必要のある軍事施設、(b)戦争の因となった敵国の不法行為や、戦争中の敵国の破壊行為から生じた自国の損害分に相当する敵国財産、(c)敵国の悪事に対する罰として相応な限度内の敵国財産のいずれかを対象とする場合に限り正当である。したがって、次のようなものは破壊してはならない。(一)破壊が戦略上必要でないものや自国の利にならないもの。(二)戦争遂行に無関係な宗教上・文化上の施設や建築物、その奉納品や収蔵品など。(三)生産目的で育成された果樹等の樹木、農地とその作物、農耕用家畜、居住用家屋など。

●敵国およびその臣民個々人の財産の捕獲は、右の(b)に相当する限度内に限り正当である。(c)の刑罰のための略奪は、不法行為の主体である首謀者の財産に限られ、臣民の財産に及んではならない。またこの財産捕獲権は、敵国が自国より貧しい場合など、放棄されるべきケースが少なくない。

●捕虜を奴隷にすることは、捕虜自身に自由喪失の刑に相当する不法行為があった場合を除き、(b)の限度内でしか許されないし、この権利は行使せずに、捕虜交換や身代金による解放に応じることが望ましい。また、奴隷に対して支配主がしてよいことも大幅に制限される必要がある。すなわち、(一)家内裁判権は公《おおやけ》の裁判に準じて公正かつ良心的に行使されなければならず、処罰は苛酷であってはならない。(二)奴隷の労働は健康状態に配慮し限度をもって課せられなければならない。(三)奴隷には衣食等の必需品を十分に支給し、ノルマを超えた労働の収入は蓄財することを認めなければならない。

●敗戦国の命令権の接収も、(b)もしくは自国の安全保障に必要な限度内に限られなければならない。また、命令権接収を緩和する次のような措置をとることが望ましい。(一)敗戦国民に対する戦勝国の市民権の付与。(二)敗戦国自身に命令権を残した保護国化、戦勝国軍隊の駐屯、貢納金賦課など。(三)命令権の部分的接収。(四)全面接収の場合でも、敗戦国の法・慣習・宗教等を尊重し、存続させること。

●戦勝国は、敗戦国が正当な大義のない戦争によって第三国から奪った土地や動産、捕えた捕虜、接収した命令権等があれば、それらをこの第三国に返還しなければならない。

一・五・三　戦時における信約の遵守

戦時には敵に対する信約（fides）を守り、敵との約束や宣誓を遵守しなければならない。国家の最高命令権者は他国に対する信約を破っても罰せられないが、だからこそとりわけその良心と尊厳にかけて信約を守るべきである。信約は理性と言語を有する人間同士の自然的な社会的結合に基礎を置き、かつ「複数の国々の国民同士の社会的結合」（societas gentium）を維持するものであって、武装した敵同士の講和や休戦の実現を可能にし、降伏した国家の権利を守る上で必要不可欠である。

正規の戦争では万民法上、敵がいかなる者かに関係なく信約を守る義務が等しく課せられ、直接的な力で強迫された場合を除き、恐怖心から交した信約でも遵守を免れることはできない。ただし自然法上は、正当な大義のない戦争で約束を取りつけた国は相手国に遵守を強制することはできない。

- 暗黙の信約
- 明示的信約
  - 私的信約
  - 公的信約
    - 最高権力者の信約
      - 戦争を終らせる信約
        - 主要なもの
          - それ自身の働きで戦争を終らせるもの
          - 他のことに関係した合意によって戦争を終らせるもの
        - 付属的なもの
      - 戦争継続中に効力を持つ信約
    - 最高権力者より下位の者の信約

合意する敵同士の信約は前頁の図のように分類される。図の右下から順に遡《さかのぼ》って説明しよう。

(i) **戦争を終らせる信約**　これはそれ自身の働きで戦争を終らせるものと、他のことに関係した合意によるものとに分れる。前者は約定、後者は抽籤・決闘・取り決められた戦闘・仲裁裁判などである。

●戦争終結のための約定、すなわち講和条約の締結は、戦争の主体たる最高命令権者の権限に属する。君主国の場合、この主体は王であり、講和条約による最高命令権の譲渡は、それが王の世襲財産ならば、王の決定によりその全部または一部について実行できるが、用益権である場合は、全体の譲渡には国民全体の合意が、一部の譲渡には国民の全体と当該部分の二重の合意が必要である。貴族制国家は貴族の公的会議(元老院等)が、民主制国家は国民全体かその代表者の会議が主体となり、その多数決によって同様の決定を下すことができる。臣民の財産の譲渡も同じようにして決定できるが、財産を失う臣民には公有物から損害賠償がなされなければならない。また講和条約では、戦争の大義の正当性については可能なかぎり双方を同等とする解釈がとられなければならない。

●抽籤・決闘・取り決められた戦闘(condictum certamen)などによる戦争終結は、国家と国民の運命を偶然に委ねることを意味し、一般には是認できないが、正当な大義を欠く国の勝利が確実なときに敗勢国側から申し出るならば正当である。戦争終結のための仲裁裁判は二種類あり、その一つは交戦国の仲裁委任合意(compromissio)を受けた者の仲裁である。この場合、仲裁の公平性は保証されないが、裁定結果は必ず遵守されなければならない。いま一つは善良・公正な第三者による仲裁で、一・四・二の(ii)の(二)に述べたのと同一の国際会議がその任に当たることになる。

●戦争終結のためのこれらの主要な信約に加え、条件付きもしくは無条件の降伏による終戦のケースがある。無条件降伏した国は戦勝国に命令権を譲渡して従属し、その信義に全面的に身を委ねるが、戦勝国は当然の刑罰としてそれに値する者を除き、敗戦国民の殺傷や財産没収をしてはならない。

(ii) **戦争継続中に効力を持つ信約**　最高権力者が戦争中に締結し、戦争の継続中に効力を有する信約として、休戦・往来権・捕虜の受け戻しの三つを挙げることができる。

●休戦（inducia）は、戦争の最中に一時的に戦闘行動が自制されなければならないようにする合意であるが、平和状態ではなく戦争状態の一部であり、戦争中における休息にすぎない。休戦中は人や物に対する一切の戦争行為、すなわち敵への暴力行為は許されず、軍を動かすのは退却のみに限られ、防壁の再築、戦闘員の新規徴集、駐屯軍のいない敵地に対する進駐や占領等は原則として禁止されるほか、武装していないすべての者に往来権が認められる。しかし締約国の一方が合意に違反した場合、他方は直ちに戦争行為を再開でき、休戦終了の際に新たな宣戦布告は必要ない。

●往来権（jus commeandi）は、戦争中に戦闘員を含む交戦国の国民同士が自国と敵国の間を安全に行き来する権利で、休戦中は一般に認められるが、休戦期間外でも最高権力者同士の合意によって認められる場合がある。往来者は原則として家族の同伴を認められないが、旅行に必要な荷物を携帯でき、然るべき身分の者は然るべき随行者を伴うことができる。

●捕虜の受け戻し（redemptio capivorum）は、戦争中に敵国の捕虜となった自国民を、身代金や敵国民の捕虜の身柄と引き換えに自国に取り戻すことについての合意である。

(iii) **最高権力者より下位の者の信約**　右のような最高権力者同士の信約に加えて、より下位の戦争指揮官もその職務権限の範囲内で、もしくは、公的にまたは関係者間に周知された特別な選任があれば、敵国またはその特定の下位指揮官との間に公的信約を交わすことができ、最高権力者もこれを受け入れなければならない。この信約によって講和は締結できないが、指揮下の軍隊と当面の敵との間に休戦を締結することはできる。当該指揮官は越権のために信約を守れないときは相手方に損害賠償をしなければならず、自身の権限について相手を欺いた場合は刑罰に服さなければならない。

(iv) **私的信約**　以上の公的信約のほかに、私人も戦争中に自己の個人的権利に属する行為の実行や財産の譲渡を、より大きく確実な害を避けるために敵に約束することができ、この約束は守られなければならない。捕虜になった者が、特定の場所に行かないことや敵との戦闘に参加しないことを約束して解放されたり、逃亡しない約束で鎖や枷《かせ》による拘束を免れたりすることは、その例である。

(v) **暗黙の信約**　明示的に結ばれる信約のほかに、暗黙の信約も存在する。外国に保護を求めて入国した者はその国の不利になることをしないこと、会談に合意した者は互いに相手に危害を加えないこと、白旗を掲げるなど降伏の合図をした者は武器を捨てて敵に身を委ねること、等がそれである。

一・六　グロティウスの思想の意義と限界

(i) **自然法思想の近代化**　自然法と随意法（実定法）の区分および後者の人法と神法への区分、さらに人法の国法と万民法への区分など、グロティウスの考える法体系の基本的枠組は明らかにトマス・アクィナスの流れを汲んでいる。また自然法の権威をその合理性に求めた点も、同じ伝統の継承と言える。しかし、神のうちなる理念としての永遠法の存在を想定し、自然法を理性的被造物による永遠法の分有とみなすトマスの考え方とは、グロティウスは明確に一線を画している。彼は自然法を神が人間の心に植え付けた「神の法」としつつも、自然法の基礎を人間の自然本性としての「社会的結合の欲求」に置き、合理性に基づく自然法の妥当性を神でさえ揺がすことのできないものとみなして、自然法の神からの独立性を鮮明にした。またこれに伴って、神法の役割もトマスに比べてはるかに従属的なものとされ、『戦争と平和の法』における神法への言及は多くの場合、自然法の妥当性を新旧両約聖書の神の掟や教えとの一致によって傍証することに留まっている（例外的に神法が自然法を掣肘する働きをする点が一つ考えられているが、これについては後述する）。こういった点にグロティウスによる自然法思想の近代化を見ることには、十分な妥当性があると言えよう。

(ii) **国際社会と万民法**　グロティウスは、人間の社会的結合を民族単位・国家単位の個別的ないし部分的社会集団の範囲だけで考えずに、人類あるいは多数の国々の国民を互いに結びつける共同体としての「全人類の社会的結合」の次元でも捉え、この共同体の法である万民法（国際法）の現実的存在を指摘し、その具体的内容を考察した。この点では、彼はホッブズ、スピノザ、ロックなどの同時代および後代の思想家と比べても、一歩進んだ地点に立っている。しかしグロティウスは、国法と違って万民法のレベルでは、その実施を保障し違反を取り締まり、法に則った公正な紛争解決をはかる強制力ある権威が存在しないという現状をそのまま認容し、その根本的打開策の考究には踏み込まない。このことは、私的戦争と同様に公的戦争をも禁じるための有効な方策を示せずに終るという結果をもたらしている。しかし他方で彼は、原初的（一次的）万民法と二次的・実定的万民法との区別によって、現実の万民法とあるべき万民法の理念との懸隔を明瞭にし、既存のものとは異なる戦時ルールの提示を軸に、諸国家相互間の法的秩序の改革の方向性を打ち出している。

(iii) **国家観の近代性と保守性**　国家を権利の享受と共同利益のために自発的に結合した自由な人間たちの集合体として捉えるグロティウスの国家観は、社会契約論者たちと軌を一にする近代的発想と言える。しかしその反面、共和国の共和派政治家であった彼が常に君主制をベースに国家の最高権力の形態を考え、権力の分立・主権在民説・抵抗権説を否認した点は、『戦争と平和の法』がフランス王庇護下の亡命中の作であることの反映ではあろうが、彼の現状追認主義的一面を際立たせている。

(iv) **戦争容認？**　自然法が戦争を禁じていないと主張したことは、単純に文字どおりに解するなら、戦争の道徳的容認と受け取れる。しかしこれは、戦争を私的戦争のレベルから考察し、各個人の基本的な生存権・所有権を保障するための、他人による自己の生命・財産の不法な侵害に対処する実力行使として捉えた結果である。グロティウスの問題意識は、「自然法の許容することを人法は禁じうる」という認識に立って、自然法の許している戦争をいかにして人の手に成る法的ルールによって制約し、その発生と猛威の余地を狭め、なくするかという点にこそあった。私的戦争については、国家という裁判権を備えた共通権力の下で、それが有効に行なわれうることを彼は認めた。問題は既述のように、このような共通権力の存在しない国際社会における公的戦争について、いかにこの課題を解決するかであり、『戦争と平和の法』におけるグロティウスの思想的苦闘の焦点はそこにあった。

(v) **正戦論**　右の課題の解決に向けて彼は第一に、戦争の正当な大義がいかなるものかを明らかにし、それを伴う戦争と欠く戦争とを峻別し、後者すなわち道義上の理由なしに利害や体面のみの考慮に基づいて行なわれる戦争を、不当なものとして排斥した。これがいわゆるグロティウスの「正戦論」である。強調したいのは、これが「正しい戦争なら結構、大いにおやりなさい」と奨励するような類の正戦論とは全然煮ても似つかぬものだということである。「不正をなす国にはいい思いをさせてはならず、武力を用いてでも懲らしめなければならない」、「正しい戦争は辛い犠牲を払ってでも断固戦い抜くべきであり、それを厭うのは卑怯で臆病な態度だ」などといった考え方は、「戦争に正義もへったくれもない。やって得になるならやるだけのことだ」という考え方に劣らず、グロティウスの精神から遠く隔たっている。彼は大義上正当な戦争でも、勝算が立たない場合や、得るものより失うもののほうが大きい場合には戦うべきでないと明言し、最も基本的な自己防衛の大義すら、宗教的精神に基づいて放棄することを可とした。また、自国の大義に疑義のある場合はもちろん、明確な大義のある場合にさえ、個人的・宗教的良心に基づく従軍拒否権が認められなければならないと主張した。これらの点には、戦争というものがどのような立派な大義をもってしても是認できない恐るべき残虐と悲惨を不可避的に伴うという事実に対する、グロティウスの揺ぎない直視が反映されている。

(vi) **戦時ルールの厳格化**　このような残虐と悲惨は、平時なら重大な犯罪とされるような種々の行為が戦争中には罰せられることなく行なわれる、ということに起因する。随意的万民法、すなわち既存の国際関係のルールによれば、「正規の戦争」であることが、すなわち最高命令権者による宣戦布告という魔法の杖の一振りが、平時から戦時へのこの転換を瞬時にして可能にし、穏和で善良な「普通の人々」を血も涙もない狂暴な殺人者・破壊者に豹変させる。『戦争と平和の法』第三巻第四〜一〇章に列挙された当時の万民法上の戦時ルール（一・五・一の(ii)）を見れば、「正規の戦争」においていかに極悪非道な数々の行為が当然のこととして行なわれたかを知って、誰もが慄然たる思いに囚われるであろう。グロティウスは自然法の観点から、正規ではあっても大義に外れた戦争ではこの魔法の杖が無効であることを宣言するとともに、正規にしてかつ正当な大義を伴う戦争においてさえ、実行可能な戦時行為を厳しく制限し、従来の万民法の許容事項の多くを不当と断じた。彼のこの議論は、当時の、そしておそらくはまた今日の実際の戦争のほとんど全部を、不法な戦争として断罪するに等しいものであろう。この点からも、彼の意図が正当・合法な戦争の容認にではなく、最高権力者に戦争の実行を事実上著しく困難にするような拘束を課すことにあったことは明らかである。

(vii) **グロティウスの限界**　しかし、グロティウスによる大義と戦時ルールの二つの観点からのこの拘束が、不当な戦争・不法な戦時行為に対する、あるいは戦争そのものの発生に対する実効性ある抑止力たりうるかと問われれば、残念ながら答えはノーであろう。単なる国益のための侵略意図を露わにした戦争が、自国や友好国の存立に絶対不可欠な生存条件の防衛という「大義」によっていともたやすく正当化されること、残虐不法な戦時行為の公正な断罪・処罰が実際上は不可能で、行なわれても勝者による敗者の行為の断罪・処罰でしかなく、勝者の行為はいかに非道でも何の罪にも問われず放置されること、こういった現実を私たちは、ごく身近な例によって痛切に体験している。交戦国双方の掲げる「大義」の当否を公正に判断し、双方の戦時行為を勝敗と無関係に厳正に捜査・裁判・処罰することのできる共通権力の不在という、国際社会の現状の中で、これらの問題にどう対処すべきか、グロティウスの明確な答えは示されていない。また、一定の条件を満たせば戦争自体も戦争中の加害行為も許容する自然法の下で、なおそれを回避すべきことを主張する根拠として彼が訴えたのが、聖書の教えに基づくキリスト教的宗教心であったことは、神と神法から独立した権威としての自然法に立脚する彼の法理論に、破綻要因を持ち込んだものという謗《そし》りを免れないであろう。

(viii) **限界克服の展望**　しかし彼の議論には問題解決の方向性を示す仄《ほの》かな曙光も見出される。自然法の許容する私的戦争を人法である国法によって実質上全面的に禁じることが可能であったように、自然法の許容する公的戦争をも万民法という人法によって全面的に禁じること、改変可能な随意的万民法＝実定的国際法を、この機能を果しうるように改良することは、グロティウス自身の達しえた結論ではないが、彼の精神に合致し、それをさらに前進させる。この前進こそ、あくまでも国家主権の至高性という国際社会の現実を大前提として、公的戦争に対する可能な最大限の抑止の道を探るに留まった彼の限界を、超えて進むことにほかならないであろう。そしてそのための指針を神法にではなく、グロティウスの考えた自然法自体のうちに求めることも不可能ではない。なぜなら、この自然法の最も基本的な九つの掟（三〇頁）のうちのⅠ～Ⅵは、その主体を個々人から国家へと拡げて考える暗黙の拡大解釈によって、公的戦争を含む戦争の大義と戦時ルールに関する彼の議論の基礎原理とされていることが明らかであり、それゆえⅦ～Ⅸについても、その文言の中の「市民（たち）」・「個々人」・「他人」をそれぞれ「（諸）国家」・「個々の国家」・「他の国家」へと拡げて捉え、個人間の私的戦争と並んで国家間の公的戦争をも禁ずるための基礎原理とすることは、十分に可能だからである。

さらに、右のような自然法の拡大解釈と万民法の改良に伴って実現されるべき国際体制のイメージも、**一・四・二**の(ii)に紹介した二つの戦争回避策のうちの(二)の提案（四七～四八頁）のうちに、僅かながら仄見えている。私たちはこのイメージが、『戦争と平和の法』よりも一世紀弱遅れて現れたフランスの一思想家の著作の中で、具体的な構想となって展開されるのを見ることになろう。

第2章……ホッブズの自然法思想と国家哲学

――国内平和と人権擁護の機関としての国家

個人間の私的戦争のレベルから説き起こしつつ、議論の照準を公的国際戦争の防止に合わせたグロティウスに対し、彼とほぼ同時代に――ただし早熟型の彼と違って晩成型であったために数十年遅れて――同じく自然法思想に立脚しながら、専《もっぱ》ら国家の内部における戦争の防止と平和の確立の道を模索した哲学者がイギリスに現れた。その名はトマス・ホッブズ（Thomas Hobbes）である。

二・一　時代背景と生涯

(i) **誕生と幼・少年期**　ホッブズはグロティウス生誕の五年後の一五八八年四月五日、イングランド南部、ブリストル近郊のマームズベリで生れた。時あたかも英国海軍によるスペイン無敵艦隊撃破の年であり、エリザベス一世治下のイギリス絶対王政の全盛期に当たっていた。父親は英国国教会の牧師であったが、ホッブズが一二歳のときに教会で人を殴打し、出奔を余儀なくされたという。その後ホッブスは伯父の手で養育され、一六〇二年、一四歳でオクスフォード大学の一学寮に入学した。

(ii) **学問的・思想的醸成期**　一六〇八年、二〇歳で学業を終えたホッブズは、後にデヴォンシャー伯となるウィリアム・キャベンディッシュの子息の家庭教師となり、一六一四〜一五年、教え子に随伴してヨーロッパ大陸を訪れ、そこで大学のスコラ哲学と異なる新しい哲学の息吹きに触れた。次いで一九〜二三年には哲学者F・ベーコン（一五六〇〜一六二五）の秘書役として仕事を手伝い、自然科学の知識と自然事象の観察・実験の重要性の認識を得、さらに二九年頃には、フランス遊学中にユークリッド幾何学に触れ、幾何学・数学の本格的研究を開始した。その翌年、初代デヴォンシャー伯の孫ウィリアム（三世）の家庭教師として同家に復職したホッブズは、三四〜三六年にこの生徒とともに三たび大陸へ旅行、パリでメルセンヌ（一五八八〜一六四八）やガッサンディ（一五九二〜一六五五）らと交わり、デカルト哲学について知識を深め、イタリアではガリレオ（一五六四〜一六四二）と会見した。またメルセンヌのサークルでは、後に『物体論』で展開される自説の構想を発表して、自然哲学者としての評価を得た。この頃までの約三〇年間は、ホッブズの学問・思想の醸成期であり、この間の業績としては、古代ギリシアの歴史家トゥキュディデスの『歴史』の英訳の刊行（一六二九年）が挙げられる。この時期は、チューダー朝に代ったステュアート朝の二代の王（ジェームズ一世とチャールズ一世）の下で、イギリス絶対王政が揺らぎ始めた時代に当たっている。

(iii) **人生の波乱と思想的生産の時期**　一六四〇～六〇年のイギリスは、清教徒革命の激動期である。短期議会・長期議会の召集（一六四〇年）と国王（チャールズ一世）対議会の対立→国王派と議会派の内戦の勃発（四二年）→国王の敗北・処刑と共和制の成立（四九年）→クロムウェルの独裁化（五五年）とその死（五八年）→王政復古（六〇年）と続くこの動乱の時代に、ホッブズも人生の最大の波乱を経験する。すなわち、長期議会召集と同じ一六四〇年一一月に逸早《いちはや》くフランスに亡命した彼は、その後皇太子（後のチャールズ二世）の亡命により、その数学教師としてパリの亡命宮廷に仕え（四六年）、無神論の嫌疑で五一年に宮廷を追われると、翌年二月に帰国し、一時的に共和派に接近したが、王政復古後デヴォンシャー伯の執り成しでチャールズ二世と和解するに至るのである。

他方、この時期はまたホッブズの最も活発な思想的生産の時期であった。亡命直前の一六四〇年には『法学要綱』(*Elements of Law, Natural and Politic* 五〇年刊行)、翌四一年には『市民論』(*De Cive* 四七年刊行)を完成し、帰国直前の五一年には『リヴァイアサン』(*Leviathan*)を刊行するなど、社会思想上の大著を次々と世に送り、さらに五五年には『物体論』(*De Corpore*)、五八年には『人間論』(*De Homine*)と、哲学上の主要著作を相次いで刊行している。

(iv) **晩年**　王政復古後の二〇年間はホッブズの晩年期であり、デヴォンシャー伯家の庇護下に老後の余生を送った。この間、彼は自身を無神論者あるいは共和主義者として攻撃する論敵たちとの論争に精力を注ぎつつ、一六六六年には『イングランドのコモン・ローについての哲学者と法学徒の対話』(*A Dialogue between a Philosopher and a Student of the Common Law of England* 八一年刊行)を、七〇年には『ビヒモス』(*Behemoth* 七九年刊行)を執筆した。また六八年には、『物体論』を第一部、『人間論』を第二部、『市民論』を第三部として一書にまとめた『哲学原本』(*Elementa Philosophiae*)を、彼の哲学の集大成をなす著作として刊行している。

ホッブズが九一歳の長寿を全うして世を去ったのは、一六七九年一二月三日、イギリスが絶対王政から立憲君主制への大転換を遂げる「名誉革命」の九年前であった。

二・二　ホッブズ哲学の全体像と国家哲学の位置

始めに、ホッブズ哲学全体の中で自然法思想を含む国家哲学の位置を明確にするために、彼の哲学の基本構造、および理論哲学わけても自然哲学と道徳・国家哲学の関連について、概観しておきたい。

二・二・一　ホッブズ哲学の基本構造

(i) **哲学の定義**　哲学は、諸々の結果もしくは現象の知得された原因ないし起源から、正しい推論によって獲得された、これらの結果もしくは現象の認識、および認識された諸結果から正しい推論によって獲得された、ありうる起源の認識、と定義される。ホッブズの言う「推論」(ratiocinatio)とは計算――ただし数や大きさ・運動・時間・比例などの量についてだけでなく、概念・陳述・名辞などについても行なわれうる広い意味での計算――のことであって、足し合わされた複数のものの合計を見積もること、すなわち「合成」(compositio)と、あるものを他のものから引いた残りを認識すること、すなわち「分割」(divisio)ないし「分解」(resolutio)の二とおりがある。

(ii) **哲学の対象と諸部門** 哲学の対象ないし主題は物体(corps)である。物体には、諸事物の本性に従って組み立てられた自然的物体と、人々の約定と取り決めに基づいて組織された人為的物体(政治的物体)の二つの部類がある。前者は自然哲学の、後者は広義の国家哲学の対象であり、この国家哲学はさらに、人々の気質・感情・習俗等について論じる倫理学と、市民としての人々の義務について論じる政治学ないし狭義の国家哲学に区分される。人間は自然的物体の一つであるが、人為的・政治的物体の一部でもあるので、自然哲学と広義の国家哲学の両部門にまたがる対象をなしている。

(iii) **哲学の目的と効用** 哲学の目的は、私たちが自分の利便のために予見された結果を用いうること、もしくは物体の物体への結合をつうじて、脳裏に思い描いたのと同様の結果を、人の力と事物の材質によって可能なかぎり、人間生活の用向きのために生み出すことである。自然哲学の場合、その効用は物体に対する諸技術によって獲得される利益と利便にあり、道徳哲学(倫理学)と国家哲学の効用は、人間の努力で回避可能なあらゆる災禍の因をなす戦争、とりわけ内戦を避けるために、戦争と平和の原因の認識と、平和を固めるための自己の義務＝真の生活規則の認識を得ることにある。

(iv) **哲学の方法**　哲学の方法は、その定義から明らかなように、(a)既知の原因による諸結果の探究、もしくは(b)既知の結果による諸原因の探究である。物体についての知識はすべて、(後述のように)感覚と想像力の表象を発端とするが、知識すなわち学的認識が得られるのは、この表象の原因が認識された場合、すなわち、「それの原因がどれだけ、どういう主体のうちに存在するか」、また「原因が結果をどのような主体のうちへどのような仕方で導入するか」が知られた場合だからである。この認識は推論を必要とするので、哲学の方法は、推論の合成と分解(分割)への二分に対応して、合成的な方法すなわち「総合的方法」(methodus synthetica)と、分解的な方法すなわち「分析的方法」(methodus analytica)に二分される。前者は(a)の、後者は(b)の探究の方法である。

(v) **哲学的探究の手順**　右の方法で進められるホッブズの哲学的探究の手順は、次のようになる。

I　感覚される諸事物の最も単純かつ普遍的な原理をなす概念、すなわちあらゆる自然的物体に共通な偶有性の定義と、その原因としての運動についての探究(第一哲学)。

II　どのような運動がどのような結果を生じるか、すなわち物体の普遍的偶有性としての諸々の幾何学的形状とそれらの特性についての探究(幾何学)。

Ⅲ　物体の運動が他の物体に対して引き起こす結果についての探究（運動についての哲学＝力学）。

Ⅳ　物体がその運動によって感覚にどう感じられるか、言い換えれば、人間身体という物体に対して周囲の物体が引き起こす結果としての感覚現象・表象像についての探究（自然学）。

Ⅴ　物体の運動によって生じた感覚現象・表象像が原因となって引き起こされる結果としての心の運動、すなわち人間の感情・欲求・忌避その他の精神現象についての研究（道徳哲学）。

Ⅵ　人為的物体としての国家についての探究、すなわち、人間はどうして、またどのような国家を樹立する必要があるのか、国家内の市民の権利や義務はどうあるべきか、等の考察（国家哲学）。

右のⅠ～Ⅵのうち、Ⅰは分析的方法で、Ⅱ～Ⅵは総合的方法で進められる。ただしⅥは、幾何学や自然学の研究を前提せずに、経験から出発して分析的方法で研究することも可能である。なぜなら、誰もが自分自身の心についての経験から、「正しいこと＝法に適うこと」→「法＝権力者の命令」→「権力はそれを樹立する者の意志に基づく」→「権力樹立者の意志＝戦争を避け平和を求める意志」という推論を経て、「人間の欲求と心の動きは、権力による強制がなければ、戦争によって互いに攻撃し合うようなものである」という国家哲学の根本原理に至り着くことができるからである。

(ii)で述べた哲学の諸部門の区別は右のプロセスにも対応している。すなわち、自然哲学はⅠ～Ⅳに、広義の国家哲学はⅤとⅥに相当し、後者のうちでは倫理学がⅤに、狭義の国家哲学がⅥに該当する。

ホッブズの主要著作のうち、『物体論』の第二部はⅠ、第三部はⅡとⅢ、同書第四部と『人間論』第一〜九章の視覚論とはⅣ、『人間論』第一〇〜一五章はⅤ、『市民論』はⅥについて論じたものであり、『法学要綱』と『リヴァイアサン』は、前者の第一部第一三章までと後者の第一部第一二章までがⅣとⅤを、次章以降がⅥを扱ったものと見ることができる。ただしⅥについては三著作とも、ホッブズの言う分析的方法に従い、Ⅰ〜Ⅴとは内容上切り離された形で論じられている。これは、この三著作が『物体論』『人間論』の両著作に先んじて発表されたことによるものであろう。

二・二・二　自然哲学から道徳哲学へ——感覚と情念の物理的説明

(i) **自然哲学の主要仮説**　ホッブズの自然哲学はユークリッド幾何学を理論構築の手段とし、あらゆる物体運動を幾何学的論証によって説明する点にその特色があるが、ほかにもコペルニクスやケプラーの天文学、ガリレオの物理学、ハーヴェイの生理学など、当時の最先端の科学研究の成果を採り入れて、自然現象の理論的説明のための仮説を立てている。その主な例には次のようなものがある。

○　大気中には目に見えない極微の小物体である諸々の原子が存在しており、これらの原子は固体性・形状・運動・大きさにおいて異なっている（原子説）。

○　地球は自転しつつ太陽の周囲を公転しているが（地動説）、太陽自身も単純円運動をしており、この運動により諸原子は、等質なものは集まり異質なものは分散するという運動をさせられる。

○　静止しているものは外部の動かすものによって動かされないかぎり静止し続け、運動しているものは外部のものによって減速または加速されないかぎり、同じ速さと経路で運動し続ける。すなわち、何かあるものがそれ自身の力によって静止から運動へ、運動から静止へと移行したり、運動の仕方を変えたりすることはない（慣性の原理）。

○　空虚は存在せず、動くものはそれに接する他の動くものに動かされることによってのみ動く。

○　それゆえいかなる運動も、充実した物体中でその直近の部分が移動し、次いでこれに直近の部分が移動し……、というように際限なく続いてゆくことによってしか伝わらない。

(ii) **感覚のメカニズム**　物体界のあらゆる変化は、物体の諸部分の運動ないし努力（conatus）――点における瞬間的運動――であり、それによって引き起こされた身体の諸部分の運動から感覚（sensio）が生じる。右の仮説により、感官は隣接するものしか感覚せず、遠方の諸物体は中間の諸物体＝媒体の相次ぐ作用により運動を伝えることによってしか感官に作用しないから、対象のある変化から生じた運動は身体外の諸々の中間物を経て感覚器官に達し、さらに身体内の諸々の中間物を経て身体器官の最奥に伝わる。次いでこの運動に対して、器官の自然的内部運動により器官全体の抵抗すなわち反作用が生じ、それによって対象からの努力に対する器官からの反対努力が生じる。この反作用・反対努力がしばらく持続すると表象（phantasma）すなわち対象の像（imago）が生じ、これはこの反作用や反対努力が外部へと向かうせいで、器官の外に位置するように見える。つまり感覚とは、現前する対象から身体内部へと向かう努力によって生じる感覚器官の持続する努力から、それに対する反作用の外向きの努力によって生じた表象である。視覚を例にとると、対象は光に照らされたり色のついたりした物体であり、これに対して光や色は表象、すなわち感覚する主体の偶有性であって、感覚される対象そのものの偶有性ではない。同一の対象が見方によって、大きさ・形・色その他の点で異なった見え方をするのはそのためである。なお、感覚の表象は対象が遠ざかるか過ぎ去るかして現前しなくなった後、言い換えれば感覚器官に作用することをやめた後にも残存するが、これは対象が去ったせいで弱くなった感覚であり、想像（表象像 imaginatio）とも記憶とも言われる。経験と言われるのは多くの物事についての記憶であり、理解とは語やその他の随意的なしるしによって生じる想像のことである。それゆえ感覚と記憶の表象はあらゆる知識の端緒、人間の思考の根源である。

(iii) **情念と感情**　感覚を生み出す対象の作用からは快楽（voluptas）・苦痛（dolor）の情念（passio）も生じる。これは感覚の表象を外向きの反作用の努力として伴う器官の持続的努力からさらに生じる内向きの努力であり、対象の作用が身体の生命運動を助ける場合は快楽、妨げる場合は苦痛ないし苦しみ（molestia）となる。まだ現存していない予期された快楽と苦痛がそれぞれ欲求（appetitus）と忌避（fuga）

であり、これらは、経験を積んだ場合には記憶の喚起によっても生じる。善いものとは欲求されるもの、悪いものとは忌避されるもののことである。対象が引き起こした善いことと悪いことについての表象は、身体内で血液や精気がさまざまな仕方で拡張したり元に戻ったりする運動の原因となり、ここから喜び・嫌忌・希望・恐怖その他の感情（affectus）が生じる。これらは、欲したり避けたりする対象の相違と諸状況とに由来する差異の付け加わった欲求と忌避の一種である。他方、ある行為の欲求と忌避に基づく、それをするか否かの決定へのプロセスが熟慮（deliberatio）であり、熟慮に基づく行為への最終的欲求が意志（voluntas）ないし意欲（volitio）である。私たちが何かを欲求することは常に必然的原因を有し、決して自由ではありえないが、欲したことを行なうことは自由にできる。人間の自由意志（arbitrium）とは常にこの意味に解されなければならない。

各人にとって諸々の善のうちの第一のもの、万人が生れつき最大の欲求をもってめざす目的は、自己保存（sui conservatio）であり、人間の自然権はつまり自己保存の権利、自然法は自己保存に必要なことを命じる法である。そしてこの両概念が、ホッブズの狭義の国家哲学の起点をなしている。

二・三　自然状態と自然権

現実の人間は、社会状態の下で、すなわち国家を典型とする政治的・社会的権力機構の支配下で、慣習的な、もしくは明文化された人為的約束事である社会的ルールの拘束を受け、それらが認め保障する社会的権利を享受しつつ生活している。これに対して、このような政治的・社会的権力も人為的ルールも一切存在しない原初的状態として仮定された人間生活の状態を、一般に「自然状態」と言い、自然状態において人間が人為的約束事によらず、人間としての自然本性に基づいて自《おの》ずから有すると考えられた基本的権利を「自然権」と言う。この仮定から出発して人間社会の発生を説明し、そのあるべき姿を論じることは、一七～一八世紀の社会思想家の多くが採った方法であり、ホッブズもそれに従った一人である。本節では、自然状態と自然権に関する彼の考え方の特色を明らかにしたい。

(i) **人間の非社会的本性**　物体的対象の認識のためには、それをその構成要素へと分解し、これらの要素の性質・形態・運動等を調べ、さらにそれらが当の対象へと組み立てられる仕方を知らなければならない。人為的物体としての国家もその探究にあたり、それを解体したかのようにして、その構成要素、すなわち国家の成立する以前の人間本性＝生来の気質そのままの個々人がどのようなものか、また彼らがどのような仕方で互いに統合されなければならないかを認識する必要がある。

人間の生来の気質とは、ホッブズによれば、何かある共通の権力に対する恐怖によって強制されなければ、互いに恐怖と疑惑を抱き合い、各自が自力で身の安全をはかることが権利上可能ならば必ずそうしたいと望むような気質である。人間は自然本性上、心身の諸能力において互いにほぼ平等であり、最強者ですら最弱者から絶対に自己の生命を護りきれるほど後者に対して優位に立ってはおらず、ここから自己保存に必要な同一欲求対象を平等な希望をもって争い合う競争（competition）が、さらにそこから自分の獲得・所有した対象を他者が侵略・奪取することへの疑惑（diffidence）と、自分の力で他者を威圧したいという栄光欲（glory）が生じ、これらの感情は人々を、利得・安全・名望等を求めての暴力行為へと向かわせるからである。それゆえ人間は本性上、社会生活に適した「国家的動物」ではなく、他人への疑惑と恐怖から敵対し合う生き物であり、社会的結合（societas ; society）は人間本性から自然には由来せず、人間同士の相互恐怖による強制が生み出す人為的状態である。

（ii）**自然権**　人間が自己の身体を保存し死や苦痛を避けようとする自己保存の欲求は、既述のように自然必然性に由来する最大の欲求であり、そのためにあらゆる労力を払うことは正しい理《ことわり》に反しない。しかるに、正しい理に従って自然的能力を行使する各人の自由こそ、「権利」（jus ; right）と呼ばれるものにほかならない。したがって、いかなる人為的強制の下にもない人間の自然本性に基づく権利、すなわち自然権（jus naturale ; natural right）とは、自己の生命と身体を維持するために、自己の意志するとおりに自己の力を使用し、そのために必要不可欠なあらゆる手段を、自らの判断と理性に従って行使する自由である。言い換えれば、ホッブズの考える自然権は、自己保存のために必要であると自分が判断するあらゆる物事を行なったり所有したりする各人の権利である。

（iii）**自然状態**　それゆえ、人々が約定によって互いに拘束し合う以前の、彼ら全員を威圧する共通権力のない自然状態（status naturalis ; natural condition）において、各人は何でも好きなことに関して好きなことをし、何でも欲しいものを所有・使用・享受することを許されている。すなわち、自然状態とは万人が万事・万物に対する権利を有する状態である。そこでは何事も不正ではない。なぜなら、共通権力のないところに法はなく、法のないところに正・不正の区別はない――物事の善悪は既述のように人間の欲求と忌避に応じて決まり、これらの情念自体もそれに由来する諸々の行為も、それらを禁じる法が知られるまではいかなる罪でも不正でもない――からである。

しかし、万物が万人のものであり、各人が何を所有し何をしてもよいような状態の下では、物に対する安定的な所有権も支配権も、自分のものと他人のものとの明確な区別もなく、各人が自力で獲得し保持しうるものだけが彼のものであるから、誰もが誰によっても自分の生存に必要なものを略奪される可能性が、いやそれどころか殺される可能性すら常にあり、各人は自分の力で自分の生命と必要物とを護るしかない。すなわち、自然状態における万人による万物の共有からは必然的に絶え間ない戦争が生じる。この場合戦争とは、単なる戦闘もしくは闘争行為ではなく、戦闘によって争おうとする意志が十分に知られている一連の時間を意味する。ホッブズの考える自然状態は、この意味において恒久的戦争状態であり、万人に対する万人の戦争（bellum omnis contra omni）である。

(iv) **自然状態からの離脱の必要性**　右のような状態からは、あらゆる人にあらゆる種類の災厄が必然的に生じる。本節の(i)の傍点部で述べたような人間の能力の本性上の平等性のゆえに、恒久的戦争状態の下では万人に継続的な死の恐怖と危険があり、各人の生存期間はごく短い。また、誰もがあらゆることを意のままに行なう自由を持つ一方で、他のあらゆる人々の同様な自由によって万事を意のままにされ、自己のこの完全な自由を無効にされてしまうので、各人は実際上は何も享受できず、何事も自由に行なうことができない。さらに、勤労はその成果がいつ、誰によって奪われるかわからず不確実であるために生じる余地がない。それゆえ土地の耕作も、航海や交易のもたらす財貨の使用も、建築や諸道具の製作による利便も、諸々の学芸や科学・技術の発達による恩恵もなく、人々の生活は孤独で貧しく、慰安や装飾を欠いた野蛮で不快なものでしかありえない。すなわち、恒久的戦争状態としての自然状態は、人類および各個人の快適な生活のためにも、生存そのもののためにも不適な状態であり、この状態にあるかぎり何人《なんぴと》にとっても、自然の与えてくれた寿命を生き抜くことの保証すらありえず、老年に達する者がいれば奇跡的と言えるほどである。それゆえ人々は、その自然本性の必然性により、すなわち死を恐怖し暴力的な死を最大の害悪として避けようとする自然的理性の要求や、快適な生活を欲し自己の勤勉によってそれを獲得しようとする希望等により、自然状態から脱して平和へと向かうことを必要と考え、それに努めることになる。しかしそのためには、各人のあらゆる物事に対する自然権を放棄して、各人に固有の「自分のもの」があり、かつ「してよいことといけないこと」の区別があるようにしなければならない。そうするために遵守する必要のある諸々の命令として理性が示すのが、社会的結合の、すなわち人間の平和の諸条件としての自然法である。

二・四　自然法

(i) **自然法とは何か**　自然法（lex naturalis ; law of nature）とは正しい理《ことわり》（理性　ratio ; reason）の一般的法則であり、人の生命の維持にとって不利なことを禁じ有利なことを命じるものである。言い換えれば、それは生命と肢体の可能なかぎり永続的な保持のために行なうべきこととやめておくべきことに関する、正しい理性の命令である。自然法は書かれても公布されてもいないが、あらゆる人間を義務づける法である。それは道徳的な法とも呼ばれ、正義と公正や、平和・慈愛へと導く心のあらゆる習慣などの、諸々の道徳的な徳に存している。さらに、自然法は「神の法」（divina lex）とも呼ばれる。なぜなら、それは神が自然的理性をつうじて万人に明らかにした法であり、この理性は、それ自身自然の法として、神によって直接各人に、各人の行動の規律として授けられているからである。また、理性から導出されるこの生活規則は、神的権威によりキリストと預言者たちと使徒たちをつうじて天国の法として告知されたのと同じものであることが、聖書によって確証されるからでもある。神の法たる自然法は、永劫の過去から永劫の未来にわたって常に法であり、永遠不変である。

自然法は人間たちの自然法と諸国家の自然法とに区分され、後者は万民法（jus gentium）と同じものである。自然法に対して、永遠にわたる法ではなく、その時々に主権者としての権力を有する者の意志によって定められる法が「実定法」（lex positiva ; positive law）であり、これは成文化されるか、もしくは他の何らかの立法者の意志の証拠によって人々に知らされる。実定法は、人間的実定法すなわち国法（市民法　lex civilis ; civil law）と、神の実定法とに区分され、前者はさらに、一般的な意味での国法である世俗法と、宗教上の儀式や神崇拝に関わる教会法とに区分される。神の実定法は自然法と並んで「神の法」と呼ばれるが、永遠不変でも万人に普遍的でもなく、神によって権威づけられた人々（預言者）の言葉を介して、特定の一国民または一人格に対してのみ布告される。

(ii) **自然法の根幹をなす三つの法**　『リヴァイアサン』の第一部第一四〜一五章には、基本的な自然法が一九の条項にわたって掲げられているが、そのうちの最初の三つは、ホッブズの考える自然法の根幹をなす最も重要な条項と言ってよい。この三つの自然法について、次に説明しよう。

(1) 第一の自然法　最初の自然法は、「あらゆる人は、平和を獲得する望みがあるかぎり、平和を得ようと努力すべきであり、平和を獲得できないときには、戦争のあらゆる助けと利点を、求めかつ用いてよい」というものである。これはうっかりすると、平和と戦争をどちらも等しく可としたように受けとられかねないが、この条項の本質はその前半部にあり、後半部は「戦争状態である自然状態にあっては自己保存のために必要なことは何をしてもよい」という自然権を確認しているにすぎない。すなわちこの法は、「どんな相手に対しても、平和的関係の可能性が皆無でないかぎり、平和的関係を築くように全力で努めよ」という指令にほかならず、人間同士が生存のために自然状態を離れ、戦争をやめて平和を求めるよう命じる、自然法の最も根本的な精神を言い表わしたものである。

(2)第二の自然法　これは「人は、他の人々もまた同様にする場合には、平和と自分自身の防衛のために必要と考えるかぎり、あらゆる物事に対するこの権利を捨て、他人が自分に対して持つことを自分が許すであろうような自由を、自分が他人に対して持つことで満足せよ」という自然法である。この法は、誰もが何でもしたいことをし、所有したいものを所有してよいという自然権を放棄し、保持していてもお互い同士が困らないような権利だけを互いに保持し合うという、平和的社会生活の根本条件を示すものであって、平和を求めることを命じた第一の法の実現のための基本的方法の実行を命じる指令である。ホッブズはこの第二の自然法を、「他の人々が汝に対して行なうよう汝の求めることは何でも、それを汝も他人に対して行なえ」という福音の法と、「己れの欲せざるところ、人に施すなかれ」(Quod tibi fieri non vis, alteri ne feceris.)という格言によって言い換え、特に後者を自然法の一九の基本条項全体の後に、行為が自然法に適うか否かを簡便に知るための規則、全自然法の平易な要約として掲げている。なお彼は、自分自身を死や傷害や拘禁から護るために抵抗して戦う権利だけは放棄することができない、という意味のことを述べてもいる。

(3)第三の自然法　自然法の第三条項は、「人々は自らの結んだ約定を遵守せよ」という法である。約定(pactum ; covenant)は契約(contractus ; contract)の一種である。契約とは権利の相互譲渡、すなわち自己の権利を互いに移譲し合う複数の人々の行為であり、約定ないし信約(fides ; faith)とは、契約事項を当事者の一方または双方がすぐには履行しないことが、相手への信頼に基づいて放任される場合の、後で履行するという約束である。この法は、第二の自然法に実効性を与えるために必要で、自然権の相互放棄の約定が守られなければ、第二の自然法は空文化して万物に対する万人の権利が残り、恒久的戦争状態は解消されないであろう。また、不正（injustitia ; injustice）あるいは不法（injuria ; injury）とは約定の不履行にほかならず、正義（justitia ; justice）とは不正でないことであるから、第三の自然法は正・不正の区別の起源をなしている。ホッブズによれば、約定は恐怖によって強いられた場合や、相手が常習的約定不履行者である場合も有効であるが、自分自身を死や傷害や拘禁から防衛しないという約定や、他の人との既存の約定に矛盾する約定は無効である。

なお、『法学要綱』は⑴を全自然法の基礎として別格扱いにし、⑵を第一の自然法と数え、『市民論』は⑴を第一の根本的自然法、⑵を⑴から派生する第一の特殊的自然法と呼んで、ともに⑶を第二の自然法としている。またこの両著では、⑵は万物に対する万人の権利の放棄を命じるのみで、放棄の限度の明示を欠いているが、『市民論』は『リヴァイアサン』と同様、完全な⑵そのものと同義の「己れの欲せざるところ、人に施すなかれ」を、全自然法を代表する規準として別に掲げている。

(iii) **その他の基本的自然法**　『リヴァイアサン』の掲げる一九の基本的自然法のうち、残る第四〜一九条項を次に挙示する。なお、『市民論』と『法学要綱』に挙げられている自然法の基本条項は、その総数・順序・内容に関して『リヴァイアサン』のそれと一致しない点があるが、字句の違いはあっても主旨が同一とみられる条項については、その順序を示す番号を、『市民論』については○囲み数字、『法学要綱』については〈〉付き数字で、『リヴァイアサン』の対応する条項の後に付記する。

(4) 他人から純然たる恩恵の便益を受けた者は、この便益を与えた人が自分の善意を後悔する合理的理由を持つことがないように努力せよ。(③・〈3〉)

(5) あらゆる人は自分をその他の人々に適応させるように努めよ。(④・〈4〉)

(6) 人は将来に意を用いつつ、後悔し許しを望む人々の過去の罪を許すべきである。(⑤・〈5〉)

(7) 人々は復讐に際し、過去の悪のでなく、来たるべき善の大きさに目を向けよ。(⑥・〈6〉)

(8) 何人《なんぴと》も行為・言葉・顔つき・身振りによって他人への憎悪や軽蔑を表明するな。(⑦・〈7〉)

(9) あらゆる人は他人を自然本性上自分と対等な者として認めよ。(⑧・〈10〉)

(10) 平和状態に入るにあたり、何人もその他の人々の誰にも保たれることに自分が満足しないようないかなる権利も、自分自身に保つことを要求するな。(⑨・〈11〉)

(11) 人は他人同士の間の裁定を託された場合、彼らを互いに対等に扱え。(⑩)

(12) 分割不可能なものは、可能ならば共同で、それも事物の量が許す場合は無制限に、量が許さない場合は権利を有する人々の数に比例して、それを享受せよ。(⑪・〈12〉)

(13) 分割することも共同で享受することもできないものについては、全面的権利を、もしくは(交替で使用する場合)最初の保有を、抽籤によって決定せよ。(⑫・〈13〉)

(14) 抽籤のうちには、自然的抽籤としての長子相続と第一占有者による取得が含まれる。(⑬・〈14〉)

(15) 平和を調停するすべての人々に安全な行動を認めよ。⑭・〈9〉

(16) 争論中の人々は、彼らの権利を仲裁者の判断に服さしめよ。⑮・〈15〉

(17) 何人も彼自身の事件において仲裁者であってはならない。⑯・〈16〉-3

(18) 他方よりも一方の勝利から、自分にとっていっそう大きな利益・名誉ないし快楽が明らかに生じる者は、いかなる事件においても仲裁者として受け入れられるべきではない。⑰・〈16〉-1

(19) 事実に関する争論では、裁判者は当事者よりも第三者たる証人に信を置くべきである。⑱

『市民論』はこのほかに、⑲「仲裁者と当事者との間にはいかなる約定や約束も介在してはならない」〈16〉-2と、⑳「深酒など、理性の正しい使用の妨げとなることをしてはならない」の二つを加えて総数を二〇としているが、その他の点では、本節の(ii)の末段に述べた違いとその結果としての⑱までの序数の一つずつのズレを除き、各条項の内容・順序が『リヴァイアサン』と一致している。これに対して『法学要綱』では、(11)と(19)が欠落し、代りに〈8〉「人々は互いに分け隔てなく通商と往来を許容せよ」と、〈17〉「何人も、彼の助言や忠告を聴く気がないと明言している人に、それを押しつけたり強制したりするな」という、他の二著にない条項が挙げられ、総数は一七で、そのうち〈16〉は、それぞれ(18)・⑰・⑲・(17)・⑯と内容の一致する三つの小条項を併せた形になっている。

なお、自然法の右の諸条項は、人が他人との不和から生じる危険に対して身を護るのに適する規則のみであり、道徳法則の総括たる自然法は他にも多くの合理的規則を含む、とホッブズは述べている。

(iv) **自然法の限界**　自然法は、内なる法廷すなわち良心においては常に拘束力を有し、その命じることを行なう意欲を持つよう万人を拘束する。これに対して、自然法が外なる法廷においても拘束力を有し、その命令を実行に移すように拘束するのは、自然法の遵守が安全に行なわれうる場合、すなわち他の人々もそれを遵守するという保証がある場合のみである。しかしながら、自然法は知られたからといって、直ちにそれが遵守されることを各人に保証するものではない。法に従うよりも違反することによって、結果的に自分により大きな善か小さな悪が生じてくると思われる場合、人々は自然的情念からして故意に法に違反するからである。けれども、自然法を遵守する者としない者が併存するとき、前者は後者に対して無防備になり、一方的に後者の餌食となってしまう。それゆえ、誰か一人でも自然的情念によって自然法を侵犯する気になれば、他の人々は自己防衛のために戦争の権利に訴えざるをえない。すなわち、自然法を無視する他人による侵害を防ぐ予防策がないかぎり、暴力・陰謀・策略など可能などんな方法を用いてでも自己保存をはかるという、自然状態の戦争の権利が存続し、自然法は沈黙することになる。したがって、平和を保つためには自然法が実際に執行・遵守されることが必要であり、そのためには、それを万人に強制する何らかの手段が不可欠である。

二・五　国家の設立——社会契約

既述のように、ホッブズは人間を自然本性上非社会的な存在とみなしている。その人間が、どうして社会的結合を形成し、国家を設立するのか。またこの国家の設立はどのようにして行なわれるのか。本節では、この点についての彼の考え方を概観する。

(i) **共通権力の必要性**　既述のように、自然法はそれだけでは実際の行為の上で遵守される保証がなく、この保証がない間は各人の安全は保障されないから、各人に戦争の権利が保留され、恒久的戦争状態が継続する。しかるに、平和実現に必要な自然法の執行と安全保障のためには、十分に多数の人々が合意し契約して社会的結合をなし、各人が全員の相互援助により身を護れるようにすることが欠かせない。そしてこの社会的結合を成立させる合意・契約が私的利益をめざす各人の行為によって破られないようにするには、このような行為がそのもたらす利益よりも大きな災いを行為者自身に招くように罰則を定め、その恐怖によって各人を拘束し、彼らの行為を共同の便益へと向かわせることのできる共通権力が不可欠である。言い換えれば、自然法が遵守・執行され、自然状態からの離脱すなわち平和の実現が達成されるためには、刑罰による強制力を持つ共通権力の樹立が必要である。

(ii) **国家はどのようにして設立されるか**　共通権力を打ち立てるための唯一の方途は、各人がその意志をある一人の人物の意志か、多数意見によって全員の意志を一つの意志とすることのできる一つの合議体の意志に服従させ、公共の平和のために必要な物事についてこの人物または合議体が意志することは、何であれ各人自身の意志とみなされるようにすることである。そのためには、各人が他の全員との約定により、彼らに対するすべての権力・実力をこの人物または合議体に移譲し、その意志に抵抗しないように拘束されなければならない。この移譲は必須であって、これがなされないといかなる公共体も生じず、万物に対する万人の権利、すなわち戦争の権利が存続するであろう。

このようにして形成された人々の合一は、「国家」(civitas ; commonwealth) あるいは「市民社会」(国家社会 societas civilis ; civil society) と呼ばれる。また、全員の権力を移譲された人物または合議体は、「最高権力」(summa potestas)、「最高命令権」(summum imperium) あるいは「支配権」(dominium ; dominion) を持つ者、すなわち「主権者」(sovereign) と言われ、自らの権力を移譲した各々の市民は、最高命令権を持つ者の「臣民」(subditus ; subject) と言われる。

(iii) **人為的人格としての国家**　自分自身のであれ他人のであれ、人間の言葉や行為がそれに帰せられるところのものは、「人格」(persona ; person) と呼ばれる。自分自身の言葉や行為を帰せられる者は自然的人格であり、他人の言葉や行為を帰せられ、それらを代表するとみなされる者は人為的人格である。人為的人格が代表する言葉や行為がその人のものであるところの人、すなわち他者の発する言葉や行なう行為が自分の言葉・行為とみなされることを欲すると表明した人は、その言葉・行為の「本人」(author) と言われる。人為的人格は、それが代表して行なう行為の「行為者」(actor) として、その行為の本人の権威（authoritas ; authority）によってそれを行ない、本人は自らが権威を与えた人格の行為を、自分自身の行為として受け入れる。したがって、行為者が権威に基づいて約定を結ぶとき、行為者はそれによって本人を、本人自身が約定を結んだ場合と同じように拘束する。

人格については、一人が多数者の、また多数者が一人のそれを担うことも可能である。多数の人々からなる群衆は、その各々の個別的同意により、一個の人格によって代表されるとき、それ自身が国家という一個の人格となり、各人は彼らの共通の代表者——この代表者は一人でも複数の人々でもあることができ、複数の場合は比較多数の意見が全体の意見とみなされる——に、個々人としての自身から権威を与える。そしてその代表者の行為を各人自身の行為として引き受け、自分の意志・判断を代表者のそれに従わせる。言い換えれば、多くの人々による「われわれは今後、誰かある人か、もしくは複数の人々からなる集合体の行なったことを、それが何であれ、われわれ各人の行為とみなすものとする」という合意により、彼らの各々はこの人または集合体の行なう行為の本人となり、自分自身に対して反対したり非難したりすることなしには、この人または集合体のいかなる行為についても反対したり非難したりできないようになるのである。すなわち国家とは、それを構成する各人が相互の約定により、そのすべての行為を権威づけ、自分をそれらの行為の本人とみなすことにより、彼ら全員の力を共同防衛と平和のために用いることができるようにした、一つの公共的・人為的人格である。そしてこの人格の担い手が、最高命令権者すなわち主権者である。

人間は、平和の獲得とそれによる自己保存のために、国家という人為的人格を形成し、同時に国法（市民法）という人工の鎖を作り出して、主権者権力を彼らが与えた人または合議体がこの鎖で彼らを縛り、従わせることができるようにしたのである。国家の成立後、自分にとって最も有利だと自ら判断することを行なう自由が各人にあるのは、主権者と国法が黙過した物事についてだけになる。

二・六　統治者の権利──絶対権力の承認

国家が設立される理由と仕方についての右の見方から、国家と主権者の権力のあり方に関するホッブズの独自の見解が導かれる。この見解を明らかにすることが本節の課題である。

(i) **最高命令権者の命令権は絶対権力である**　自然状態の下では、自然的理性の命令としての自然法以外にいかなる法も存在しないが、自然法はこの状態では、法が本来持つべき拘束力を欠いた、人々を平和と従順へ向かわせる諸性質にすぎない。しかし国家がひとたび設立されると、自然法は国法（市民法）のうちに具現し反映され、国家の、すなわち主権者の意志からその権威と力を得る。国法は、正と不正、善と悪、自分のものと他人のもの等の区別を、すなわち共同生活の中で何を行ない何を避けるべきかを各人に知らしめるために、国家が言葉・記述その他の十分な意志のしるしによって各市民に命じた、市民全員に共通の基準ないしルールである。国法を設定・改廃する権利を持つ者、すなわち立法者は、国家そのもの、したがって人為的人格としての国家の人格を担う最高命令権者（主権者）たる人物もしくは会議体のみである。

立法者としての最高命令権者自身は、その意に反する国法をいつでも意のままに改廃することができるので、国法によって拘束されず、国法の解釈もすべて最高命令権者の権威に依拠する。また、最高命令権者の行為は何であれ市民各位を本人とする行為であるから、市民各位の個別的意志によって、すなわち彼らの判断や良心によって縛られない。それゆえ最高命令権者は無拘束・不可罰であり、その命令権は何物によっても制約されることのない、認められうる最高の命令権、すなわち絶対権力である。国家の統治のためには、統治者に対する市民全員の無条件的・絶対的服従が必要であり、統治権＝最高命令権が絶対権力でなければ国家は存立しえない、とホッブズは考える。

(ii) **最高命令権者の職務**　最高命令権者の務めは人民の共通の安全の確保にある。安全とは、単に生命が保たれるというだけのことではなく、可能なかぎり幸福な生、すなわち利益全般の意に解されなければならない。ホッブズによれば、最高命令権者が護るべき市民の利益は四つに分類される。

●外敵からの防衛　この目的のために最高命令権者は、探査官（スパイ）を使った外国情報の探知、武器・兵員・防御施設の整備、戦費の積み立て等に平時から努めるほか、不必要な対外戦争を極力避けることに意を用いなければならない。

●国内平和の確保　これは国家に関する教説の教育、危険な教説の取り締まりと言論の統制、賞罰による野心の抑制・国内党派の解体等の施策を主権者に要求する。党派とは、お互い同士の約定か、誰かある一人の人物の勢力に基づいて結合した市民の集団のことである。また、公的負担の平等な配分も国内平和のために肝要で、ホッブズは消費税を軸とする税制を最も公平なものとして推奨する。

●国の安全保障と両立可能なかぎりでの富裕さの向上　このためには、農法・漁法の改良による土地と水域の生産性の向上、怠惰の禁止と勤労の奨励、数学・機械学・航海術等の学問や技術の研究の称揚、倹約の奨励と過剰な出費の禁止などといった政策が求められる。

●無害な自由の満喫　主権者は、市民と国家の利益が要求すること以上のことについては、法律を定めずに黙過し、市民に自由を享受させなければならない。また、法に定められた以外の刑罰を科さない罪刑法定主義の原則と裁判官の腐敗防止も、市民の幸福に必要な自由の主要な要素として重視されなければならない。

(iii) **最高命令権者の権利と権限**　(i)と(ii)に述べた最高命令権についてのホッブズの見解から、最高命令権者の持つさまざまな権利や権限についての彼の見解が導き出される。

○　臣民は最高命令権者の権力を勝手に取り戻したり、他の人物や合議体に移したりできない。

○　臣民は何人《なんぴと》も、いかなる口実によっても最高命令権者の権力から解放されえない。

○　最高命令権者にはその権力の設立に反対した少数者も多数者に従って服従しなければならない。

○　臣民は最高命令権者を不正な者として非難・処罰したり、暴君として殺害したりできない。これらは、国家の設立に際して、「すべての臣民は今後、自分を最高命令権者のあらゆる行為の本人とみなす」という約定が結ばれたことに基づく最高命令権者の権利である。

○　臣民たちの平和と防衛に必要な一切の物事について判断し実行する権限。これには、必要に応じて新たな税を臣民の同意なしに課する権限も含まれる。

○　国内平和維持の観点から諸々の意見・学説・言論の正否を判断し、出版物を検閲する権限。国家の下ではこの正否は最高命令権者の決定すべきことであり、個人が私的に判断してはならない。

○　臣民の所有権に関する規則を定める権限。所有権は国家とともに始まり、各人の所有物は国家と国法の、つまり最高命令権者の権力のおかげで保持可能だからである。私人としての臣民に主権者の権利を排除する絶対的所有権を認めることは、国家の解体を意味するとホッブズは言う。

○　臣民のあらゆる争論について審理・決定する司法の権限。

右の諸権限は、国家と最高命令権の設立の目的が市民の平和の確立にあるということに由来している。またこれらに付随するものとして、宣戦・講和の大権、軍隊の統帥権、文武百官の選任権、報酬や栄典の授与権および処罰の権限等も、当然最高命令権者に属している。

ホッブズによれば、最高命令権者のこれらの権利・権限は、どの一つでも分離されて他の者に与えられると、平和と正義の確保という国家の目的にとってすべての効果が失われるような性質のものである。それゆえ最高命令権は分割できない。俗権としての政治的権限と宗教上の首長権、あるいは和戦の権と財政権を分離することで、国家権力の相互制限をはかるような国家体制は、最高命令権の権能を実質的に最高命令権者以外の者に譲り渡すか、国家の解体を引き起こすという結果を招く。

二・七　国家のさまざまな形態と最も望ましい国家形態

(i) **国家の諸形態**　国家の形態は、群衆の全員と各人を代表する人格、すなわち最高命令権者が、一人の人物か、複数の人物からなる会議体かによって区別され、後者はさらに、一部の市民だけによる会議体か、市民全員の会議体かによって区別される。それゆえ国家の形態は次の三種類である。

○　君主制（monarchia ; monarchy）＝一人の人物が最高命令権を掌握している国家。

○　貴族制（aristocratia ; aristocracy）＝市民たちのうちの一部の人々にだけ票決権のある会議体が最高命令権を掌握している国家。

○　民主制（democratia ; democracy）＝市民全員に票決権のある会議体が最高命令権を掌握している国家。

歴史書や従来の国家論には、このほかに僭主制(tyrannis ; tyranny)と寡頭制(oligarchia ; oligarchy)という政治形態が挙げられるのが常であるが、これらは右と異なる独自の国家形態ではなく、僭主制は君主制を、寡頭制は貴族制を非難して呼ぶ場合の呼び方にすぎない。また、右の三つの形態のうちの複数を混合した国家形態も存在せず、国家形態の種類はこの三つだけである。

君主制において最高命令権を持つ一人の人物は君主(monarcha ; monarch)であり、貴族制において最高命令権を持つ会議体は貴族会議(curia optimatium ; council of nobles)、貴族会議の票決権を持つ市民は貴族(optimates ; nobles)と呼ばれる。また民主制において最高命令権を持つ会議体とその票決権を持つ市民全員は、名称上は区別なくpopulus(people 民会・人民)と呼ばれる。君主制国家の君主、貴族制国家の貴族会議、民主制国家の民会はいずれも、誰に対してもいかなる約定や法によっても拘束されず、したがって市民に対して何を行なっても不法ではありえない。また、君主・貴族会議・民会には最高かつ同等の権利が帰せられなければならず、市民が最高命令権者に服従しなければならない度合いは三つの国家形態のいずれにおいても同じである。

合意・契約に基づく国家の設立に際しては、君主も貴族会議も、最高命令権を人民全体すなわち民会の決定によって移譲されなければならないから、民主制が他の二つの国家形態の起源にあってそれらに先行している。ただしこのことは、征服・獲得によって成立した国家には当てはまらない。

(ii) **最も望ましい国家形態**　国家形態の評価に関しては、右の三つのうちのどれでなければならないとか、どれであってはならないとか言うことはできない。しかし種々の理由により、君主制が最も望ましい、優れた国家形態であるとホッブズは主張する。その主な理由は次のとおりである。

●君主制においては、臣民は君主の世襲財産であり、臣民全体の利益はそのまま直ちに君主自身の利益でもあるので、最高命令権者の私的利益が国家の公共の利益と一致する。これに対して貴族制や民主制においては、市民同士の利益の対立のために、このような一致は生じにくい。

●君主は必要なときに必要な助言を必要な人々から得て、いつでもどこでも熟慮し速やかに決定を下すことができる。これに対して会議体は、協定によって定められた時と場所で、決まった人々の意見を徴したうえで、長い時間をかけなければ熟慮・決定することができない。

●君主の意志は君主自身の心が変わらないかぎり一定であり、いかなる分裂も対立も孕《はら》むことはない。しかるに会議体の意志は、種々の事情で変動したり、内部分裂や対立を生じたりしやすい。

●政治を議する場において発言権が多数の市民に広く開かれていると、党派対立や政争、無意味な論争や詭弁などの弊害が多く発生し、そのうえ機密の漏洩を招く危険がある。

●戦時において、軍の統帥権はただ一人の人物に委ねられる必要があり、それゆえ君主制は、他の二つの政体に比べて戦時に最も即応している。

●既述のように、自由は公共の平和のために国法で禁じられることなく黙過されることのうちに存するが、この自由の度合いが民主制の下で高く君主制の下では低い、という俗説は妥当しない。

●絶対権力を持つ最高命令権者の周辺には、これに取り入って市民全員の税負担による特権的利益を享受する側近・親族や、逆に憎まれて恣意的処罰を科せられる不運な市民が発生しがちであるが、君主制の場合、君主は一人しかいないので、このような人々の数は限られているのに対し、貴族制や民主制では、会議体の有力メンバーが複数存在するために、この種の周辺者も数多く存在する。

さらにホッブズは、最高命令権が幼少者や無能力者によって世襲・継承されることがしばしば起こる、という君主制の最大の弱点についても、先君の遺言・慣習・法律等によって適切な摂政や補弼者を定めることにより、その弊害を回避することは十分可能である、と主張している。

二・八　国家と宗教の関係

『市民論』は三部構成のうちの第三部（第一五〜一八章）を、『リヴァイアサン』は四部構成のうちの第三部と第四部（第三二〜四七章）、つまり同書の後半全体を、宗教問題の考察に充てている。このことが物語るように、宗教と国家の関係はホッブズの国家哲学の最重要問題であり、この点に関する議論には、彼の哲学と国家論の性格・特色が顕著に現れている。本節のテーマはこれである。

(i) **宗教とは何か**　宗教とは、神の存在・全知全能・万物に対する創造と支配を信じ、神を真摯に讃える人々の外的宗拝である。それゆえ端的な意味での宗教は、信仰と崇拝の二部分からなっている。

信仰は、神に対する自然的敬虔、すなわち右の傍点部のことを信じることに加えて、奇跡のような超自然的な事柄を信じることを含んでいる。前者は、疑問とされうるようなことでも、人々の間で意見の不一致や論争が生じるようなことでもない。後者は、人間の理解力を超えた事柄であるから、その信仰は教え手の権威に基づくが、目の前で奇跡を行なう人の存在しない今日、私人の言説の権威に基づくことはできない。すなわち、信仰は学問的論議の対象でも私人に依拠する事柄でもなく、国法に依拠すべきことである。また、神を信じ愛することは神の命令に従うことと同じであるが、神の命令は自然法、すなわち「己れの欲せざるところ、人に施すなかれ」という掟であり、この掟には普遍的正義と並んで市民的服従が、すなわち最高命令権者の法に従えという命令が含意されている。

神に対する崇拝とは、神が自分たちにとって恵み深い存在であり続けてくれるように、神に対する敬虔のしるしとなる行為（祈り・感謝・断食・供犠など）を行なうことであり、私的崇拝と公的崇拝を含んでいる。私的崇拝は、個々人が自分の自由意志によって行なう崇拝であり、単一の私人の私的崇拝は当人の真摯な敬虔のしるしであって、いかなる儀式も含まない。公的崇拝は、神に対する敬意を表わすために、市民全員が決められた時と場所において行なうよう、国家によって命じられた崇拝であり、国家の自由裁量に由来する儀式を敬虔のしるしとして必ず伴う。したがって、公的崇拝に際してどのような儀式を行なうべきかを判断し決定する権利は国家にある。

(ii) **ホッブズのキリスト教理解**　キリスト教信仰の唯一の必須の信仰箇条は、「イエスはキリストである」ということである。キリストとは、神が預言者をつうじて行なった約束に基づいてこの世に遣わした、右の信仰箇条を受け入れる人間を原罪から救って永遠の生に与《あずか》らせ、最後の審判の後に彼らを永遠に統治する者のことである。この根本的信仰箇条を受け入れることが、真のキリスト教徒の唯一の決定的なしるしであり、これ以外の、神学上の論争の的となってきた諸々の教説や教義を認めるか否かは、キリスト教信仰とこの信仰による救済にとって、本質的な問題ではない。

従来の正統信仰では、信仰者も不信仰者も魂だけはその本性により死後も存続するという霊魂不死説、信仰者の死後の魂が天国に入って永遠の生を得るまで、この世で犯した罪を長い時間にわたって煉獄で償うという説、不信仰者の「永遠の死」とは彼らの不死の霊魂が地獄で永劫の責め苦を受けることだとする説などが教えられてきたが、これらはすべて本来のキリスト教信仰とは無縁な教説である。ホッブズの考えでは、人間の身体も心も死とともにいったん消滅するが、最後の審判のときにそろって復活し、右の信仰箇条を受け入れた信仰者の心身は復活後永遠に生きるが、不信仰者は一時的復活の後、再び心身とも消滅して永遠の死に陥る、というのが聖書の教えの正しい解釈である。

根本的信仰箇条を受け入れていても、他の点で誤った教説を信奉したり、この信仰箇条から偽りの帰結を引き出したりした者は、救済されない異端者と一般にはみなされているが、ホッブズによれば、彼らは最後の審判の際に自分の誤りを悟らされるものの、救済と永遠の生には与ることができる。

(iii) 神の王国について

「神の王国」(神の王政統治 Regnum Dei ; Kingdom of God) とは、神学者たちの間では、この世の後の天国における永遠の至福という意味に解されるのが普通である。しかしホッブズによれば、この語はそのような比喩的意味にではなく、文字どおり「神が王として統治するこの世の現実の王国」の意に解されるべきである。この意味における神の王国は、二度にわたって存在する。

○　モーセの導きでエジプトを脱出してから、サウルが初代の王となるまでのヘブライ人の国家。これはシナイ山における神とヘブライ人との契約によって成立し、十戒を初めとする律法がその法律であり、最高権力は最初はモーセにあり、彼の死後は形式上は祭司に、実質上は士師たち、次いで預言者たちにあって、神は彼らの裁きや預言をつうじて直接この国家を統治した。

○　この世に再臨したイエス・キリストが王となって、復活の後に永世を得た人々を臣民として永遠に統治する、来たるべき至福の王国。

サウルの時代から最後の審判の時までの間は、神の王国は存在せず、したがって最初にこの世に来たときのイエスは、ただ人々が救済に与《あずか》るためになすべきことを教える牧者としての努めを持つのみで、当時の政治権力に対抗する真の王としての務めは持っていなかった。

使徒とその後継者たる聖職者たちは、イエス昇天後の現世におけるその代行者であり、イエスと同じ務めしか持たない。それは、キリストについて教え、その再臨への準備として、来たるべき世における救済の道へと人々を方向づけることである。主権者がキリスト教を信奉する以前の国家において、教会権力は確かに使徒と聖職者たちの手にあったが、これは強制権力ではなく、彼らは教師の権威を持つのみで、君主としての政治的権威を持たない。すなわち聖職者には、法を定めたり解釈したり、自分の教えを信じない者や反対者を処罰したり、国家の最高命令権者の命令に反することを命じたりする権限はないのである。世俗権力に対峙する現存の教会、例えば教皇を頂点とするカトリック教会が、この世における神の王国であるなどとする考え方は、全くの誤りである。

したがって、イエスの初来の時を含め、最後の審判以前のこの世の生におけるキリスト教徒には、聖職者に服従する義務はない。彼らは信仰上の義務として、自国の最高命令権者にこそ服従しなければならず、彼らの信仰は国法に依拠しなければならない。それゆえ、異教徒である最高命令権者がキリスト教の教えに反する行為を命じる場合、キリスト教徒たる臣民は、根本的信仰箇条への内面の信仰を保ちつつ、外面的行為においてはこの命令に従わなければならず、この行為の罪は、それを行なう行為者自身のではなく、命じた最高命令権者の罪となる。なお、臣民がキリスト教徒としてどうしてもそれを潔しとしないなら、命令を拒んで殉教する道を選ぶしかなく、この不服従は、最高命令権者の権力自体を否認する反逆行為を伴わなければ、信仰上の義務に反することにはならない。

(iv) **国家と教会の同一性——最高命令権者の宗教上の権限**　教会とは、キリスト教を信仰し、かつ一つの人格をなすような仕方で、言い換えれば、単一の権威によって一か所に会合しなければならないような仕方で合一している人々の集団である。このような会合には時間・場所の指定と、その時に、その場所への人々の集合の許可とが必要であるが、この許可を与えうる合法的権力は国家しかないから、キリスト教徒の教会としての合一は国家の権威によらなければならない。それゆえ教会とキリスト教国家は同じものであり、教会の首長は国家の最高命令権者でなければならない。

複数の国家が一つの教会を形成することは、それらが合体して一つの国家になることなしには不可能である。それゆえ、カトリック教会がそれであると自ら称するような、多数の国家をその下に含み、全てのキリスト教徒がそれに服従しなければならない普遍的教会、などというものは存在しえないし、多数の国家の最高命令権者がその命令に従うべき唯一同一の教会首長などというものもありえない。

それゆえ国家の最高命令権者は既述の政治的諸権限に加え、教会首長として次の宗教的権限を持つ。

○　現世的な事柄と同じく、霊的な事柄についても判断を下して、どのような教義が平和をもたらし、臣民たちに教えられるにふさわしいかを審判する、人民の最高牧者としての権限。

○　宗教に関する国法（教会法）を制定し、宗教上の争いを裁定する権限。

○　教会における他のすべての司牧者、すなわち聖職者を叙任する権限。

この第三の権限について付言すれば、宗教について説いたり教えたりする聖職者の権限は、すべて政治的主権者によって授けられ、後者の名において執行される。言い換えれば、教会の最高牧者としての主権者の権利だけが神によって授けられた神的権利であり、他の聖職者たちの権利は主権者の授けた政治的権利にすぎない。したがって、カトリック教国における教皇の宗教的権限はその国の政治的主権者の委任に基づくものであり、主権者の判断によっていつでも解除することができる。

(v) **教皇権とカトリック教会の主張に対する批判**　右の議論からの帰結として、ローマ教皇は初来の際のイエス・キリストの役割を最後の審判までの間の現世において代行する聖職者の一人にすぎず、政治上の権力を持たない。したがって、教皇権のうちに次のような権限を含めてきたカトリック教会の従来の主張は、すべて誤謬である。

○　政治的主権者（国家の最高命令権者）が教皇と対立したり、教皇の命令に従わなかったりした場合、彼に服従しないようその国の国民に説き教える権限。

○　一国全体、一国の国民全員もしくは国家の最高命令権者を教会から破門する権限。

○　各国の国内の教会における牧者（聖職者）を叙任する権限。

教皇に聖職叙任権があるとすれば、教会の聖職者は国家による任命がなくても臣民たちの牧者の資格を持ちうることになる。しかし既述のように、聖職者の選任権は国家の最高命令権者に属し、教皇を頂点とする上位聖職者には、選任された者を聖別する権限のみが属するとホッブズは言う。

同様に、カトリック教会の次のような主張もすべて誤っている。

○　カトリック教会とローマ教皇は無謬である、という主張。

○　教皇および教会聖職者の会議の決定は、国家の最高命令権者の権威抜きに、法（教会法）としての権威を持つ、という主張。

○　教皇は信仰と態度に関するあらゆる問題についての最高の審判者であり、教会司法権の一切をイエス・キリストから授けられている、という主張。

○　キリスト教徒と称しながら、カトリック教会の教えと相容れない主張や学説を公にしたり、そのような信仰を公言したりした者を、同教会の権威によって処罰することができる、という主張。

○　政治権力は霊的権力に臣従すべきものであり、霊的最高権力を持つ教皇は、王たちの王として、諸王侯に命令・強制し、彼らの世俗権力を霊的権力のために処置する権利を持つ、という主張。

○　それゆえ教皇は、他の仕方では霊的権力の利益を護ることができない場合、現世の国家の統治の運営を変更するよう指揮し、諸王侯を廃位して他の者に更迭してよい、という主張。

○　キリスト教国家の臣民は、国家への租税のほかに、聖職者の収入に充てられる十分の一税を教会に納める義務がある、という主張。

二・九　ホッブズの哲学・国家論思想の意義と問題点

(i) **科学的世界像・人間像の提示**　ホッブズは、哲学の対象を物体として規定し、あらゆる自然物はもちろん、倫理学の対象である人間も国家哲学の対象である国家も、一種の物体として理解する。彼は神の存在や神による世界創造を否定せず、その意味で全き唯物論者とは言えないが、神を哲学の対象外とし、神の存在や創造の業を完全に捨象した形で、すべての自然現象を説明する。この説明・理解は純然たる論理的・数理的・幾何学的性格のものであって、推論は計算と同一視され、物体の学的認識の方法は表象の原因とそれによって生じる結果の認識に還元され、これらの原因・結果は物体運動として幾何学的証明の手続きをもって説明される。そしてその際には、当時の有力な科学者たちによる最先端の自然科学研究の成果である新知識が、積極的に採り入れられ利用されている。

ホッブズの人間理解、とりわけ心的諸現象に関する理解も、右の自然理解の延長上にあって、物理的・機械論的性格を共有している。彼は感覚的表象や記憶・経験を、諸物体の運動と身体へのその作用、およびその結果として身体内部に生じる器官の運動によって、完全に物理的に説明し、これを人間のあらゆる知識や思考の端緒ないし根源とする。さらに、情念や感情の働きもまた、感覚的表象を生み出すのと同じ諸物体の運動と、それが引き起こす身体器官の内部運動の結果として説明され、人間の行動は、これらの情念や感情から生じる意志の結果とみなされる。この意志は、熟慮による選択の余地を認められてはいるものの、その選択自体が、外的物体から身体へと伝わり感覚と情念を生み出す物理作用により、必然性をもって規定されている、というように考えられている。

自然界と人間に関するこの捉え方は、近代的・科学的な世界像と人間像を構築・提示した点において、哲学の目的の功利的・実用的理解とともに、デカルト哲学と相並ぶ先駆的意義を有している。

(ii) **人間性解放の思想・人権説・個人主義** 人間の自然的な情念や感情は、中世の神学や哲学においては罪の源をなす本質的に悪しきものとみなされてきたが、ホッブズは物理的・自然的必然性によって規定された人間の情念や感情を、それ自体悪として退けることをしない。むしろ彼は、このような情念や感情によって行為すること、とりわけ自己保存の欲求に基づいて自己の生命と身体の維持に必要と判断するあらゆることを行なうことを、人間本来の正当な権利、各人の自然権として認める。これは、現実の生身の自然的人間性を肯定的に受け入れる人間性解放の精神に立脚して、人は元来誰でも自分自身の利益として欲する物事を追求してよいのだ、という生得的人権についての最も基本的・原初的認識を示したものである。ただ遺憾ながらホッブズは、国家設立のために自然権のほとんど全面的な移譲を必要と考え、不可譲の基本的人権の範囲を極度に狭めてしまったのであるが。また彼は、人間を本質的に国家的・社会的動物として捉える古代ギリシア以来の見方を覆し、非社会的・単立的個人を人間社会に先立つ原初的・自然的人間像として立て、そこから人間社会の発生を説明している。これは近代の個人主義的人間観・社会観に先鞭をつけたものと言ってよい。

(iii) 自然法思想の特色と問題点

ホッブズは、自然法を正しい理性の法則、人間理性をつうじて各人に授けられた神の法、万人共通・永遠不変の道徳法と解した点で、伝統的自然法思想を受け継いでいる。しかしそれを、人間の身体的生命の可能なかぎり永続的な維持のために必要なことを命じる法とした捉え方は、物体的・自然的存在としての人間の必然的心理である自己保存の欲求という基礎に自然法を立脚させ、この欲求の実現のための最善の方途を指令する功利的規則として把握したものであり、グロティウスよりもさらに一歩を進めた近代的な自然法理解と言ってよい。さらに、無制約な自然権の行使、各人の行動の無制限な自由の許される自然状態が、必然的に人間同士の恒久的戦争状態という、各人の自己保存に最も不利な状態であらざるをえないという認識の下に、人間の生存により有利な相互的平和共存関係の確立、すなわち自然状態からの離脱を命じることを、自然法の根本精神とみなしたことは、ホッブズの自然法思想の最大の特色をなす点である。

この平和状態の確立＝自然状態からの離脱は、誰もがしたいことをし、得たいものを得てよいという自然権の、放棄と制限を意味する。この放棄・制限の必要性と範囲を指示する第二の自然法、すなわち「己れの欲せざるところ、人に施すなかれ」という命令こそ、ホッブズが全自然法の代表・要約として最も重視するものである。この自然法は、いわば近代市民社会の道徳的基本原則として、以後の多くの社会思想家の所説の中に、さまざまに形を変えて姿を現わすことになる。

しかしながら、彼が神を哲学の対象から除外し、物体世界としての自然界とその一部である人間、および人為的物体としての国家を、神抜きで説明するという基本方針に従いながら、自然法を神の法、神が人間理性をつうじて授けた法としたことは、物体的自然界において物理的・必然的法則に従って営まれる人間の生に、世界超越的な原理を唐突に介入させたような異和感・不整合感を免れない。自然法を神に由来する法と考えるのであれば、哲学体系の中での神の位置づけを明確にし、人間を含む物体世界と神とのつながりについて一定の説明を試みる必要があったであろうし、神を棚上げした形で物体世界と人間生活を理解しようとするなら、自然法を人間の自然的情念である自己保存の欲求の最大限の実現のための理性の指令として、その世界内在的根拠づけに徹するべきではなかったか。

(iv) **国家論の意義と限界**　国家の成り立ちに関するホッブズの議論は、自然法がそのままでは欠いている外的行為に対する強制力、すなわち人々による遵守の保証を獲得し、それによって自然状態からの脱却＝平和が実現されるためには、強力な共通権力の樹立が不可欠であるという認識に基づいている。人と人との安定した平和的関係が彼らの上に君臨する共通権力の存在によってのみ可能になるというこの認識は、ホッブズの国家論の核心をなすものである。これは国家を、個々人に安全な生存と可能な最大限の幸福と、それに必要な相互的権利譲歩の後になお残る権利の確実な享受とを保障する、「個人の生存・福祉および人権擁護のための機関」と見る考え方として、近代民主主義的国家観の出発点をなし、現代において国家の存在意味を考える際にも、常に見つめ直されるべき思想である。

しかしながら、右の共通権力としての国家権力を絶対権力とみなし、これを担う者を無拘束・不可罰なオールマイティの支配者とし、かつそれがただ一人の君主であるような政治体制を最善と考えたことは、ホッブズの政治思想の中で今日最も不評な点であろう。実際これは、王党派貴族に仕えその庇護を受けた彼が、当時のイギリスの絶対王政を擁護すべく展開した「ためにする議論」であるという嫌疑と批判を免れ難いと思われる。ただ、この点に関して多少の弁護を試みるならば、この議論は彼が人間相互の平和的関係の確立のために、抵抗を許さない主権者権力により、主権者が必要とみなすかぎり個々人の自由勝手な言動を抑えつけることが不可欠である、あるいは少なくとも最善の方法である、と考えた結果にほかならない。すなわちこれは、ホッブズが人間の生存と人間的生活の前提条件として、いかに平和を重視し、その確実な維持確保を切に願望したかを示すものなのである。

しかし、たとえ平和の確保のためとはいえ、思想・信条・学問・言論・出版・信教の自由や個人の正当な財産権といった、人間の本質や尊厳に関わるような権利や自由までも、最高命令権者の恣意的判断によって好きなだけ制限されてよいとしたことは、明らかに一方的に過ぎる主張と言わざるをえない。このような権利・自由の保障と、人間同士の平和的関係の維持とを両立させうるような国家と政治のあり方を探究することは、後の時代の思想家たちに残された重要な課題となった。

なおこの点に関して、ホッブズが個々人の諸権利の主権者への全面的移譲の必要性と主権者権力の絶対性をこれほど強調しながら、各人が自分自身を死と傷害と拘禁から護るために抵抗する権利を、決して放棄・譲渡することのできない権利として認めたこと、しかもその中に、主権者権力に抵抗する人々が団結して互いに援助し防衛し合う権利や、兵士として戦争に加わることを拒否する権利さえも含めていることは、注目に値する。この抵抗権の主張は、彼の後に続く思想家たちにより、彼の思惑を遙かに超えて、圧制的政府を打倒・転覆する人民の権利にまで拡充されることになる。

(v) **国際平和の保障策の欠如**　ホッブズは諸国家相互の関係を自然状態＝敵対的状態として捉え、国と国とが戦争をしていないときも、それは休戦にすぎず、平和状態ではないと喝破する。彼によれば、万民法と自然法は同一であり、諸国家の最高命令権者の良心に向けて、お互いに対して何をなすべきか、また何をなすべきでないかを指示するのは、政府を持たない人々に対してそれを指示するのと同じ法である。「良心に向けて」と言うのは、自然法に基づく自然的正義の法廷は良心のうちにしかないからである。最高命令権者は不必要な対外戦争を避ける義務を負う。しかしこの義務はその遵守を保証する外的強制を伴わないので、彼は各個人が自分の身体の安全のために持つのと同一の権利を、自国民の安全のために留保している。彼が自国民の安全と自国の利益のために、罪のない他国民を害することは、約定違反を伴わないかぎり自然法違反ではなく、自然権により正当である。このように、諸国家の上に君臨する共通権力のない国際社会においては、国家内の諸個人相互間におけるような恒久的平和を諸国家相互間に期待することはできず、諸国家は互いに他国の国力・様子・動静を観察し、約定にではなく彼我の実力と意図に基づいて自国の安全保障を算段し確保するほかはないのである。

ホッブズが、一国内の個人間の戦争を確実に抑止するような国家体制の構想に全力を傾注する一方で、国際社会における自然状態＝恒久的戦争状態からの離脱のための方途を深く追求しようとしなかったのはなぜであろうか。それは、諸個人間の自然状態が各人にとって差し迫った死の危険を意味するのに対し、諸国家間のそれは各国に直ちに滅亡の危険をもたらしはしない、と考えたからであろう。最高命令権者が絶対権力を保持し、二・六の(ii)に挙げたような職務を果しているかぎり、各国には十分な国力・国防力が備わり、互いに他国の警戒心と畏怖心を生じさせることになるので、諸国家間には暫定的な平穏がとりあえず保たれ続ける、とホッブズは楽観視しているように思われる。

しかし、国際的戦争状態の継続は、国家の滅亡の危険には直結しないとしても、各国の臣民個々人にとっては、対外戦争による死や傷害や略奪の犠牲となる危険が絶えず存続することを意味する。ホッブズ自身、対外戦争での外国人たちによる侵害の可能性を残したままでは、同胞同士の間での国内平和が意味を失うことをはっきり認めているし、目に見える利益が見込まれれば諸国家のうちの一方が他方を侵略することは避けられない、とも明言している。さらに、絶対権力と職責執行により自国の力を強めた最高命令権者に、そのような他国侵略の意図が起こりやすいであろうこと、ホッブズの推賞するような国家の内部には最高命令権者の恣意的戦争意志を掣肘《せいちゅう》する抑止力が存在しないことも考え合わせなければならない。これらの点からして、ホッブズの構想の下では対外戦争に対する十分な歯止めは示されておらず、臣民の生存と安全と幸福の保障という国家の本質的機能の完遂の道は描きされていない、と結論せざるをえない。国家や権力者のために国民があるのではなく、国民一人ひとりとその人権の保護のために国家や権力者がある、というホッブズ的・近代的・民主的国家観に立脚する国家が完成するためには、国際平和の完全な実現がどうしても不可欠なのである。

(iv) **宗教からの国家の解放とヒューマニスティックな宗教観**　国家と宗教の関係に関するホッブズの議論もまた、イギリス絶対王政の申し子でありその支柱でもあった英国国教会の制度を正当化しようとする意図を露わにした「ためにする議論」として、批判の的となりうるであろう。しかし、国家から独立な教会とその首長が政治権力を持つことや、その宗教的権威によって政治権力の上に君臨し支配権を行使することを不当な越権として断罪し、宗教の支配からの国家権力の解放を唱えた彼の主張は、既述の民主的国家観に立つ近代国家の確立のために重要な意味を持っている。さらに彼が、「イエスはキリストなり」という根本信条を受け入れた者は他の点で異説を唱えてもキリスト教徒として救済に与《あずか》りうる、と主張したことは、キリスト教信仰に対するリベラルでヒューマニスティックな理解を示したものと言える。これによって彼は、神学上・聖書解釈上の瑣末的問題に関して自分たちの公式見解と異なる考えを持つ者を、その他の点で非の打ちどころのないキリスト教徒であっても救済から締め出してしまうという不当な権威を、千数百年の長きにわたって僭称し続けてきたカトリック教会の矯慢に対して、痛棒を加えたのである。このことは、ブルーノの焚殺やガリレオへの弾圧の例が示すような、当時もなお猛威を振っていた教会権力の横暴に対する、正当かつ重要な闘いの一翼を担ったものとして、高い評価に値すると言わなければならない。

ただし、彼が宗教を全面的に国家権力の支配下に置き、ごく限られた内面的信仰心以外のほとんどの宗教上の行為や活動を政治権力によって縛ろうとしたことは、逆の極端へと行き過ぎた議論であり、それをどのように修正し緩和するかという課題を後世に残した。次章では、この課題に対する解答の試みの一つが紹介されることになろう。

第3章 スピノザ哲学における自然法と国家
――基本的人権の不可侵と近代国家の倫理的意義の確立

自然法に基づき、自然状態における人間の自然権から出発して、国内の平和と安全を保障し個々の国民の人権を保護する国家を構想する、というホッブズの思想営為は、彼の人生の半ばに同じ英国と、グロティウスの故国オランダとで揃《そろ》って産声を挙げた二人の哲学者に受け継がれる。本章はこの二人のうち、ホッブズの晩年期に海の東の隣国で活動したユダヤ人哲学者、スピノザについて論じる。

三・一 生涯と歴史的・時代的背景

(i) **生い立ちと血筋** バルフ・デ・スピノザ (Baruch de Spinoza) は一六三二年一一月二四日、アムステルダムで誕生した。彼の家族はもとイベリア半島に居住し、宗教的迫害を逃れてオランダに来住したユダヤ人である。中世の同半島は多くの部分をイスラム教徒が支配し、その下で多数のユダヤ人が、民族のアイデンティティの根幹であるユダヤ教信仰を保って生活していた。しかし、いわゆるレコンキスタ（国土回復）の進行につれて徐々にキリスト教徒の支配域が拡大し、一四九二年にはイスラム勢力が完全に駆逐されて、半島全体がスペイン・ポルトガル両王国の統治に服した。両王国はユダヤ人住民のキリスト教（カトリック）への強制的改宗を押し進め、彼らは改宗後もマラーノ（豚）と蔑称されて、厳重かつ陰湿な監視・差別・迫害の対象となった。その結果一六〜一七世紀にかけて彼らの多くが、ユダヤ教信仰を回復すべく両王国を逃れ、オランダ――一・一に述べた建国の経緯と宗教的事情のため、当時のヨーロッパの中で信仰の自由に比較的恵まれていた――に流入した。スピノザの父も、一六世紀末にポルトガルで生まれ一七世紀初頭にオランダに移り住んだ人物であり、貿易商社の経営に成功した富裕な商人として、アムステルダムのユダヤ人共同体に重きをなしていた。

(ii) **少・青年期――破門宣告まで**　この共同体の中で成長したスピノザは、周囲のユダヤ人とはスペイン語・ポルトガル語で会話し、ユダヤ人学校でヘブライ語と、旧約聖書やタルムードなどに基づいたユダヤ教の神学および律法を学んだ。二〇歳頃からは、ファン・デン・エンデン（Van den Enden 一六〇二〜七四）の私塾でラテン語を学び、ギリシア・ローマの古典文化の知識・教養を身につけた。これによってスピノザは、西欧の学問全般に触れる機会と、著述により自己の考えを広く発信する手段を獲得した。彼はまたイタリア語とドイツ語にも通じ、フランス語も習得したが、周囲との往復書簡の内容から推測されるかぎり、英語は解さず、後にオランダの一般市民の間で生活し日常会話にオランダ語を常用するようになってからも、オランダ文による思考表現をあまり得意としなかったらしい。自由で開明的な精神と透徹した合理的思考の持ち主であった青年スピノザは、正統ユダヤ教の非合理性・旧套性やその生活規律の因襲性に対して次第に批判的になり、彼の言動はユダヤ人社会の中で異端者的性格を際立たせていったらしい。その結果一六五六年七月、彼はユダヤ教会から破門宣告を受け、ユダヤ人社会から永久追放された。その二年前、父の死により、スピノザは弟とともに父の商社の経営を受け継いでいたが、破門に先立って、彼はこの事業からも手を引いている。

(iii) 破門後の生活と自己の哲学思想の形成

その後スピノザはアウエルケルクに居を移し、次いで一六六〇年頃にはライデン近郊のラインスブルフ、六三年にはハーグ近郊のフォーブルフに転じた。アムステルダムを去ってから、彼は終生下宿住まいで、定職を持たなかったが、光学レンズの研磨に優れ、これによってかなりの収入を得ていたうえ、篤心の理解者からの年金などもあって、経済的には不自由しなかったらしい。その生活ぶりは質素・清貧・寡欲で、父の遺産も、裁判で自身の相続分の権利を確認しながらほとんど放棄してしまい、知人・友人からの財産遺贈や年金提供の申し出も、多くの場合辞退している。また人柄は穏やかで喜怒哀楽の情をよく抑制したが、愛想はよく、家主や同宿者との会話にしばしば興じる一面もあり、彼らの相談事には節度と常識に適った助言をした。

彼は当時最先端の近代的思想であったデカルト哲学や、物理学・医学等の近代科学、数学などを広く学び、一六六〇年代初頭までに、自己の哲学思想の骨格を形成した。またラインスブルフは、諸宗派に属しつつ、それらの枠組と対立を超えて自由な信仰を志向したコレギアントと呼ばれる人々の拠点であり、彼らとの親交・意見交換もスピノザの思想的な糧となったと思われる。六一年頃には、最も初期の著作として、後に主著『エチカ』において完成される彼の哲学の雛形と言うべき考えを述べた『神・人間および人間の幸福に関する短論文』（*Korte Verhandeling van God, de Mensch en deszelfs Welstand* 本書のラテン語によると思われる原本は失われ、一九世紀後半にオランダ語写本が発見・刊行された）と、哲学的認識の正しい方法について論じた認識論上の著作である『知性改善論』（*Tractatus de Intellectus Emendatione* 本書は未完に終わり、その構想は『エチカ』に発展的に吸収された）が書かれた。『エチカ』の執筆もこの頃に着手されたらしい。また六三年には、スピノザ自身のでなくデカルトの哲学思想を、『エチカ』で用いられることになる幾何学的論証手続によって祖述した『デカルトの哲学原理』（*Renati Des Cartes Principiorm Philosophiae Pars I et II*）を、付録『形而上学的思想』（*Cogitata Metaphysica*）とともに執筆・刊行している。

(iv) **晩年――ハーグ時代**　スピノザには既にラインスブルフ在住の頃から、国内外に多くの友人・理解者や論争相手がいたが、フォーブルフではこれにハーグ在住の政界・軍関係者なども加わった。一六七〇年、彼はこれらの人々に請われてハーグに移り、死までの七年間をここで過ごした。

一・一で言及したオランダ国内の政治的・宗教的対立はこの時代も続いていた。グロティウスの逮捕を伴った総督マウリッツのクーデタは、オランニェ派＝ゴマルス派の優位をもたらしたが、彼の甥ウィレム二世が一六五〇年に早世すると、その子ウィレム三世が幼少のため、オランニェ家の総督は不在となり、さらに五三年にヤン・デ・ウィット（Johan de Witt 一六二五〜七二）が事実上政権を握ると、その指導下に共和派の全盛期が現出した。自身の政治的・宗教的自由思想のゆえに同派のシンパであったスピノザは、ハーグ移住の年に、主著『エチカ』の執筆を中断して書き上げた『神学・政治論』（*Tractatus Theologico-Politicus*）を匿名で刊行したが、これは聖書の合理的解釈を示し、教会による政治支配と国家権力による信仰・思想・言論の統制に反対したもので、デ・ウィット派の政治体制と宗教政策の理論的正当化の意図を含んでいた。同書はヨーロッパ思想界の注目を集めたが、宗教界関係者を中心に、著者を不敬虔な無神論者と決めつける非難が一斉に噴出した。

一六七二年、英蘭戦争におけるオランダの敵国イギリスと結んだフランス軍の侵攻によって、オランダは重大な危機に陥り、ウィレム三世が総督となってこれに対処する一方、デ・ウィットは責を負って退陣し、共和派政権は倒壊した。同年、デ・ウィットはハーグで暴徒化したオランニェ派の民衆により兄とともに虐殺され、これに激怒したスピノザは、民衆を罵倒・弾劾した激越な声明文を公開しようとして、周囲の人々に危うく阻止されたという。翌七三年五月、スピノザはフランス軍を指揮するコンデ公の招きに応じ、会見のためにユトレヒトに赴いたが、公自身とは行き違いになって会えず、側近の軍人たちと会談し意見交換した。これに先立って同年二月、彼はドイツのプファルツ選帝侯により、ハイデルベルク大学哲学教授に招かれたが、招聘状の文面から同侯周辺の人々の消極的態度と、自身の著述・言論によるトラブル発生の不可避性とを察知し、就任を固辞している。

一六七五年には主著『エチカ』（『幾何学的手順により証明された倫理学』*Ethica Ordine Geometrico demonstrata*）がようやく完成したが、スピノザはその出版を断念した。次いで彼は『国家論』（*Tractatus Politicus*）の執筆に着手したものの、持病の肺結核が悪化し、同書を未完のまま残して、七七年二月二一日、ハーグの自室で死去した。同じ年の一二月、生前未刊行の『エチカ』『国家論』『知性改善論』『往復書簡』『ヘブライ語文法綱要』（*Compendium gramatices Linguae Hebraeae*）を収録した『遺作集』（*Opera posthuma*）が刊行されている。

三・二　哲学説と倫理学説

スピノザの自然法思想と国家論は、『エチカ』に論じられた哲学説・倫理学説からの厳密な論理的帰結である。それゆえまず第一に、この非常に特色ある哲学説・倫理学説を概観する必要がある。周知のように『エチカ』は、基礎概念についての少数の定義と公理から、あらゆる哲学的見解を定理やその系として演繹する幾何学的叙述形式をとっているが、ここではその主要な見解を、『短論文』や『知性改善論』の記述も参考にしつつ、普通の論理展開に従って叙述することにする。

三・二・一　哲学説——神即自然

(i) **唯一の実体としての神**　スピノザ哲学の最も根本的な認識は、『エチカ』第一部に述べられている。それは一言で言えば、「自己原因（causa sui）であり、各々が永遠・無限の本質を表現する無数の諸属性（attributa）からなる、永遠・無限・不可分の存在である神（Deus）のみが、必然的に、唯一の実体（substantia）として存在する」ということである。以下、順を追ってこれを説明しよう。

(1) 存在するものには、それ自身において存在し、それ自身によって考えられるものと、他のものにおいて存在し、他のものによって考えられるものとがある。前者は実体とその諸属性——すなわち、知性が実体について、その本質を構成するものとして認知するもの——であり、後者は実体（の属性）の諸々の変状（affectiones）としての諸様態（modi）である。

(2) 異なる複数のものが互いに区別されるのは、実体の属性か変状の違いによる。また変状は実体なしには存在することも考えられることもできないので、実体は本性上変状に先立つ。それゆえ変状を度外視しそれ自身において見れば、同じ本性ないし属性を持つ実体は複数存在することができない。

(3) 異なる属性を持つ複数の実体があるとすると、それらは互いに共通な点を持たないので、互いに他の原因となることができない。このことと右の(2)より、一つの実体が他の実体から産出されることはありえない。またもちろん、実体の変状は実体の原因ではありえない。それゆえ、実体は自己原因、すなわち他の何物によっても産出されず、その本質が存在することを含み、本性上存在するとしか考えられないものである。つまり実体は必然的に存在するものである。

⑷右の⑶より、実体は存在しないことができないので、永遠であり、また同じ本性ないし属性を持つ他の実体——⑵より、そういうものは存在しえない——によって限定されないから、無限である。さらに実体は、分割可能だとすると分割された諸部分が有限な実体であることになるから、不可分である。そして永遠・無限・不可分なものが複数存在することはできないから、実体は唯一である。

⑸自己原因として必然的に存在する唯一・永遠・無限・不可分の実体とは、すなわち神である。神は唯一の実体であり、神以外にいかなる実体も考えられない。

(ii) **神＝実体の変状としての個物**　私たちは通常、この世界ないし宇宙を構成する、有限で限られた存在を持つ無数の個物（particulares）もまた、実体として存在すると考えている。しかしスピノザは、個物は神の属性を一定の仕方で表現するその変状ないし様態にすぎないと考える。彼によれば、神には無限に多くの属性が属しているが、そのうち思惟（cogitatio）と延長（extensio）の二つだけが私たちに知られている。延長的実体と思惟する実体は別個・異質の実体ではなく、同一の実体＝神の無数の属性の一つであり、この唯一同一の実体＝神が、あるときは延長の、あるときは思惟の属性の下で考えられているのである。延長を持つ、あるいは思惟する事物はすべて、神という実体の属性かその変状ないし様態であって、諸物体は延長を持つとみなされるかぎりでの神の本質を表現する諸様態、諸々の精神現象は神の属性である思惟の諸様態にほかならない。

(iii) **万物の第一原因・自由原因・内在的原因としての神**　神以外の存在物はこのように、すべて神の様態として神のうちにあり、神なしには存在することも考えられることもできない。それゆえ、神を一定の仕方で存在し活動するように決定するもの、すなわち神を強制する神以外のものは、何もない。言い換えれば、神自身の本性の完全性のほかに、神を内部または外部から活動へと規定するいかなる原因も存在しない。それゆえ、神は他の何物にも強制されず、自己の本性の法則によってのみ活動し、この神の本性の必然性から、無限に多くのものが無限に多くの仕方で生じてくる。したがって神は、万物の第一原因、しかもそれ自身による自由な原因である。他のものの強制を受けず、自己の本性の必然性のみに従って活動するものは自由だからである。また、神は万物の内在的原因であって超越的原因ではない。唯一の実体である神の外に、それ自身において存在するものはありえないからである。

(iv) **神即自然**　他のすべての事物を自身の変状として含む神は、諸事物の総体としての宇宙・世界ないし自然と同一——神即自然（Deus sive Natura）——である。自然は、それ自身において存在しそれ自身において考えられ、無数の自然物を自身の変状ないし様態として生み出す自由原因である神、すなわち能産的自然（Natura Naturans）であると同時に、神においてしか存在できず神によってしか考えられない神の諸様態である自然物の総体、すなわち所産的自然（Natura Naturata）である。

(v) **神の本性の必然性としての普遍的自然法則**　(iii) から明らかなように、存在し何かをなすように決定されたものは、万物の自由原因としての神によって必然的にそのように決定されており、自分自身をそのように決定されないようにすることはできない。また神によってそのように決定されないものは、自分自身を存在や作用へと決定することはできない。自然物を存在させ作用させる力は神の永遠な力そのものであり、この力による神の永遠な諸決定は、確固不動な自然の秩序を定める普遍的法則である。すなわち、普遍的自然法則は神の本性の必然性と完全性から出てくる神の決定そのものにほかならない。したがって、自然のうちなる一切のものは、神の本性の必然性によって、つまり自然の普遍的・必然的法則によって、永遠の秩序に従い一定の仕方で存在し作用するように決定されているのであって、現にあるのと違った仕方で産み出されることは決して可能でなかったのである。

ただし、神は万物の原因であるといっても、無限な神と有限な諸事物は互いに共通な点を持たないので、前者が直接的に後者の原因となることはできない。自然の中のあらゆる有限な存在者は、他の有限な存在者を原因とし、それによって存在や作用へと決定されることによって、初めて存在し作用することができる。そして同じことが、この原因である有限な存在者についてもあてはまり、以下同様に無限に続く。すなわち、自然の諸物は因果関係の無限の連鎖の中で互いに因となり果となって存在しているのであって、神の永遠な決定としての普遍的自然法則はこの関係のあり方を決定し、この法則をつうじて神は自然物の原因として働くのである。わけても、各個物が存在に固執する力は神の本性の永遠なる必然性から生じており、それらはそれ自身においてあるかぎり、それ自身の存在に固執しようと努力する。この努力（conatus）はその事物の現実的本質にほかならない。

三・二・二　倫理学説——人間の徳と幸福

(i)**スピノザの人間観**　スピノザの倫理学説の基礎をなすのは、右の哲学説から帰結する人間観である。それは端的に言うと、人間は自然の一部であり、普遍的自然法則に基づく自然の共通な秩序に従い順応しなければならない、ということ、言い換えれば、人間は神の本性を一定の仕方で表現する変状ないし様態であり、全自然のうちに書き込まれ自然全体の秩序を配慮する神の永遠な決定であるこの法則に反しては、何事もなしえないということである。今しがた述べたように、事物がその存在に固執しようとする努力は神の本性の必然性から生じた事物の現実的本質であるから、人間が自己の心身の存在に固執すべく努力することは人間本性の最高の法則である。この努力は、精神のみに関係する場合は意志（voluntas）、精神と身体に同時に関係する場合は衝動（appetitus）と呼ばれ、衝動の意識を伴う衝動は欲望（cupiditas）と呼ばれる。それゆえ衝動と欲望は人間の本質そのものである。

ただし、人間が自己の存在に固執する力には限界があり、外的要因の力はこれを限りなく上回っている。すなわち、自然の一部であり他のものなしにそれ自身だけでは考えられない存在である人間は、各他のものから働きを受け（pati）、常に必然的にこの受動作用＝情念（passio）に隷属する。それゆえ、各人の情念の力と増大および各人の存在への固執は、各人が存在に固執しようと努める力によってではなく、これと対置された外的原因の力によって規定されるので、感情（affectus）――身体の活動能力を増大・促進もしくは縮減・抑制するような身体の変状とその観念――や情念の力は、人間のその他の働きや力を上回ることができ、人間に執拗につきまとうことになる。かくて人間はしばしば、自己の存在に固執するあまり衝動や欲望の囚となり、また他のものの影響による情念や感情に屈して、理性の命令に反した行動をする。しかもこれらの衝動・欲望・情念・感情は人間本性の法則に従って必然的に生じるものであり、人間はそれらに駆られて行動する場合も、この法則を一環とする普遍的自然法則に、言い換えれば神の自由な力による永遠の決定に従っているのである。

スピノザによれば、これまで人間の感情や生き方について論じてきた人々は、人間を他の自然物とは全然異なる、自然を超え出た存在、普遍的自然法則に基づく秩序に従わず、ただ理性のみに従って生きうるような、つまり自己の行為を決定する絶対的能力を有し、他のものに決定されずに行動できるような存在として――いわば自然の中にあって「帝国の中の帝国」（imperium in imperio）のごときものとして――考えてきた。それゆえ彼らは、自然的な衝動・欲望・情念・感情を人間の悪徳、人間本性の欠陥とみなし、人間がこれらに駆られて生き、行動することを悲嘆・軽蔑・嘲笑・嫌忌してきた。しかし、自然のうちで起こることは常に同一の自然法則に従って必然的に生起するのであって、自然自体の欠陥のために起こるような物事はありえない。憎しみ・怒り・妬みなどの感情も、それ自体で考察されるなら、自然の、すなわち神の本性の必然性と力から生じるのであり、それゆえ普遍的自然法則に従って客観的に、冷静に認識されなければならない。

(ii) **徳・幸福とは何か**　右の点からわかるように、スピノザの考えでは、自然の中の物事は何であれ、それ自体では善くも悪くもない。善悪の別はすべて私たち人間から見てのことである。すなわち善とは、私たちにとって有益であることが、言い換えれば、私たちが念頭に置く人間本性の典型にいっそう近づくための手段であることが、確知されているもの、悪とは、私たちがこの典型を模倣するのを、またそのために有益なものを得るのを、妨げることが確知されているもののことである。

この「人間本性の典型」こそ、スピノザが「徳」(virtus) と呼ぶものである。徳とは、自己自身の本性の法則のみによって理解されうるようなことを行なう能力を持つものとしての、人間の本質ないし本性そのもののこと、つまりこの法則に従って行動することである。そしてただこの法則によってのみ、人は自己の存在を保存しようと努力する。それゆえ、徳の基礎はこの努力そのものであって、各人は自己の存在を保持すること――すなわち自己の利益を追求すること――に努力するほど、またこの保持が可能であるほど、大きな徳を備えている。したがって、有徳であることと幸福であることは同一であり、徳はそれ自身のために求められるのであって、徳がそのために求められるようなより有益で価値あるものは存在しない。至福 (beatitudo) は徳の報酬ではなく、徳そのものである。

(iii) **徳と幸福への道――理性に従うこと**　既述のように、諸々の衝動・欲望・情念・感情やそれに基づく行動は、自己の存在に固執する人間の努力に由来し、普遍的自然法則の一環である人間本性の法則に従っている。それならば、人間が有徳・幸福であるためには、自己の衝動や欲望や情念や感情のままに生き、行動すればそれでよいのか。スピノザの答えはノーである。善悪に関する真なる認識は、それだけでは感情を抑えることができず、この抑制のためには、この認識がより強力な感情や欲望を生じさせる必要がある。しかしこの種の認識から生じる欲望は、私たちを苛《さいな》む諸感情から生じる他の欲望によってしばしば圧倒されてしまう。例えば、他の条件が同じなら、現在の物事についての感情は過去や未来の物事についての感情よりも強く、近い未来の物事についての感情は遠い未来の物事についての感情よりも強いので、未来に関する善悪の認識から生じる欲望は、現在あるいは直近の快をもたらす物事への欲望によって容易に圧倒・抑制される。また、身体の全部でなく一部だけに関係する感情から生じる欲望は、人間全体の利益を考慮しない。それゆえ、欲望や感情のみに駆られて行動する人間は、身体の一部だけのための利益や目前の一時的利益を追って、全体としての自己の長期的利益を顧みないので、自己の存在を保持する努力を十分に実現できず、有徳でも幸福でもない。

　徳と幸福、すなわち右の努力の完全な実現のためには、理性（ratio）の導きに従う必要があるとスピノザは言う。彼によれば、私たちが理性に従って努力することは何であれ、「知的に認識すること」（intelligere）にほかならないが、人が「徳に従って行動している」と言えるのは、この「知的に認識すること」が人の行動を決定している場合であって、非十全な観念を持つことが行動を決定したのでは、決してそうは言えない。なぜなら、精神は非十全な観念を多く持つほど、それだけ多くの情念（受動性）に従属し、十全な観念を多く持つほど、それだけ多くのことを能動的に行なうから、言い換えれば、情念（受動性）としての感情は、それについての明晰・判明な観念が形成されると、情念（受動性）ではなくなり、それゆえ感情は私たちがそれを明瞭に認識するにつれて、私たちによって支配され、私たちの精神に影響することが少なくなるからである。

スピノザは『エチカ』第二部の中で認識を三種類に区分している。第一種の認識（cognitio primi generis）と呼ばれるのは、感覚による認識と、言葉などの記号が想起させるものについての観念による認識であって、虚偽の原因である。これに対して、第二種の認識（cognitio secundi generis）は理性による認識であり、ものの特質について共通概念・十全な観念を持つことから生じる。理性の本性はものを真に、あるとおりに、必然的なものとして知ること、ものを永遠の相の下で（sub specie aeternitatis）観想することにあるからである。この第二種の認識と、それをさらに高次に昇華した、「直観知」（scientia intuitiva）と呼ばれる第三種の認識（cognitio tertii generis）——神の属性の形相的本質の十全な観念から諸事物の本質の十全な認識へと進む認識——こそ、真なる、十全な認識であり、精神は第二種・第三種の認識によってより多くのものを認識するほど、それだけ悪しき感情から影響を受けることが少なくなる、とスピノザは述べている。

わかりやすく言えば、人間は理性の導きにより、自然（＝神）とその一部である人間の正しい認識、すなわち神の本性の必然性としての普遍的自然法則とその一環としての自己の本性の法則についての真なる認識を得ることによって、この法則に従うのを免れることはできないものの、それに盲目的・受動的に従うのではなく、むしろこれを自己保存の努力のために自覚的・能動的に用いることが可能になる。こうして人間精神は、あらゆる物事を必然的な物事として認識するかぎり、感情に左右されることがより少なくなり、逆に感情に対してより大きな制御能力を獲得する。そこで例えば、理性の指図によってものを考える精神は、観念が未来や過去の物事に関係しようと現在の物事に関係しようと等しい刺激を受けるようになり、現在の小さな善よりも未来の大きな善を、未来の大きな悪よりも現在の小さな悪を欲したり、未来の大きな悪をもたらす現在の小さな善よりも、未来の大きな善をもたらす現在の小さな悪を欲したりすることができるようになるのである。

　すなわち、スピノザにとって、完全に徳に従って行動することは、理性の導きに従い、自己と自己の知的認識の対象となる一切のものを十全に把握し、それに基づいて生活・行動することによって、自己の存在を保持することであり、人間の真の最高の幸福は、理性の完成による真の認識そのもの、つまり神とその属性・本性の必然性から帰結する諸活動の認識にほかならない。人間の究極目的はここにある。すなわち、スピノザが真の究極的善とした「人間本性の典型」とは、一切のものがそれに従って生起する永遠の秩序を把握できるような完全な人間本性のことである。彼が『エチカ』第五部において、最高の徳とはものを第三種の認識によって認識することであり、ここから精神の最高の満足が生じる、と述べ、各人は第三種の認識に関して有力であるほど、それだけ自己自身と神とをよく認識し、完全かつ幸福なものとなる、と主張するのは、右のような意味においてである。彼はまた、このような認識から必然的に「神への知的愛」(amor Dei intellectualis) が生じると語っている。

三・三　自然法・自然権・自然状態

次に、右の哲学説・倫理学説から、自然法・自然権・自然状態についてのどのような考え方が導かれているかを見ることにしよう。なお、本節以降の各節のテーマに関しては、『エチカ』に加えて、『神学・政治論』と『国家論』の両著作がとりわけ重要なベーシック・テキストとなる。

(i) **法(律)の定義と分類**　「法」「法律」「法則」などと訳されるラテン語 lex の意味するものを、スピノザは「それに従って各個体――その全部であれ、同じ種に属する若干数のそれであれ――がある唯一同一の決まった仕方で作用(活動・行動 agere)するもの」と定義する。これは人間にとっての「法(律)」と、他の自然物を含む自然物一般に関する「法則」との双方に適合する定義であるが、前者に固有の定義として、「人間がある目的のために自分自身もしくは他の人々に指令する生活の仕方」という定義も併せて示されている。lex は、自然の必然性に由来する「神の法」(lex divina) と、人間の意向に由来する「人間の法」(lex humana) とに分類される。

(ii)**人間の法＝実定法**　人間の法は、生活の安全と便宜、身体的幸福（身体の安全と息災）、国家の安寧・守護・繁栄等の目的のために役立つ生活規則であり、スピノザはこれを、より本来的に「法」(jus)と呼ばれるものと言っている。この法は民族ごとに異なり、その違いが各民族の区別と固有性格の基礎をなす。これは国法など、一般に実定法と呼ばれるものに相当するが、スピノザは、従来神的な法とみなされてきた旧約聖書中の律法や祭式に関する規定なども人間の法のうちに数えている。これらは古代ユダヤ民族の生活の便宜と彼らの国家の維持のための掟だからである。

(iii)**神の法＝自然法**　神の法は、事物の本性そのものから必然的に帰結する法、全自然の中に書き込まれ自然全体の秩序に配慮する神の永遠な決定としての法である。これは各個体がそれに従って一定の仕方で存在し作用するように自然に決定されている、各個体の本性の諸法則、つまりそれに従って一切のことが生じる自然の諸法則そのものである。スピノザはこれを「自然の諸法（則）」(leges naturae)とも、「自然法」(jus naturae)とも呼んでおり、彼にとってこの両者は同じものである。人間にとってこの法は、普遍的人間本性から導かれるがゆえに、ある特定の民族に特有の法ではなく、人間精神に生得的に書き込まれ、あらゆる人間を拘束する、普遍的で全人類に共通な法である。

(iv)**自然権**　自然法は、自然の秩序を規定する神の永遠な法則としての普遍的自然法則そのものであり、人間に関しては、その一環である人間本性の法則そのものである。各々の事物はこの法則に従って、可能なかぎり自己の存在を保存し、自己の状態に留まり続けようと努力する。そしてこの努力をつうじて各々の自然物を存在し作用するように仕向ける自然の力（potentia）は、あらゆる物事に対して最高の権利を有する絶対に自由な神の力そのものであるから、各自然物は存在し作用するために有する力と同じだけの権利を、その自然本性に基づいて有する。言い換えれば、それらはなしうる一切のことに対して最高の権利を有する。これがすなわち自然物の自然権（jus naturale または jus naturae）である。それゆえ個々の自然物の自然権は、それの力が広がるところまで広がっている。

この点で人間と他の自然物との間に違いはない。各人は人間本性の法則に従って可能なかぎり自己の存在を保存しようと常に努力し、この普遍的努力は人間本性の必然性であって、賢愚の別なく万人に内在し、人間の衝動や欲望はみなこれに由来する。そして各人が自己の本性の法則に基づいて行なうことは、すべて最高の自然法によって行なうのであるから、人間はどのような衝動によってどのような行動をしようと、自然法＝人間本性の法則に基づいて行動している。すなわち自然法は、誰も欲しないこと、できないこと以外の何事も禁じない。したがって、各人の自然権は各人の欲望と力が広がるところまで広がっており、その人の力によってのみ限定される。

右のことは、各人の欲望が理性から生じたものであろうと、他の受動的＝情念的欲望であろうと同じように妥当する。人間は賢愚を問わず自然の一部であり、どのような欲望も等しく自然的な情、人間に自己の存在を保持させる自然の力の展開であって、理性に導かれる人間も欲望のみに導かれる人間も、常に自然の諸法則＝自然法に則ってのみ活動しているからである。それゆえ人間は衝動・欲望のままに、自己の力により自然法則上可能なかぎり、したいことを何でもする自然権を有する。

(v) **自然状態**　各個人は最高の自然法によって存在し、この法に基づいて、自己の本性の必然性から帰結することを実行し、善悪を判断し、自己の意向のままに自己の利益をはかり、自分の愛するものを保存し憎むものを破壊しようとする。それゆえ、何人《なんぴと》も己れ一人以外の何人にも従うよう法によって拘束されない状態である自然状態（status naturalis）の下では、各人は自己の利益のみを考量し、自己の意向によって何が善で何が悪かを判断する。この状態においては、万人の同意によって善あるいは悪とされるようなことは何もないので、罪というものは考えられないし、何人も共通の同意に基づいて何物かの持ち主であることはなく、特定の人のものと排他的に言えるようなものは何もないから、正義と不正義の区別も存在しない。またそこでは、理性が衝動よりも多くの権利を持つことはなく、衝動の法則に則って生きる人々も理性の指令に従って生きる人々と同じだけ、なしうる一切の物事に対する権利を有する。それゆえ自然状態下の人間は、衝動・欲望のままに何をしてもよい。

(vi) **自然法のもう一つの性格**　しかしながら、人間の生活の仕方の指令としての神の法＝自然法について、スピノザはもう一つ別の性格を指摘する。すなわちこの法は、人間に自己保存の努力を命じる法として、この努力に由来するすべての衝動・欲望とそれに基づく行動を許容する一方で、衝動や欲望に受動的に従うのみでは不可能な、この努力の完全な実現を命じもするのである。このようなものとしての神の法＝自然法は、物事をその第一原因によって知的に認識し、情念を支配し徳への習慣を獲得することを、すなわち神についての真なる認識と愛という私たちの至福・最高善を、目的としてめざす法である。言い換えればそれは、人間を幸福にし、真の生活を教え、人間のあらゆる行為の究極目的へと導く法であり、その指令の眼目は神を最善の存在として愛することにある。それゆえ神を知り、神に対する認識と愛が最高善であることを知っていることにのみ基づいて神を愛することに意を用いる人だけが、それに従っていることになる。次節で明らかになるように、人間が自然状態から国家状態へと移行することが必要なのは、この意味での自然法に従うためである。

三・四　自然状態から国家状態への移行

自然状態から国家状態（status civilis）への移行の必要性を、スピノザはホッブズ以上に強調し、人間は本性上国家状態を切に欲する、とさえ主張する。この移行はどうして必要なのか。またそれはどのようにして行なわれるのか。本節では、この点についてのスピノザの見解を明らかにしよう。

三・四・一　国家状態への移行はどうして必要か

自然状態から国家状態への移行が必要な理由を、スピノザは三つ考えているように思われる。

①人間は誰しも、可能なかぎり恐怖なく安全に生活することを欲する。しかし彼らは、情念に隷属し、敵意、怒り・憎悪などの受動的感情に苛《さいな》まれるかぎり、本性上一致せず、互いに敵対的・対立的になる。しかも人間は本性上、大抵これらの感情に隷属している。それゆえ、各人が理性にでなく情念や感情に従って意のままにあらゆることを行なう自然権を保っているかぎり、人間は互いに敵であり、相互に脅かし合い、活動を妨げ合うことになる。そのうえ自然状態の人間は、このような脅威や妨害から単独で身を護ることはできない。その結果、人間の自然権は、自然状態の下で各人の力によって決定され各人だけに属しているかぎり、実際上は無に等しいものとなり、自然状態の人間はほとんど自己の権利の下にありえないことになる。これに対して、理性の導きによって生活し徳を追求する人間は、本性上常に必然的に一致し、自分のために求める善を他人のためにも求め、他人に危害を加えることなく自己の利益を享受することができる。それゆえ人間たちは、自然から得ている万事に対する権利を集団で所有し、それが各人の力と衝動によらず万人の力と意志によって決定されるようにすること、すなわち共通の法を持ち、所有権を確保し、互いに譲り合い、あらゆる暴力を退け、万人の共通の考えに従って生活することが必要である。こうして多くの人々が一つに結びつくほど、それだけ皆が同時により多くの権利を持つようになるからである。

②人間は、相互の援助なく孤立していては、自分の身を護り、生命の維持に必要なものを調達し、精神・理性を育成する等のことができず、非常に惨めな状態に陥る。実際、万人が万事に適した能力

を持つわけではない以上、皆が一人で生命の維持に必要なすべての仕事をしなければならないとしたら、各人には可能なかぎり自己を維持し保存するための十分な力も技術も時間もないことになるであろう。私たちは相互援助によって諸々の必要物を遙《はる》かに容易に得ることができ、いたる所で身にふりかかる危険から力を合わせることによってのみ逃れることができる。それゆえ、敵や獣による害を避け安全に生活するためにも、その他多くの物事について利得を生じるためにも、一定の法に基づいて社会を形成することが非常に重要かつ最も確実な手段である。このように、複数の人間が一致協力すれば、各々が単独でする場合よりも多くのことができるという意味でも、彼らは共々に自然に対してより多くの権利を持つようになり、一致協力する者が多くなるほど、各人の持つ力＝権利も拡大する。それゆえ、人々の共同の社会生活のために役立つもの、人々が和合的に生活するようにさせるものは有益であり、人間にとって、全員が身も心も一体となり、可能なかぎり共に自己の存在を保存しようと努力し、自分たちに有用な全員の共有財を得ようと努めるような仕方で、万人があらゆる点で一致していること以上に、自己の存在を保存する上で優れたことは望めない。「理性の導きによって生きる人間よりも人間にとって有益なものは自然の中に何もない」とスピノザが言う所以《ゆえん》である。

③既述（三・二・二の(iii)）のように、徳と幸福という真の利益へと人間を導くのは理性である。この傍点部のことはまた、右の①・②に述べたような意味においても妥当する。それゆえ人間は、衝動や欲望や情念や感情によって行動する自然権を有していても、理性の導きに従って行動するほうが自分

自身にとって遙《はる》かに有利である。しかしこれも既述のように、人間は本性上、衝動・欲望・情念・感情に隷属しがちであり、したがって彼らを理性の教える生き方――信義の実行、静穏・善良な心でいること、平和を求めることなど――へと導くためには、各人の力を大きく上回る外的な力による支配をつうじて、各人の放恣な行動を抑え、共同の法が遵守されるようにすることが必要である。

かいつまんで言うと、国家は人間が理性に従って、徳と幸福を志向し、他人と敵対することを避け、一人では不可能なことを和合・協力することで成し遂げるように、人間生得の衝動・欲望・情念・感情を抑制し緩和する外的支配権力を行使する機関として必要とされる、とスピノザは考えるのである。それゆえ国家の目的は、各人を恐怖から解放して安全に生活できるようにし、存在し活動することに対する各人の自然権を彼自身にも他の人々にも害にならない仕方で最も善く保つこと、そして人々の心身がしっかりとその機能を果し、人々が自由に理性を用いて徳と幸福をめざすように、また憎悪や怒りや詐欺によって争い合ったり互いに敵意に駆り立てられたりしないようにすることにある。つまり国家がめざすのは、共通の恐怖と悲惨を除去・駆逐し、各人が自然状態の下では努力してもできないことを実現することである。スピノザはこれを「国の目的は実に自由である」と言い表わしている。理性に導かれる人は自分だけに従う孤立状態の下でよりも、共同の決定に従って生活する国家の中でのほうが、真に自分の望むことを多く実現できるという意味で、より自由だからである。

三・四・二　国家の設立――自然権の移譲と最高命令権の樹立

国家を設立するためには、各人が自然状態において有する、自分のしたいとおりに生き、行動する権利は放棄されなければならない。三・三の(iv)で既述のように、この自然権は各人の力によってのみ決定されるので、各人はその有する力を他人に移譲した分だけ、自己の自然権を他人に譲ることになる。国家設立に際して各人は、そのすべての力を社会に移譲することにより、社会のみが万事に対する最高の権利、すなわち最高命令権を保持する――各人の力を、したがって自然権を移譲された者は、必然的にそれを無制限に保持するから――ようにし、自らはこれに服従すべく拘束される。「命令権」(imperium)とはすなわち、それが認める権利以外のいかなる権利も各人が有しないようにし、その命じる一切のことを実行するように各人を拘束あるいは正当に強制する、多数者の力によって定められる共同の権利のことである。

国家は、命令権を絶対的に保持する者、すなわち最高権力(summa potestas)を持つ者による、共通の合意に基づいた国の行政運営のあり方に従って、三種類に分類される。すなわち、それがただ一人の者の掌中にある場合は君主制、何人かの選ばれた人々による会議体に属する場合は貴族制、平民の民衆からなる会議体に属する場合は民主制の国家である。このいずれの場合も、最高命令権＝最高権力の保持者は、万人を力ずくで強制し、欲することを何でも命じ、なしうる一切のことをなす最高の権利を万人に対して有する。自己の自然権を放棄した者は、万事に関して最高権力の保持者に絶対に服従し、その決定に従ってのみ行動しなければならず、君主なり貴族なり民衆なりが最高権力を保っているかぎり、この服従を履行するよう拘束され続ける。

かくて国家の下では、各人は自己の考えや決定によって行動する権利を喪失する。各人のこの権利が放棄されないかぎり、人間同士が平和に生活することはできないからである。その結果、個々の国民は自己の権利の下にでなく国家の権利の下に置かれ、国家のあらゆる決定・命令を、たとえ不当とみなす場合でも実行するよう義務づけられる。この意味において、国家状態の下では自然権は必然的に終息し、各人は、最高権力の布告によって決定され最高権力の権威によってのみ擁護される自由ないし権利のみを持つようになる。この自由ないし権利は、「市民的私権」(jus civile privatum)と呼ばれる。またこれに伴って、自然状態には存在しなかった正義と不正義の区別が発生してくる。正義(justitia)とは、国法に基づいて各人に所有資格のあるものを各人に帰する意志の堅固さを、不正義(injustitia)とは、法律の真正な解釈によればある人に所有資格のあるものを、権利上正当と見せかけてその人から奪うことを意味する。また、市民が国法や最高権力の布告に反してある人から何らかの損害を被ると考えられる場合、それは不法行為(injuria)と呼ばれる。

三・五　あるべき国家の組織

国家は前節に述べた設立目的からして、その下にある人間が理性の命令に従って和合的に生きるように組織されなければならない。そしてそのためには、人々が自己の自然権を譲って、互いの安全を保障し、他人の害となりうることを互いに何もしないようにすることが必要である。言い換えれば、皆が理性の命令のみに従って万事を導き、他人の損害へと唆《そそのか》すような衝動を抑え、自分に対してしてほしくないことを誰に対してもせず、他人の権利を自分の権利と等しく擁護することを、互いに約定しなければならない。この約定は、どうすればその有効性を確保されうるか。

繰り返しになるが、人間の本性は理性に従って最も有益なものを最も欲するようにはなっておらず、逆に衝動・欲望・情念・感情に従って行動するようにできている。これは国家状態の下でも変らない。それゆえ、自然状態においても国家状態においても、人間は自己の本性の法則に基づいて、希望・恐怖その他の感情に隷属し、それらに導かれつつ行動したり自己の利益に意を用いたりする。この意味では、各人の自然権は国家状態にあっても消滅することはない。したがって国家は人間を、諸々の衝動・欲望・情念・感情の仕向けるところに反して、すなわち人間本性の法則に根差した自然権に逆行して生活・行動させなければならない。しかし人間は他の一切の自然物と同様、普遍的自然法則――人間本性の法則はその一環である――に従わざるをえず、これに反して行動することはできないから、各人の衝動・欲望・情念・感情を抑制し理性の導きに従わせることもまた、人間本性の諸法則そのものを逆利用することによってしか可能でない。それゆえ国家は、この諸法則に則り、国民各人が自己の衝動・欲望・情念・感情に従いながら、まさにその結果として理性の指令に適った生き方・行動の仕方をすることになるように、組織されていなければならない。

さて、ここに言う人間本性の法則、すなわち人間の衝動・欲望・情念・感情の働きを規定する諸法則とは、『エチカ』第三部定理一四〜五九、第四部定理七〜一八の計五八の定理およびその系として示されているものにほかならないとみられる。そしてその中でも、国家の基礎をなすものとして特に重要であることをスピノザが明言しているのは、「感情は、それと反対のより強い感情に抑制されることによってでなければ、抑制も除去もされえない」(第四部定理七)、「ある人を憎む人は、そのことによって自分自身により大きな害悪が生じることを恐れないならば、その人に害悪を加えようと努めるであろう」(第三部定理三九)の二定理(傍点はいずれも引用者による)である。後者は、人が他人に害悪を加えることを差し控えるのは、そうすることによって自分自身により大きな害悪が生じる恐れがある場合でしかないことを意味する。したがってこの両定理から、何人《なんぴと》も自分の利得であると判断したものは、より大きな利得の希望か、もしくはより大きな損害の恐怖によらなければ、たとえ他人に損害を生じることが明らかでも見のがすことをせず、自分の害悪はより大きな害悪を避けるためか、もしくはより大きな利得の希望によるのでなければ辛抱しない、ということが帰結する。それゆえ何人

郵 便 は が き

料金受取人払郵便

左京局
承 認

1063

(差出有効期限
2025年 9 月30日
ま で)

606-8790

(受 取 人)

京都市左京区吉田近衛町69
京都大学吉田南構内

京都大学学術出版会
読者カード係 行

▶ご購入申込書

書　名	定　価	冊　数
		冊
		冊

1. 下記書店での受け取りを希望する。

都道　　　　市区　店
府県　　　　町　　名

2. 直接裏面住所へ届けて下さい。

お支払い方法：郵便振替／代引　　公費書類(　　)通　宛名：

送料
ご注文 本体価格合計額　2500円未満:380円／1万円未満:480円／1万円以上:無料
代引でお支払いの場合　税込価格合計額　2500円未満:800円／2500円以上:300円

京都大学学術出版会
TEL 075-761-6182　学内内線2589 / FAX 075-761-6190
URL http://www.kyoto-up.or.jp/　E-MAIL sales@kyoto-up.or.jp

お手数ですがお買い上げいただいた本のタイトルをお書き下さい。

（書名）

■本書についてのご感想・ご質問、その他ご意見など、ご自由にお書き下さい。

■お名前

（　　歳）

■ご住所

〒

TEL

■ご職業

■ご勤務先・学校名

■所属学会・研究団体

■E-MAIL

●ご購入の動機

A.店頭で現物をみて　B.新聞・雑誌広告（雑誌名　　）
C.メルマガ・ML（　　）
D.小会図書目録　E.小会からの新刊案内（DM）
F.書評（　　）
G.人にすすめられた　H.テキスト　I.その他

●日常的に参考にされている専門書（含 欧文書）の情報媒体は何ですか。

●ご購入書店名

都道府県　　市区町　　店名

※ご購読ありがとうございます。このカードは小会の図書およびブックフェア等催事ご案内のお届けのほか、広告・編集上の資料とさせていただきます。お手数ですがご記入の上、切手を貼らずにご投函下さい。
各種案内の受け取りを希望されない方は右に○印をおつけ下さい。　案内不要

もより大きな害悪への恐怖か、より大きな利得への希望によってでなければ、自分が万事に対して有する権利を譲るという約束を守ることはないので、国家設立に際しては、この約束を破ることから利益よりも大きな損害が、破約者に必ず結果するようにしておかなければならない。言い換えれば、国の組織や法制度は、各人が国法を守り国家の命令に従うことによってより大きな利益への希望が生じ、逆に国法に違反し国家の命令に背けばより大きな損害への恐怖が生じる、というように定められなければならない。法は理性の助けにのみ依存するなら無力で容易に破られ、理性と人間の共通感情とに擁護される場合にのみ破られずにいることができる、とスピノザは強調する。

それゆえ国家は、理性の導きに適った生活・行動を人々にさせることをつうじて、徳と幸福という人間の真の利益を実現することをめざすものではあるが、その組織・制度のあるべき姿を考えるにあたっては、理性の教説そのものからではなく、人間が愛・憎・妬み・栄誉心・同情などの人間的感情に従うことを、人間本性の欠陥ではなく特性として観想したうえで、かかる人間共通の本性ないし状態からそれを導き出すべきである。民衆や為政者が理性の指令のみに従って生きるように導かれうると考える者は空想家であり、このような空想的前提に立って構想される国家、すなわちその安寧が誰かある人物の信義に依拠するような国家や、国務を司る人々が信義ある行動をしたがらなければ国務の正しい運営ができないような国家は、決して安定的でありえない。国家が永続可能であるためには、共同の安寧に関わることを何一つ特定の人物の信義に全面的に委ねることをせず、公共の事柄を司る人々が理性と感情のどちらに導かれようと、信義に反したり邪《よこしま》な行動をしたりする気になりえないように、言い換えれば、官吏たちが共同の利益に最も心を配るときにこそ彼ら自身のためにも最も意を用いることになるように、組織・制度が整えられなければならない。

スピノザは『国家論』の中で再三にわたって、理性に基づき導かれ、その指令に従う国家は最も強力で最も自己の権利の下にあり、理性に反して行動する国家は自分自身に背馳し罪を犯す、という意味のことを述べている。これは一見、右に述べたことに矛盾するように思われるかもしれない。しかし実のところ、この点にいかなる矛盾も存在しない。なぜなら、この場合「国家が理性に基づき導かれ、その指令に従う」とは、国家がそれなしには成り立ちえない自然の万物の共通の法則、すなわち人間本性の諸法則を含む普遍的自然法則に即して統治を行なう、ということであり、それゆえ右の傍点部が意味するのは、「国家は理性の導きによって人間本性の諸法則を正しく認識・理解し、国民をして理性の教えに適った真に有益な生活・行動をなさしめるために、これを利用すべきであって、この諸法則を無視して不条理な統治を行なったり、無理な命令・強制を国民に課したりすれば、国家自身に不利益を招かずには済まない」ということにほかならないからである。

したがって国家は、国民全員を真の利益と幸福へと導くことをめざして、彼らの衝動的・感情的行動を刑罰その他の強制的手段によって抑えつつも、国民一人ひとりの人間性を尊重した暴政的(violens)でない仕方でその務めを果さなければならない。『神学・政治論』においてスピノザは、民主的命令権(imperium democraticum)を、自然が各人に許している自由に最も近いという意味で、最も望ましい命令権のあり方とみなしているが、『国家論』では君主制・貴族制・民主制の相互の優劣については何も語らず、君主制国家と貴族制国家のそれぞれについても、そのあるべき制度・組織を具体的に論じている。ただし同書は、民主制国家についてはほとんど何も述べないまま未完に終わっているので、はたして三つの国家体制を価値の上で同等と見ているのか、それとも民主制の優越を明言した『神学・政治論』の考え方を継承・維持しているのか、一見しただけでは明らかでない。

三・六 国家権力の限界——思考・判断・言論・信仰の自由

前節でも述べたように、スピノザによれば、人間は国家の統治下にあっても依然として普遍的自然法則に、したがって人間本性の法則に従い、それによって行動を規定されているので、国家設立のために各人の自然権が放棄・移譲されなければならないといっても、それは各人が人間性を喪失し人間であることをやめるほどであることはできないし、何人《なんぴと》も自己の自然権を完全には奪われず、そのあるものを自然法によって保持し続けている。言い換えれば、各人の自然権のうちには決して放棄・移譲することのできないものがあって、こうした権利を国民から取り上げれば、命令権にとって重大な危険が生じずには済まない。それゆえ、国家の最高権力はその欲することを国民に対して何でも命じることができるような絶対権力ではなく、その行使には一定の制約がある。

スピノザは言う。私はこの机に関して何でもしたいことをすることが権利上可能だ、といっても、それはこの机が草を食べるようにする権利を私が持つ、ということではない。それと同様に、たとえ人々が国家の権利の下にあるとしても、だからといって国家は彼らに対し、思考力・判断力を放棄することや自然な感情に捉われないようにすることを、すなわち、例えば全体がその部分よりも大きくないと信じること、自分に不利な証言をすること、自分自身を苦しめること、死を避けようと努めないこと、恩人を憎み加害者を愛すること、侮辱に怒らず恐怖からの解放を願わないこと、嘲笑や嫌悪を催させる物事を尊敬の念をもって見ることなどのように、報償や威嚇によって人々の感情に働きかけることによっても人々をそれへと動かすことができないようなことを、命じる権利を決して持ちはしない、と。それゆえ最高権力の保持者が人間本性の諸法則を無視してこの種のことを命じたり、権力を笠に着て国民の虐殺・財産の略奪・婦女の強奪などの蛮行を行なったりすれば、彼らに対する国民の畏怖・尊敬・愛着は失われ、逆に軽蔑・憎悪・憤激が湧き起こり、大多数の国民が一致して彼らに敵対するに至ることは避けられない。この場合、国家は自らを弱体化し、自分自身の破滅の原因を作り出すことになる。なぜなら、国家の権利は多数者の共同の力によって定まるので、多数者が一致して国家に反抗する原因を国家自身が提供するかぎりにおいて、国家の力と権利は減じるからである。

スピノザによれば、国家は自然状態の人間と同様それ自身以外の何物の権力・権利の下にもなく、法とは通常の意味では国家の権利そのものによって護られる国法に、また罪とは国法の禁を犯すことにほかならないから、国家自身は法に縛られることも罪を犯すこともありえない。国家が法に反し罪を犯すと言われうる場合があるとすれば、それは最高権力が普遍的自然法則＝自然法に反してそれ自身の自然的限界を超脱し、国家の不利益・害悪・破滅を招く場合以外にないのである。

このような国家権力の濫用から護られるべき、人間の不可譲の権利として、『神学・政治論』の中で特に重視されているのが、思考・判断・言論・信仰に関する権利と自由である。

三・六・二　思考・判断・言論の自由

何人《なんぴと》も、どんな物事についても自由に推論し判断する自己の自然権ないし能力を他人に移譲することはできないし、移譲するよう強制されることもできない。人間は大抵、自分が真だと信じる見解を罪とみなされることほど耐え難く思うことはないようにできており、人間精神が完全に他人の権利の下にあるということは起こりえず、各人は至高の自然法によって自己の思想の主である。したがって最高権力は、人々がどんな物事についても自分の想念に基づいて判断を下し、またそのかぎりであれこれの感情に影響されるのを、やめさせることはできない。精神に対して支配するような命令権は暴政的であり、このような暴政的支配は命令権全体の大きな危険なしにはなされえないから、最高権力はそれを行なう絶対的権利を持っていない。それゆえ最高権力は、各人の自由な判断を制限して真偽に関する見解を指令しようとしたり、思弁に関する事柄について法律を作ったり、人の見解を悪行のように犯罪とみなして処罰したりしてはならない。この種のことは無益であるばかりでなく、法律を呪詛することや暴動を起こすことや、何であれ悪事を企てることを、恥ずべきことではなく名誉あることと考えるように人々を仕向けてしまうので、このようなことをする最高権力は、国民に不法行為をなし、その権利を横領するのみならず、国家に対する重大な危険をもたらすことになる。

さらに、自分の考えていることを言う自由を人々から奪うこともまた不可能であり、人々がさまざまに異なった対立的な意見を持っているのに、彼らを最高権力の指令によってのみ語らせようと試みても、不幸な結果を招くだけである。それゆえ思考と言論の自由は国の平和と最高権力の権利を損うことなしに可能なだけでなく、それらを保つためには許されなければならない。言い換えれば、最高権力者が命令権を安全に確保し、反逆者に屈しないようにするためには、判断と言論の自由を認め、各人にその考えたいことを考え、考えたとおりのことを言うことを自由に許して、人々がさまざまに異なる意見を公然と有していても和合的に生活するように、彼らを統治しなければならない。

ただし国家の下にある人間は、自分の思考・判断に従ってしたいとおりに行為する権利を最高権力に移譲したのであるから、行なわれるべき一切の物事についての決定を最高命令権に残しておかなければならず、たとえ自分が善いと判断し、善いという意見を公然と有していることに反して行為しなければならないとしても、最高権力の決定に反しては何事も行なってはならない。すなわち、望ましい、あるべき国家の命令権――既述のように『神学・政治論』では、これが民主的命令権と呼ばれている――の下では万人が、行為する場合は共同の決定に従うが、判断・推論しそれを述べる場合はそうではない、という約定を結んでいる。それゆえ命令権の権利によって告発されるのはあくまで行動であり、思考・判断・言論は自由に委ねられ処罰の対象とされないのが、正しい国家のあり方である。

三・六・二　信仰の自由――理性・国家と宗教の関係

(i) **信仰とは何か**　スピノザの考えによれば、信仰とは、それが知られなければ神に対する服従が廃され、この服従が確立された場合には必然的に確立されるような物事を、神について考えることである。彼は普遍的信仰の諸教義、すなわち聖書全体の意図の基礎をなす諸教義として、次の七項目を挙げている。(一)神、すなわち最高存在者にして至高の正しき者、憐れみ深い、真の生の模範たる者が、存在すること。(二)神は唯一であること。(三)神は遍在的で全知であること。(四)神は万物に対して最高の権利と支配力を有し、物事を強制されずに、完全に意のままに、特殊的恩寵によって行なうこと、(五)神への崇拝と服従は正義と、慈愛(charitas)ないし隣人愛とにのみ存すること。(六)これによって神に服従する者はみな救済されるが、享楽の支配の下に生きる者は救われ難いこと、言い換えれば、信仰は信仰自体によってではなく、服従のあり方によってのみ救済をもたらすこと。(七)神は悔い改めた人々に対してはその罪を赦すこと。つまりスピノザの考える信仰の本質は、「正義と慈愛を愛好する最高存在者が存在し、万人は救済に与《あずか》るためにこの最高存在者に服従しなければならず、正義の尊重と隣人に対する愛によってこの存在者を崇めなければならない」ということに集約される。

(ii) **信仰の自由**　右のこと以外の点に関しては、神をどのようなものと理解し、神についてどのような見解を抱こうと、それは信仰の本質そのものには関わりがないので、各人は自分が神を崇め神に服従するのに最もふさわしいと思うような考え方・解し方をしてよい。それゆえ、そういう点に関して自分たちと異なる理解や見解を有し、それを表明する人々、すなわち自分たちが信奉するのとは異なる信仰上の教義・教説を擁護する人々を、彼らが神への反逆や不服従を説いたり、人々を怒りや争いや憎悪へと駆り立てたりせずに、正義と慈愛を実践しているにもかかわらず、ただ彼らの見解や主張が自分たちのそれと違うというだけの理由で、異端者あるいは不信仰者として非難したり迫害したりするようなことは、宗派の指導者であれ最高権力の保持者であれ、何人《なんぴと》も決してやってはならないことである。ある人の信仰上の見解が敬虔と言われるのは、彼がこの見解によって服従へと動かされるかぎりにおいてであり、またそれが不敬虔と言われるのは、彼がそれによって犯罪や反逆を容認されていると思い込むかぎりにおいてであって、行為と関係なくそれ自体で考えられた見解は、敬虔とも不敬虔とも決めつけることはできないからである。

またそもそも、神に対する内的崇拝と敬虔そのもの、宗教的信仰がその点に存する心の素朴さと誠実さは、法の命令や公的権威によって心に注入されないので、この種の命令・権威に従属せず、他者に移譲されえない各人自身の権利に属する。それゆえ宗教について自由に考え判断し、自分の納得するように説明・解釈する権利は、放棄できない権利として各人の掌中にある。すなわち、人間精神は理性を使用するかぎりにおいて最高権力のでなく自己の権威の下にあり、神に対する真なる認識と愛は何人の命令にも従属しえない。以上のような意味で、国家は内的信仰に関する各人の自由を尊重しなければならず、法や権力によって特定の信仰や教義・教説を国民に強制または禁止してはならない。

(iii) **信仰・聖書と理性の関係**　右の(i)から明らかなように、信仰の目的は服従と敬虔であり、真理の探究ではない。真理の探究を目的とするのは哲学——今日の用語法に従えば、自然科学を含む学問一般——である。哲学の基礎をなすのは共通概念であり、これは自然からのみ得てこられなければならない。これに対して、信仰の基礎は物語と語り伝えであり、聖書と啓示からのみ得られるものである。したがって、信仰は各人に哲学（学問）する完全な自由を認めており、各人はどのような物事についても自分の持ちたい学的見解を、不信仰の誹《そし》りを受けることなく持つことができる。

聖書は信仰の土台をなすものであり、その意図は服従を教えることのみにある。言い換えれば、聖書は人々を神に対して従順な者にしようとしているのであって、学識ある者にしようとはしていない。それゆえ第一に、啓示された認識を説く聖書と、自然的認識を求める哲学とは、共通なものを何も持たず、その基礎・方法・対象を全く異にしている。すなわちこの両者は、それぞれに特有の基盤に依拠しており、どちらも他方といかなる衝突も生むことなく自己の領域を確保・支配している。それゆえ、聖書の教えと理性とは本来互いに何ら矛盾するところはなく、聖書は理性を完全に自由に働かせるし、理性は聖書の説く教えを決して侵害しない。

第二に、聖書は預言者や使徒たちが神の言葉を伝えようとした相手である民衆の理解力に即し、民衆が常々抱いている考え方に適応して、彼らを服従と敬虔へ導くのに最も効果的な語り方で書かれている。聖書の中で神が擬人化され、手・足・目・耳その他の身体器官や気息・霊・心・感情などを持つかのように語られたり、燃える火や老人の姿で描写されたりしているのはそのためである。また預言者たちに与えられた啓示は、彼らの見解と理解力に適応させられているので、預言は各々の預言者が互いに相反する見解を有したり、彼らの想像力・気質・先入見がさまざまであったりするのに応じて異なっており、それ自体では真理性を含まない。したがって、啓示や預言は預言者の学識を高めたのでは決してなく、純粋に思弁的・学的な事柄に関して彼らを信じる必要は少しもない。そういうことについては、預言者は無知であってよいし、また本当に無知であった。それゆえ自然的あるいは霊的な事柄についての真なる認識を彼らから得ようと求めるべきではない。

そういうわけで、理性が聖書に、あるいは宗教や神学に隷属・奉仕すべきであるとも、その逆であるべきであるとも言うことはできない。すなわち、聖書の記述を文字どおりに鵜呑みにし、理性がそれと異なることを明らかにするかぎりにおいて、理性認識を僭越・不敬虔として退けるような態度も、また聖書が理に合わない荒唐無稽な話に満ちているからといって、聖書の教えの信仰上の意義と権威を頭ごなしに否定するような態度も、どちらもまったく誤っているのである。

(iv) **宗教に対する国家の権限**　国家状態にある人間は、自分がよいと思うとおりに行為する自然権を国家に移譲したのであるから、国家においては最高権力のみが善悪当否の何たるかを、すなわち個々人または全国民が何を行ない何を差し控えるべきかを決定する権利を有する。このことは信仰上の行為に関しても、すなわち敬虔＝神への服従＝正義と慈愛の実践と、神に対する外的礼拝の実行とに関しても、等しく妥当する。外的礼拝は神に対する真の認識と愛を促進も阻害もせず、それゆえ各人が公共の平和と静穏を乱してまで自分の適当と考える仕方に拘泥するに足るほどのものではないし、また正義と慈愛の生活様式が法の力を受容するのは国家の命令権の権利によってのみである。したがって、外的礼拝行為と敬虔すなわち正義・慈愛の実行とは、すべて国の平和と保存に適応させられなければならない。言い換えれば最高権力は、各人が隣人たちに対してどのように正義と慈愛を実践しつつ神に服従すべきか、また人前での礼拝をどのように行なうべきかに関して、何事であれその判断するとおりに決定を下すという宗教上の権限を有し、すべての国民は宗教に関する最高命令権のこの決定と命令に、たとえそれが各人にとっては神への服従に反するように思われる場合でも、従うように拘束される。さもないと、国法や最高権力者の命令が自分の信仰に反すると判断した人は誰であれ、この命令に拘束されなくてよいことになり、その結果各人はこの口実の下にあらゆることを好き勝手に行なっても構わないことになって、国家の権利は完全に侵害されてしまうであろう。

したがってまた命令権を保持する者は、宗教に関する法の解釈者・決定者でもあり、彼らのみが、どのような行為が敬虔あるいは不敬虔であるかを判定する権利を有している。スピノザはこのことを、「神は命令権を保持する者たちをつうじてでなければ、人間たちに対していかなる個別的支配力も持たない」と言い表わしている。それゆえ宗教上の事柄を司り、聖職者を選任し、教会の基礎や教説を決定・確立し、習俗や敬虔の行ないについて判断する等のことは、すべて最高権力の権利にのみ属し、何人《なんぴと》も最高権力の権威と認可によってでなければ、これらのことを行なう権利も権力も持たない。仮に万が一にも宗教家や聖職者が、人々の心に対して有する影響力・支配力を頼んで、国の最高権力からその権威と権利を奪い取ろうとしたり、宗教の名において民衆の心を最高権力から離反させようとしたりするならば、それは命令権を分割しようとするのと同じことであり、争いと不和と隷属を生み出すことは避けられないし、聖職者に何か公共のことを決定したり命令権の仕事を司ったりする権限を認めることは、国家にとっても宗教にとっても有害な結果にしかならないであろう。

ただし、内面的信仰、すなわち各人の信仰上の思想・判断・見解と、それを表明する言論は、国法や最高権力による規制や取締りの対象とされてはならず、各人の自由に委ねられるべきこと、この自由によってこそ最高権力はその権威と力を危険なく保ちうるということは、既述のとおりである。

三・七　国家と平和

(i) 国内平和　国家状態の目的は平和（pax）と生活の安全にほかならず、最善の命令権は、その下で人々が和合的に生活を送り、法が侵害されることなく守られるような命令権である。ただし、その国民たちが恐怖に脅えて武器を執らないだけの国家は、国内が見かけ上は静穏でも、平和を保っているのではなく、単に戦争がないと言われるべきである。また、和合的生活と言われる場合の生活とは、身体の動物的作用によって規定される生活ではなく、とりわけ理性によって、すなわち精神の真の徳、真の精神生活によって規定される生活である。それゆえ、普遍的自然法則・人間本性の法則に則った賢明な法制・機構の下で、国民が各々その人間性を尊重されつつ、理性の指令に適った行動をし、その結果共同の決定に従って和合的に生活する場合、国家の内部は平和な状態になる。

これに対して、国民の人間性と真の利益に逆行する国法・制度や、三・六で述べたような、人間の自然的な能力・感情を無視した無理な命令や蛮行を行なう最高権力の下では、各人は国の法や命令に反して自己の考えによって生活せざるをえず、最大部分の民衆が憤激し武装して最高権力の力を力ずくではね返そうとするであろう。その結果、国民の和合は乱れ、国内の平和は失われて、最高権力は戦争の権利によって支配力を奪われ、国家の解体＝自然状態の再来に立ち至ることになる。

(ii) 国際平和　国家は他の国家に対して、自然状態における人と人との関係と同様の関係にあり、本性上互いに敵同士である。違いは専《もっぱ》ら、国家は他の国家によって滅ぼされないように用心することができるのに対して、自然状態の人間にはそれができないという点にある。それゆえ、各国家は他国に対する戦争の権利を有し、戦争を行なうにはその意志があれば十分である。国家は、自己の利益に意を用い、右の用心をすることができるかぎりにおいて自己の権利の下にあるが、他国の力を恐れたり、自分のしたいことの実行を他国によって阻止されたり、自己の保存・拡大のために他国の援助を必要としたりするかぎりにおいて、他国の権利の下にある。

このような状況下で、国と国との平和は、複数の国家の合意に基づく盟約（foedus）によってのみ成立する。それゆえ、平和の権利は一つの国家にではなく、盟約により連邦化した（confoederatae）複数の国家に共同で属している。この盟約は、それを結ぶ原因である損害への恐怖または利得への希望が存在する間は強固なままであるが、盟約国のいずれかにこの原因がなくなった場合は、いつでもそれを解消する権利が各国家にある。最高権力は他の最高権力に何かあることをすると約束しても、それが自国民の共通の安全を妨げることがわかれば、その信約を解消しなければならないからである。しかしながら、一緒に平和の盟約を結ぶ国家が多くなるほど、各国家の他国に対する脅威と戦争を引き起こす力は低下し、平和の諸条件を遵守するよう拘束される度合いが高まる。このことは、各国家がそれだけ自己のでなく他国の権利の下にあるようになることを意味するが、しかしすべての国家の利益に適っている。複数の国家が相互に平和を保ち、互いに援助を与え合う場合、それらの国々はみな共々に、各々が単独でする場合よりも多くのことをなしうるので、より多くの権利を有するということ、しかもこのような形で連帯する国家が多くなるにつれてますますそうなるということは、個人同士の場合と同じだからである。

三・八　特色・意義および問題点

(i) **論理的一貫性**　スピノザの議論の最大の特色は、哲学から人間観と倫理学を経て国家論に至る論旨展開の精密な論理的一貫性にある。彼に影響を与えたホッブズの哲学も、『物体論』の自然哲学から『人間論』の人間観・倫理学を媒《なかだち》として『市民論』と『リヴァイアサン』の政治哲学へと進む体系的構成を有しているが、『物体論』および『人間論』前半の幾何学的・物理学的展開と『人間論』後半および後二著の議論との間には、ホッブズ自身「深いギャップでつながっている」と認めたような断層があることは否めない。これに対してスピノザにおいては、「神と自然は同一であり、人間を含む万物はその変状ないし様相であり、万物の働きは神の自由な働きの現れとして、神自身によって必然的に規定されている」という根本的な哲学的認識から、彼の人間観と倫理学が、また自然法の独自の性格が論理的必然性をもって導かれ、そこから国家の必要性とあるべき制度が帰結している。

(ii) **自然的人間性の肯定的受容と行動科学的倫理学**　人間は一個の自然物として、他の自然物から作用を受け、それに作用を返しつつ、自己の存在を保存しようとする努力に基づいて生き、行動している。そしてこの相互作用と努力から、衝動・欲望・情念・感情などのあらゆる自然的・人間的心理作用が生じてくる。このような人間理解は既にホッブズにも見られたものであるが、スピノザは自然物のあらゆる働きを神によって決定された神自身の働きの現れとみなし、それを規定する自然法則を神の本性の必然性そのものに由来する法則と考えたことにより、一自然物としての人間の右のような心理作用やそれに基づく行動を否定的にでなく、ありのままの姿で客観的・肯定的に受けとめるという態度に、強固な哲学的・神学的根拠づけを与えている。ただし彼も、人間が野放しの自然的心情に従って生きることを全面的に是認したわけではなく、真に有効な自己保存のためにはかかる心情の働きに抗し、理性の導きに従う必要があることを認める。しかしそれは、理性の一方的命令に従って人間的心理を抑圧せよということではない。理性の導きとは、この種の心理作用を司る人間本性の法則と、人間をとりまく全自然物の作用を司る自然法則とについての完全な認識――つまり神についての真なる認識――にほかならず、それに従うことは、この認識に基づいて自己自身の心の働きと周囲の自然物の作用とを、自己保存に最も有利なように合理的にコントロールすることを意味する。すなわちスピノザの倫理学は、自然法則・人間本性の法則の研究をつうじて人間による人間自身の心理作用と行動の合理的自己コントロールをめざす一種の行動科学として性格づけられるものであり、人間の生き方の改善のための学としての倫理学に全く新しい境地を開いたものと言うことができる。

(iii) 自然法と自然法則の同一性　スピノザは自然法を、人間本性の法則をその一環とする普遍的自然法則と同一のものとみなす。この点に彼の自然法思想の最も著しい特色が認められる。

●自然法の合理性と神性の一体化　この自然法＝自然法則は、神の本性の必然性そのものに由来する、全き意味での「神の掟」である。グロティウスとは違ってスピノザは、自然法がその合理性のゆえに「たとえ神が存在しないと仮定しても」妥当性を失わない、とは決して主張しない。とはいえ、それは全自然の秩序と働きを完全にメカニックに規定し説明する合理的法則であり、その妥当性は人間の理解を超えた神の絶対的恣意の権威などには聊《いささ》かも依拠せず、正しい理性的認識によって完全に理解可能であるし、また理解されるべきものである。神と合理的自然を一なるものと見るスピノザ哲学において、自然法の合理性と、それが「神の掟」であることとは完全に一つに融け合っている。その結果、物理的・合理的・必然的に秩序立った世界の一部をなす人間の生を、神の法としての自然法が世界の外から超越的に規定するかのような、ホッブズの自然法思想に見られた不整合性は払拭され、かかる人間の生は神の決定になる自然法＝自然法則の秩序の下に整然と組み込まれている。

●天賦の人権としての自然権　この自然法＝普遍的自然法則に規定されて、人間を含む万物の自己保存の努力がなされ、そこから人間の衝動・欲望・情念・感情などの自然的心情や、生存のための理性的思考・判断や、それらに基づいた行動も生じてくる。それゆえ人間が自然的心情や理性的思考に従い、賢愚の別なく自分のしたいこと、善いと思うことをし、生きたいように生きることは、元来、神の法たる自然法が認めている万人生得の自然権である。スピノザのこの見方は、近代的人権論の原点をなす天賦の人権とその平等性・普遍性という考え方に、確固とした哲学的基礎を与えている。

●**自然法の二重性格**　自然法はこのように、万人に対して、自己保存のために欲しかつ行ないうる一切のことを行なう権利を認める一方で、この自己保存を最も有効に行なうために、理性に従った生活・行動を、すなわち全自然と人間自身の本性に関する真なる認識に基づいて自己の心情と行動を合理的にコントロールすることを命じる法でもある。人間が自己の自然権を最高権力に移譲し国家の下で生活することは、自然法のこの指令に従った選択とみなされうる。この二重性格は、スピノザ的自然法が孕《はら》む自己矛盾とも見られようし、現代倫理学の視点からすると、物事が事実として現にそうある仕方を説明する記述的法則と、物事がどのようにあるべきかを規定する規範的・指令的法則とを混同して、本来別個のものであるこの二つの法則性を同じ自然法に負わせたという批判を免れないであろう。しかし、万人が高度な理性的認識に基づく合理的な生き方をする能力を最初から恵まれているわけではないという事実と、誰もが日々待ったなしに自己保存の努力を続けなければならないという状況とに照らして考えれば、一方では自然的心情の働きによって当面の自己保存に努める権利を万人に認めつつ、他方では理性の開発・合理的認識の深化をつうじて真に有効な自己保存をめざすような人間性の向上を指令する、というこの二重性格が、普遍的・恒久的法としての自然法の妥当性と権威を多少なりとも損っているとは、到底考えられないのである。

(iv)国家の存在意義の多層性　各人が自己の自然権を放棄・移譲して国家を設立することが必要な理由は、ホッブズの場合、そうしなければ人間は恒常的戦争状態である自然状態にあって絶えず死の危険に晒《さら》され、安全な生存という自己保存上最低限の必要すら一瞬たりとも確保されないから、という点にあった。スピノザもまた、同じことを国家の必要性の一つの理由として挙げている。しかし彼はさらに二つの重要な理由をこれに加える。それはすなわち、人間が社会的共同生活の下で互いに協力し援助し合うことにより、敵対的人間や野生動物を含む周囲の全自然からの作用により強力に対処し、また全自然により強力に働きかけて多くの利益を引き出しうるようになるということと、国家の力によって各人の自然的心情を他動的にコントロールし、各人に理性の導きに適った生活・行動を実行させるということである。このようにスピノザは国家に、単に人間の生存の安全を確保するだけでなく、人間に各人単独では得られない自然に対する高度な作用力を与え、かつ彼らを理性的で有徳・幸福な生へと導くという多層的な機能と存在意義を認めている。

(v)ユートピア主義とマキァヴェリズムの相互補完的融合　スピノザの国家論の特色を一言で形容すれば、ユートピア主義とマキァヴェリズムを相互補完的に融合させることにより、両者それぞれの欠点を克服し長所を兼ね備えることに成功した国家論と言うことができるであろう。

ここで「ユートピア主義」と呼ぶのは、人の善き生き方とはいかなるものか、真に理想的な人間とはいかなる人間か、という問題意識から、直ちに国家のあるべき姿を導き出す考え方のことである。

この考え方は、人間の善き生という目的を掲げることによって国家の存在意義を倫理的に基礎づけることに成功するが、現実の生身の人間が免れることのできない自然的諸性質をともすれば無視・捨象し、浮き世離れした実現不可能な理想国の構想に満足しがちである。他方、「マキァヴェリズム」とは、人間の諸性質——一般に悪しきもの、好ましからざるものとされる性質を含む——の冷徹な直視と熟考に基づいた、国家の維持・運営のための権謀術数の必要性を強調する立場を意味する。この立場は、生身の人間性と社会の現実に立脚した実行可能な術策を提言する点で優れているが、国家と最高権力の維持自体を自己目的化させ、そもそもそれらが何のために存在し維持されなければならないのか、という問題意識を欠落させてしまう結果、権力のためには国民一人ひとりの権利も幸福も蹂躙《じゅうりん》して顧みないような国家統治を是認・賞揚する弊がある。これに対してスピノザの国家論は、「人間に安全な生活を確保し、自然に対する強力な集団的作用力を与えることで、彼らの自然権の実質的向上を実現するとともに、彼らが理性の導きに適った真に自由・幸福・有徳な生活を送れるようにする」ということのうちに国家の存在目的を見る点で、ユートピア主義の理念を堅持しながら、それを実現するための国家の組織・制度の構想にあたっては、人間本性の法則と人間の現実的諸性質との十分な認識と理解に基づいて、それらに逆行しない配慮と、むしろそれらを国民の統治のために巧みに利用する工夫とに徹しようとする点において、マキァヴェリズムの長所をも受け継いでいる。

(vi) **基本的人権の不可侵性の認定**　国家設立にあたっての各人の自然権の全面的放棄の必要性と、

その結果としての国家権力の絶対性を強調したホッブズに対して、スピノザは人間の自然権のうちに放棄・移譲することのできないものがあることを認め、国家権力に限界を設定した。これは基本的人権の不可譲・不可侵という重要な近代的政治思想の、最も早期の例と見られるものである。また、この不可侵の基本的権利のうちに、各人が自由にものを考え、信じ、それを言葉に表わしてよいという思想・判断・信仰・言論の自由に関する権利を含めた点は、彼の政治思想の最も光輝ある特色である。

●**スピノザ的国家における自由は不十分か**　スピノザが思想・判断や内面的信仰の自由を強く主張しながら、実際行動や外面的礼拝に関しては国家の統制に従うべきものとしたことは、これでは各人の信念に従った自由な生き方がまったく許されないことになる、という批判や、正しくないと信ずる法・制度・命令に対して、言論だけでなく平和的・非暴力的行動をもって抵抗する市民的不服従（civile disobedience）の権利が排除されてしまう、という指摘を当然招くであろう。しかし第一の批判に対しては、スピノザは公的・対他的行為と私的生活圏における行動との区別について明確に論じていないけれども、後者の圏域に国家が介入し統制を加えることは人間的感情を無視した許し難い暴政である、と考えていたにちがいないことは、贅沢・華美・遊興・飲酒などといった私行上の悪徳の法的規制に明確に反対している点から見てとれる、と答えることができよう。また第二の指摘に対しては、人間性を無視した暴政や権力者の蛮行に対する国民の一致した武装的敵対によって国家権力が解体されることを不可避的必然とみなす、という形で一種の抵抗権を認めているスピノザが、市民的不服従のような平和的抵抗に対して不寛容であったとは考えられない、と反論できるであろう。これらに加えて、彼が言論の自由を擁護したことの重要性にいま一度注意を促したい。なぜなら、このことによって思想・判断・信仰の自由の主張は、「人が心の中で考え、信じることまで権力で強制することはできない」という当り前の事実の単なる確認を超えて、「国の法や命令を誤っていると考え、実際の行動ではそれらに従いながらも思想・言論活動をつうじてそれらを批判し改めさせようとする人々は、国家に対する反逆者ではなく善良な市民であり、彼らのおかげで国家・社会の改善が可能になる」という、当時としては全く先駆的・画期的な主張へと高められたのだからである。

●宗教上の行為に対する国家の命令権と政教分離の意味　また信仰に関してスピノザが、正義と慈愛を実践する敬虔な行為とはどのような行為かを決定する権利を国家に認めたことに対しては、個人の宗教活動の国家による統制を是認するものだ、という批判が予想される。しかし彼のこの考えはむしろ、敬虔あるいは正義と慈愛の実践という名において国家の秩序や平和を壊乱したり、信仰に関する考えを異にする他人を暴力的に抑圧・迫害したりする狂信者の蛮行を取り締まる権限と役割を、国家に与えるという意図に由来している。宗教家・聖職者の国政への介入・支配は許されてはならない、と彼が主張したことも、その意図の一つはこの点にある。そしてこの主張と、各人の内面的信仰や教義理解に対しては国家権力の強制は決して及ぼされてはならない、という主張とを両軸とする、今日のいわゆる政教分離をスピノザが説いたことの根底には、次のような彼の認識があったことを、ここで強調しておきたい。それは、神＝自然の真なる理性的認識をつうじて人間を徳と幸福へと導く哲学と、この認識に達していない民衆の外面的行為を適切な方策により理性の導きに適合させることで、彼らの生活を徳と幸福に一致させる国家と、民衆の理解力に応じた象徴的・寓意的教説を用いて彼らを内面から神への愛と服従へと仕向け、徳と幸福を求めるようにさせる宗教とは、いずれも人間にとって不可欠な役割を各々独立して果しており、そのどれかが他の働きにとって代ったり、他を支配し従属させたりすることは決してできない、という認識である。

(vii) 恒久的世界平和への展望

スピノザは国家同士の関係を自然状態における人間同士の関係と類比的に捉え、他国に対する戦争の権利を各国家に認め、盟約による諸国家間の平和も、自国の利害次第でいつでもこれを解消する権利が各盟約国にあるとした。また、個人と違って国家が他の国家に対して自然状態の下にあっても存続しうる理由を、国家が個人にはない有効な自己防衛力を備えうるという点に見た。これらの点でスピノザの国際関係に関する考え方は、対外戦争の完全防止＝恒久的国際平和確立の必要性に関する問題意識の乏しかったホッブズの考え方と、非常に近似している。

しかしスピノザにはこの問題に関して別の見通しがあったことが、『国家論』の記述から窺《うかが》われる。それは、複数の国家が平和の盟約によって結合し相互に援助し合う場合、それらの国々はそうしない場合よりも多くのことをなしえ、より多くの権利を有するようになること、そしてこの結合に加わり連邦化する国家が多くなるほど、各国家は自己の権利よりも盟約諸国の共同の権利の下に多く置かれ、各国家の戦争をする力は低減し、盟約の拘束力が強まるということである。これは、もしも地上のあらゆる国家が相互に平和の盟約による結合関係に入るならば、各国家の自然権としての対外主権は実質的に全国家の共同的権利に完全に従属させられ、盟約の拘束力は最強となり、諸国家はいわば一国内の人間同士と同様の関係に入ることになって、対外戦争の恐怖から解放され、自国を安全に保存する最大の力と権利を得るであろう、ということを示唆している。この諸国家の普遍的・全般的連邦化による恒久的国際平和の確立――第五・第六の両章で取り上げるサン・ピエールとカントの永久平和構想はその具体案である――こそは、人間の基本的諸権利の擁護と自由・徳・幸福の実現のための機関としてのスピノザ的国家がその機能を十全に果しうるための、不可欠的条件をなすものであろう。

第4章 ジョン・ロックの政治哲学
——自然法思想に基づく人権擁護国家の完成像

四・一　時代背景と生涯

(i) **誕生から青年期まで——清教徒革命の時代**　前章冒頭で言及した二人の哲学者のうちのもう一人、ジョン・ロック (John Locke) は、スピノザ誕生より約三か月早い一六三二年八月二九日、イングランド南西部のサマセット州リントンで生れた。ロック家は、ロンドンの商人から地主となり、さらに毛織物工業で産を成した、当時新興のジェントリ (gentry) 層に属する一家で、同名の父ジョンは清教徒 (ピューリタン) すなわちカルヴァン派信徒の弁護士、息子ジョンはその長男であった。

ロックの幼・少年期から青年期にかけてのイギリスは、清教徒革命の激動の只中にあった。革命の口火となった議会 (短期議会・長期議会) 召集は彼が八歳になる一六四〇年の出来事であり、その二年後に内戦が勃発すると、父は議会軍の騎兵隊長として戦いに身を投じた。さらにロックがロンドンのウエストミンスター校に入学した四七年は、内戦の大勢を決したネーズビーの戦い（四五年）と、革命のクライマックスである国王（チャールズ一世）の処刑（四九年）の中間に当たり、オクスフォード大学クライスト・チャーチ学寮への入学（五二年）の翌年には、護国卿クロムウェルの独裁制が成立している。ロックはこのような時代の空気の中で、ウェストミンスター校と大学を通じて古典文献を軸とした教育を受け、大学では自然科学、特に医学を研究の中心として選び取った。

(ii) 王政復古と壮年期　大学卒業後、ロックは出身学寮の特別研究員となり、王政復古の年である一六六〇年にはギリシア語講師、二年後には修辞学講師に任じられ、六八年には王立協会員に選ばれた。この頃から彼は、デカルト、ガッサンディらの哲学、ボイルの物理学など当時の最新学説の影響下で、徐々に自己の哲学思想を形成していった。しかし彼の人生の最大転機は六七年、後にシャフツベリ伯（Earl of Shaftesbury）となるアンソニー・アシュリー・クーパー（一六二一～八三、哲学者シャフツベリの祖父）の侍医兼顧問として、その邸宅に寄寓するようになったことである。

王政復古により国王となったチャールズ二世（チャールズ一世の子）は、当初は功臣クラレンドン伯を重用して、国教会を重んじ、非国教徒わけても清教徒の影響力を排除する政策を進めた。しかし同王は内心、従弟に当たるフランス王ルイ一四世が一六六一年に開始した専制的絶対王政を憧憬し、またフランス亡命中にカトリック教シンパとなっていたため、次第に親旧教的・専制的政治姿勢を強め、公然たる旧教徒の王弟ヨーク公ジェームズを王位継承者にしようとした。このような王の方針は、スペインやフランスと争って政治的・経済的実力を高めていた英国の国益、わけても国力の主要な担い手である新興の都市市民（bourgeoigie）・独立自営農民（yeoman）・ジェントリ等の利益に反していたので、王と国民・議会との対立は深まり、議会は七三年に非国教徒の公職就任を禁じる審査律を制定するなどして、王を掣肘《せいちゅう》しようとした。宗教的寛容論者であったシャフツベリ伯は、始めは王に協力的で、七二年には大法官に任命されたが、王がルイ一四世と結んだドーヴァー密約（フランスからの軍事上・資金上の援助と引き換えにチャールズ二世が将来のカトリック改宗と英国の諸権益の譲渡を約束したもの）の内容を知ると反国王派に転じ、審査律に賛成して大法官を罷免された。その後の同伯は、後にホイッグ党となる組織を結成し、ヨーク公の王位継承を阻むための「排除法案」の議会提案に加わるなど、反国王派の領袖として活動、七七年以降二度逮捕・投獄され、八二年には王の非嫡出子モンマス公の王位擁立の企てに失敗してオランダに亡命、翌年同地で客死した。

この間ロックは、一六七一年頃から哲学上の主著『人間知性論』（*An Essai concerning Human Understanding*）の執筆を進めるとともに、病気療養のためにフランスに滞在した一六七五〜七九年の三年半を除き、シャフツベリ伯の政治活動に協力した。このことはロックの政治思想の形成に大きく寄与し、この分野の主著『統治論二篇』（*Tow Treatises of Government*）の執筆（七九年頃）という結実を見たが、彼の身辺を危険にし、彼は同伯に続いて八三年にオランダに亡命、チャールズ一世の外孫に当たるオランニェ公ウィレム三世（三・一の(iv)参照）の保護下に身を置いた。

(iii) **名誉革命と晩年の活動**　一六八五年二月、チャールズ二世の死によりヨーク公がジェームズ二世として即位、同年モンマス公の反乱を鎮圧し同公を処刑すると、親旧教的専制政治を強硬に推進した。これに眉を顰《ひそ》めつつ、ウィレム三世に嫁した王の長女メアリ（クラレンドン伯の外孫で国教徒）の王位継承を待望していた国民の忍耐は、八八年に王と旧教徒の後添え王妃との間に王子が誕生したことでついに限界に達し、同年一一月、議会はジェームズ二世の廃位を決議、ウィレムとメアリに招請状を発した。ジェームズは抵抗の術《すべ》なくフランスへ逃亡し、翌年二月、ウィレムは議会の「権利宣言」を受諾して英国王ウィリアム三世として即位、妻メアリと共治の王となった。このいわゆる名誉革命により、英国の政治体制は絶対王政から立憲君主制へと一大転換を遂げることになった。

ロックは一六八九年、メアリに随行して帰国し、同年一二月の「権利章典」制定に関与したほか、一七〇〇年の引退まで幾つかの公職を歴任し、とりわけ革命後の自国の経済政策の作定に重要な役割を果した。またこれと並行して、帰国の年に『寛容についての手紙』(*Epistra de Tolerantia*) を刊行したのを皮切りに、翌年には『統治論二篇』と『人間知性論』の両主著、一六九三年には『教育に関する考察』(*Some Thoughts concerning Education*)、九五年には『聖書に伝えられたキリスト教の合理性』(*The Reasonableness of Christianity, as delivered in the Scriptures*) など、重要著作を相次いで刊行、哲学者・思想家としての名を不動のものとした。しかしその間、元々病気がちなロックの健康は加齢とともにさらに衰え、一七〇四年一〇月二八日、彼は晩年の寄寓先であるかつての恋人メイシャム夫人（哲学者カドワースの娘）のオーツ所在の邸宅で、七二年の生涯を閉じた。

四・二　知識とその源——感覚・内省・理性の働き

ロックの哲学思想を展開した『人間知性論』は長大な著作で、その議論は詳細・複雑かつ多岐にわたっており、ここでその全体像を俯瞰《ふかん》することは到底不可能である。本節ではただ、彼の自然法思想に関わりの深い事柄に焦点を絞って、その要点を略述するに留めたい。

(i) **生得的知識の否認——あらゆる知識の源としての経験・観察**　『人間知性論』の最も根本的な論点は、(ア)人間の知性（understanding）には生得的に何らかの原理・原初的概念ないし真理（truth）が刻印されている、という考え方の否認と、(イ)生得的な原理や概念がなくとも、人間はその自然的認識機能の使用によってあらゆる確実な知識に到達できる、という主張の二つである。

(ア)の点についてロックは、同一律や矛盾律のような万人が証明抜きに自明と認める公準でさえ生得的ではなく、ましてやその他の諸命題はなおさらである、と断じる。その理由は、命題を作り上げている諸要素、つまりすべての理性的推論と知識の材料であり、人間のあらゆる思考の対象である諸観念（ideas）が、そもそも生得的ではありえないからであって、ものの同一性や実体といった最も基本的な観念もその例に漏れない。人間の心は生れつき全くの白紙状態（tabula rasa）であり、すべての観念は経験（experience）に由来する、言い換えれば、外的あるいは内的な観察（observation）こそが知性に思考の全材料を提供する。外的観察とは感官（sens）の感覚（sensation）によって外的・可感的対象の観念が知性にもたらされる感覚的経験のことであり、内的観察とは内省（reflexion）、すなわち知性の既得の観念について私たちの内部で行使される心の諸々の働きについての覚知（perception）である。この両者によって、単一あるいは複数の感覚を通して心に入ってくるもの、内省のみから得られるもの、感覚と内省の双方から得られるものなどの種々の単純観念（simple ideas）が獲得され、複数の単純観念の合成（composition）によって複合観念（complex ideas）が作られる。そしてこれらの観念に対して把持（観想と記憶）・識別・比較等の心の作用が加えられることが、知識形成の出発点となるのである。したがって、経験・観察こそは人間のすべての知識の起源であり、感官をつうじて観念が心に提供される以前には、いかなる思考も可能でない。

(ii) **理性と知識**　右の(イ)において言われた人間の自然的認識機能には、既述の感覚と内省に加え、さらに理性（reason）が含まれる。理性とは、感覚と内省によって得られた諸観念をもとに行なわれる演繹によって到達される命題ないし真理の確実性、もしくは蓋然性を発見する心の働きである。また知識（knowledge）とは、私たちの持つ諸観念相互の一致・不一致の覚知であり、それゆえ知識が得られるのは、私たちがある観念の一致・不一致を確実に知り、得心する場合である。

ロックは知識を直観的・論証的・感覚的の三種類に区分する。直観的知識とは、諸観念を並置し直接比較することによってそれらの一致・不一致を覚知することであり、最も明証度の高い知識である。論証的知識は、諸観念の並置・直接比較が不可能な場合に、一つまたは複数の他の観念を論拠として介在させて、問題の諸観念の一致・不一致を覚知することであり、明証性の程度は直観的知識に次ぐ。また感覚的知識は、個々の外的対象から観念が心に入ってくることの覚知による、当該対象の存在についての知識である。ここからロックは、私たちの知識の範囲に限界があることを主張する。すなわち、私たちは自分が観念を持っていない事柄や、観念の一致・不一致を覚知できない事柄については知識を持つことができないし、直観的知識は直接比較が可能な諸観念を、論証的知識は一致・不一致の論拠となる介在観念の見出されうる諸観念を、感覚的知識は感官に現実に現前する事物の存在を、越えて拡がることができないのである。理性は、三種類の知識のうち論証的知識を得るための機能であるが、知識が得られない場合、すなわち観念相互の確実な一致・不一致が覚知されない場合には、判断によってこの一致・不一致を推定し、同意あるいは臆見によって知識の欠を補う働きも持っている。言い換えれば理性の働きは、知識を生む論証の各段階ですべての観念ないし論拠相互の必然的で疑いない結合を覚知することと、同意すべきものと考える論議の各段階ですべての観念ないし論拠相互の蓋然的な結合を覚知することの二つである。

(iii) **道徳的知識の論証可能性**　異なった人間社会は互いに異なる徳の規則を持ち、いかなる道徳原理であれ、それに反することがどこかの社会で一般的に容認されていないようなものはない。この事実から明らかなように、実践的・道徳的諸原理は万人に自明なものとして普遍的に一致して受容されてはおらず、それゆえ思弁的諸原理と比べてもなおさら生得的とは考えられないし、それらの直観的知識を持つことも不可能である。したがって、実践的・道徳的諸原理の真理性を確かめるには証明が不可欠である。言い換えれば、道徳的知識は論証的・理性的知識である。

『人間知性論』の中でロックは、道徳的知識は数学的知識と同様に論証可能である、と主張する。しかし一般的には、道徳に関して数学の場合のような論証的知識に達することは不可能であると考えられている。その原因としてロックは次の二点を指摘する。(一)数学の扱う量の観念は、言葉や音声に比べてより密接にこの観念と照応する感覚的記号によって表わされうること。(二)道徳的観念は通常、図形などの数学的観念よりも複雑であり、その結果、道徳的観念の名称による意味意示は数学用語によるそれに比べて不確実であるうえ、私たちは道徳的観念の元となっている単純観念相互の関係・照応・一致不一致の検討に必要なだけの正確さと完全さをもって観念の合成を把持することが容易にできない、ということ。そこで彼はこの不利な点の克服のために、道徳上のすべての用語の表わす単純観念の集合体を規定し、それらの用語を安定的・恒常的にこの集合体に対してのみ用いるような定義の仕方を採用する、というメタ倫理学的作業を提言する。道徳上の言葉の表わす観念は、すべて完全に知られうる実在的本質であり、相互に発見可能なつながりを持っているので、私たちはそれらの観念の関係を見出すことができるかぎり、確実な一般的真理を所有しうると考えられるからである。

四・三　自然法

自然法に関するロックのまとまった見解は、一六六〇年代前半の執筆と見られる生前未刊の八篇のラテン語の論文――『自然法論』(*Essays on the Law of Nature*) と総称される――によって知ることができる。本節ではこれを『人間知性論』や『統治論二篇』の自然法に関連する記述によって補いつつ、概略的に紹介することにしよう。

(i) **自然法とは何か**　ロックは自然法 (lex naturae ; law of nature) を、自然の光によって認識可能で、合理的自然本性と何が一致し何が一致しないかを示し、まさにそのことによって、なすべきこととなすべきでないことが何であるかを示すところの、神の意志の指令ないし宣言、と定義する。彼はまた、自然法を理性の命令と呼ぶのは適切でない、と主張するが、それは理性が自然法を確立・宣言する主体ではなく、より上位の力 (神) によって制定され私たちの心に植えつけられた自然法を探究し発見するもの、すなわち自然法の作り手ではなく解釈者であるから、という理由による。

(ii) **自然法と実定法**　自然法と対をなす概念は実定法 (lex positiva ; positiv law) であり、これには神的実定法 (lex divina positiva) と人的実定法 (lex humana positiva) とがある。前者は神の啓示の声によって公布された法で、モーセを介してユダヤ民族に示された旧約聖書の律法を指すとみられる。『人間知性論』では、「神が自然の光によって人々に公布した法」つまり自然法と、この神的実定法とが「神法」(the divine law)と総称され、これが人的実定法である「国法」(the civil law)および「世論ないし世評の法」(the law of opinion or reputation)に対置される。国法は国家が自国で犯罪として禁じる行為を明確に規定し違反者を処罰するために、自国民の行動に対して立てる規則で、国内法(the municipal law)とも呼ばれる。世論ないし世評の法は、各社会のさまざまな風俗や習慣や格率に従って称賛・推賞または非難・侮辱を加えることで人々の行為をコントロールする。

(iii)**自然法の性格・意義**　この点についてロックは、次のように述べている。

●自然法は徳と悪徳、罪の有無等の道義的区別の一切がそれに依拠する法であり、道徳法則そのものである。自然法がなければ行為に関する道徳上の区別は成立しなくなり、人間は好き勝手にどんな行動をしてもよい、ということになるであろう。

●自然法はあらゆる人間を拘束する普遍妥当的・恒久的な法である。自然法には、その指令が絶対的で万人を等しく縛るものと、人の置かれた条件や状況に応じて特定の人——例えば統治者・立法者——のみを拘束するものとがあるが、その力は全世界・全時代をつうじて減ることも変ることもなく、理性的本性を持つこの世のすべての人間は、立法者であれその他の人々であれ、それによって拘束される。理性的存在としての人間の本性は恒常不変で、自然法はこれと調和している、すなわち自然法の義務はこの本性そのものから必然的に帰結するように、神によって作られているからである。

●自然法は実定法の拘束力の淵源である。神的実定法であれ人的実定法であれ、その妥当性はすべて自然法に由来し、実定法を制定する権威を持つ立法者はそれに服さなければならない。それゆえ諸国の国内法は自然法に基づくかぎりにおいて正しく、自然法によって規制され解釈される。それはいわば、人間社会そのものを成り立たせる法である。社会・国家・政府は契約によって成り立ち、この契約は自然法を拠り所としていて、自然法がなければ崩壊してしまうからである。

(iv) **自然法はどのようにして知られるか**　自然法は自然の光（lumen naturae）によって知られる。言い換えれば、人間は自然によって授けられた諸能力を正しく用いることにより、独力で自然法についての真理に達することができる。それならなぜ自然法の何たるかを知らない人がいたり、自然法に関する見解が多様に分れたりするのか、という反論に対しては、数学や幾何学の場合と同様、自然的認識能力があっても正しく用いられないケースが少なくないからだ、とロックは答える。

自然の光、すなわち自然的認識能力とは、感覚と理性である。感覚は自然法の知識の源泉であり基礎である。生得知（inscriptio）はこの源泉ではない。すなわち、内的な光として人の心に生得的に刻印された自然法が絶えず義務を思い起こさせ、人を誤りなく真直ぐに行くべき所へと導くわけではない。その主たる理由は四・二の(i)と(iii)に述べたとおりであるが、自然法の知識が生得的なら、それは最も自然に近く外来概念の影響の少ない年少者・無学者・未開人の間にこそ最も純粋な形で見出されるはずであり、また自然法に関する万人の考えはおおむね一致するはずなのに、事実はそうはなっていないことも、理由として付け加えられる。さらに伝聞（traditio）も、私たちが教育によって自然法の命じる道徳を身につける際の主要な手段ではあるが、自然法をその源泉から知る第一の確実な方法ではない。自然法は普遍妥当的なのに伝聞は多様で相互に一致しないし、伝聞の起源には必ず誰かある人物がいて、この人物は感覚的経験を元にして自然法を知ったはずだからである。

ただし、人の行為がそれに依拠し従うべき原理・命題としての自然法は、感覚によって直接知られるのではなく、諸命題の一定の秩序に従って既知のことから未知のことへと論を進める心の論弁的機能、すなわち理性によって知られるべき対象である。理性は、与えられた知識に基づいて理論を立て、さらなる知識を獲得する能力であり、知識の最初の源泉ではない。理性の築き上げる知識はすべて感覚的経験という基礎に依拠し、感覚の供給する材料なしに理性による論弁や推論は不可能である。感覚と理性の両能力は、感覚が理性に個々の可感的対象の観念という論弁の題材を提供し、理性は感覚能力を導き感覚に由来する諸事象の像（観念）をアレンジして他の新しい像（観念）を形成する、という協力関係にあり、この協力に基づく反省と推論によって道徳法則としての自然法の認識は可能なのである。この考え方は、前節に略述した『人間知性論』の論旨とよく整合する。

(v) **自然法の目的と内容**　『自然法論』は自然法の内容については何も語らないが、『統治論二篇』の第二部『国家統治（市民政府）の真の起源・範囲および目的に関する論考』（*An Essay concerning the True*

Original, Extent and End of Civil Government『市民政府論』）には、自然法のめざす目的とその最も基本的な内容に関する簡潔な記述が見える。それによれば、自然法は平和と全人類の保存を意図するものであり、次の二点を主要な項目とする。(α)各人は自分自身を保存すべきであり、自分自身と自分の所有物を、その単なる保存よりも崇高な何らかの用途が要求する場合以外は破壊してはならない。(β)各人は自分自身の保存と競合する場合以外は他人の保存にも努めなければならず、犯罪者への報復の場合を除き、他人の生命・身体・健康・自由・所有物を侵害してはならない。

なお、ここに言う自由（liberty）とは、誰もが何でも自分のしたいことをしてよいということではなく、ある人が服する法の範囲内で、自分の身体・行為・所有物・権利等を自分の好きなように、すなわち他人の恣意的意志に従うことなく自分自身の意志に従って処置してよいということを意味する。また、所有物（possession）とはどのようなものを言うのかについては、次節で詳述する。

四・四　自然状態と人間の基本的権利

(i) **自然状態**　政治権力の発生以前にすべての人間が自然的にある状態が自然状態（the state of nature）であり、人は自分自身の同意によって自らを何らかの政治社会の一員とするまではこの状態にある。『市民政府論』によれば、自然状態は(A)完全に自由な状態であり、各人は他の何人《なんぴと》の許しを求めることも、その意志に依存することもなく、自分が適切と考えるとおりに自分の行動を律し、自分の身柄と所有物を処置することができる。(B)平等の状態であり、万人の権力・権限は相互的で、何人も他人より多くの権力・権限を持たない。(C)自由の状態ではあるが放縦の状態（a state of licence）ではなく、誰もがその支配に従わなければならない自然法を、この状態そのものを支配すべき法として持っている。それゆえ(A)に言われる自由は、あくまでも自然法の許す範囲内の自由、すなわち前節(v)の(α)・(β)の制約の下での自由であり、この世のいかなる上位権力にも縛られずに自然法のみを自らの規則として持つことである。自然状態はいわば、人々が理性に従って共に生活しながら、彼らの間を裁く共通の上位者を欠き、各人が自ら裁判官・自然法の執行官となっている状態である。

自然状態は戦争状態（the state of war）とは異なる。戦争状態は敵意と破壊の状態であり、理性の教える相互に共通な法=自然法の絆の下になく、力と暴力の規則以外の規則を持たない人々が互いに置かれている状態だからである。人間を他人との戦争状態に陥れるのは、暴力の不正な使用であり、他人の生命を脅かす冷静かつ不動な意図を言葉や行動によって明示することである。戦争状態においては、人間は自己保存を命じる基本的自然法に従い、自分に戦いをしかける者、自分の存在への敵意を示す者を滅ぼしてよい。このような者は人間同士の関係を規制する理性と自然法を放棄し、危険な獣と同じ仕方で他人に敵対している以上、この種の獣と同じく生命への権利を喪失しているからである。それゆえ、他人の身柄に対する暴力やその明示された意図があって、それからの救済のために訴えるべき現世の共通の上位者が存在しない場合には、戦争状態があることになる。自然状態では常に、このような上位者が存在しないので、社会状態に比べて、一度始まった戦争は共通権力の裁定で収合できないという不利がある。しかし社会状態の下でも、地上の権威による法や裁判に訴えることが不可能な状況で暴力行使やその意図の明示をする者に対しては、これを倒す戦争状態の権利が生じる。

(ii) **自然状態下の人間の基本的権利――広義の所有権と自然法の執行権**　自然状態において各人が自然法に基づいて有する基本的権利は、一般的には「自然権」と呼ばれる。しかし『統治論二篇』では、自然権 (the right of nature) という語は子に対する父親の支配権や、父の財産を相続する子の権利について語る場合に限定的に使用され、右のような基本的権利は property という語によって表わされている。この場合 property とは、広義の所有権 (特に「固有権」と訳されることもある) を意味し、次の三つの権利を含んでいる。(a)自分自身の生命と身柄を保存し維持する権利。(b)他人の生命・身柄・財産および (自分と同等の) 自由を侵害しない範囲で、自由に行動する権利。(c)自分の正当な所有物ないし財産を所有する権利、すなわち狭義の所有権 (property)。

自然状態下の各人の権利としては、右の三つの基本的権利に加えて、(d)自然法に違反し他人の広義の所有権を侵害した者に対して、今後の違反行動の抑制・防止と罪のない人々の権利保全のために必要な程度の処罰を行なうことにより、自然法を執行する権利が挙げられている。言い換えれば、各人は自然状態において自然法の許す範囲内で、自分自身と他人の保存のために、つまり広義の所有権の確保を目的として、適当と考えることを行ない、自然法に反してなされた行為を罰する権限を持つのである。この権限は、(一)自己保存＝自己の広義の所有権の確保の権利に基づいて、加害者から財貨や奉仕を獲得する被害者当人の権限と、(二)全人類の保存＝万人の広義の所有権の確保の権利に基づいて、犯罪の再発を阻止する万人の権限とに由来している。(一)はすなわち、他人の自然法違反によって自己の基本的権利を侵害された者が、加害者に損害相当分の賠償を求めたり、第三者が被害者に加担・協力して加害者に賠償をさせたりする民事的権限、(二)は理性が違反に釣り合うものとして指示する処罰を、言い換えれば犯罪の償いと抑止に見合うだけの報復を、犯罪者に加える刑事的権限と言ってよい。それは決して、自己の激情や恣意の赴くままに、加害者から取り上げたいだけのものを取り上げたり、犯罪者をしたいように処分したりする絶対権力ではない。自然状態においては各人が自ら裁判官・自然法の執行官になると言われた(本節(i)の第一段落の末尾)のは、この意味においてである。

(iii) **正当な所有物とは何か——狭義の所有権の起源と限度**　右の(c)に言われた「自分の正当な所有物」とはいかなるものか。これに対するロックの答えは、「人が自己の労働によって自然から獲得し、かつ自分で利用・消費しきれるかぎりのものは、その人の正当な所有物である」というものである。

ロックによれば、人類は各人の自己保存に必要な諸々の自然の恵みを人類全体の共有物として神から与えられており、排他的にある特定の人間だけが与えられたのではない。しかし各人は、この共有されている世界の一部である自然物を利用するためには、何らかの仕方でそれを占有(appropriate)して自分だけのものとしなければならない。この占有は身体の働きによって行なわれる。各人は世界の諸事物の中で自分の身体に対してだけは、それを初めから自分一人の所有物とする本来的所有権を有し、この身体の労働によって自然のままの状態から取り出されたものは、そのことによってこの取り出した人の占有物となる。このような占有に対して、自然物の共同所有者である他の人々の同意は必要でなく、この占有物については占有者の（狭義の）所有権が発生する。ただしこの所有権には限度があって、各人が労働によって自分の所有物にできるのは、それをだめにさせてしまわないうちに自分で利用・享受できるだけの量に限られ、それを超える占有は他人の取り分の侵害となる。元来共有物である自然物に対する各個人の所有権を開始させる原始的自然法はこのようなものである。

土地に対する狭義の所有権の起源と限度についても同じように説明される。すなわち、各人が自己の労働によって耕作・改良し、かつそこから得られる産物を自分で使用・消費しきれるかぎりの土地は、彼の労働によって共同所有地から囲い込まれ、彼の所有地となったものとみなされる。この囲い込みに対して共有者である他人の同意は必要でなく、他の人々にもその利用しうるだけの同様に良い土地が残されてさえいれば、この土地占有が他人の権利侵害となることはない。土地から生じる産物の価値の大部分は、労働による耕作・改良によってこそ作り出されるのであり、そうである以上、労働による所有権が自然的な土地共有権に優越するのは当然だからである。

ただし、右に述べた所有権の上限は、貨幣の使用によって限りなく拡大される。なぜなら、労働によって得られた長持ちのしない消費物資を、半永久的に長持ちする金銀宝石類などの価値物と交換し、後者を蓄積することによって、所有権の限界を回避して私的所有を増大させることが可能になるからである。この考え方は、財産所有の不平等、すなわち貧富の差の発生因を説明するとともに、個人の富の無限の蓄積の正当化根拠を示したものと言うことができるであろう。

四・五　国家の設立

(i)国家設立の必要性　ロックの考える自然状態においては、人間は自由・平等で、自己の生命・身柄・自由・所有物について絶対的な広義の所有権を持ち、しかも互いに戦争状態にはない。それならば、人間はどうしてこの状態を捨てて国家を設立し、自然本来の自由と平等を手放して他人の統治に服する必要があるのか。それは、万人が対等で、しかもほとんどの者が公正と正義の遵守者ではない自然状態の下では、広義の所有権の享受が非常に不安全・不確実であり、絶えず他者による侵害の危険に晒《さら》されているからである。このことの原因として、ロックは次の諸点を指摘している。

○　自然法が万人に正しく認識されておらず、正・不正の基準、すなわち人々の間の紛争の解決の共通基準となるべき公知の安定した法が欠けていること。

○　法に従って紛争を裁決する権威を持つ中立・公平な裁判官が存在せず、自然法違反の認定と処罰に際して当事者自身が裁き手となる結果、自然法に関する無知、理性の欠如、関心の偏り、自分への依怙贔屓《えこひいき》、復讐心その他の激情などのせいで、公正な裁決がほとんど期待できないこと。
○　仮に裁決が正しく下されたとしても、不正を犯した者が力ずくで抵抗し、その執行を阻もうとした場合、この抵抗を抑えて裁決を確実に執行するだけの力が各人にないこと。

(ii) **国家設立の目的と方法**　(i)から明らかなように、人間が国家（state）すなわち市民（国家）社会（civil society）へと結合し、自己を統治の下に置くことの主たる目的は、自分自身の広義の所有権を保ち享受することにあり、そのための方法は次のようなものでなければならない。それはつまり、前節(ii)の(d)の権利、すなわち自己の私的な判断に基づいて自然法に対する侵害を処罰したり、侵害者から賠償を取り立てたりして自然法を自ら執行する権利を放棄し、これを共同体に移譲し委ねること、そしてそれによって共同体の成員個々人による私的裁判が排除され、すべての当事者に対して公平・同一な一定の恒常的規則に基づき、共同体が審判者として成員の争いに決着をつけ、法の定めに従って犯罪を処罰するようにすることである。これは国家共同体に、その固有の権力として、次の三つの権力を帰属させることを意味している。

Ⅰ　国法を作定し、成員が犯してはならない犯罪行為と、それに対して加えられるべき刑罰を決定する権力、すなわち立法権（legislative power）。これは司法権をその一部として含む。

Ⅱ　法を執行し、犯罪者の処罰を行なう権力、すなわち執行権（executive power）。

Ⅲ　成員でない者が成員に対して行なった侵害を罰する権力、すなわち和戦の権（power of war and peace）。これはまた、自国の外部のすべての人々や共同体に対して戦争・講和・盟約・同盟等についての交渉を行ない、彼らとの関係で国民の安全と利益を確保する権力として、連合権（federative power）とも呼ばれる。

右のⅠ〜Ⅲの全体が政治権力（political power）を形成する。政治権力は、(i)に示した自然状態の問題点を解消して、万人の広義の所有権を保障するためのものであるから、この目的、すなわち国民の平和・安全・公共善という目的を超えて、あるいはそれに逆行して行使されてはならない。

(iii) **国家設立の手続き——人々の同意と契約**　人間はすべて生れつき自由・平等で独立的であるから、何人《なんぴと》も自分自身の同意なしに自然状態を脱して他人の政治権力に従属させられることはない。人々が自然的自由を捨てて市民（国家）社会の拘束を受けるようになる唯一の仕方は、他の人々と合意して一つの共同体に加入し結合することであり、この結合への同意（consent）こそが、国家を作るかもしくは国家に入る諸個人同士の間に存在する、あるいは存在する必要のある契約（contract）のすべてである。この同意ないし契約によって人々は、彼らが社会的に結合した目的のために必要なすべての権力を、共同体の多数派に譲渡したものと解される。一つの共同体は一体をなして同一の行動をしなければならないので、共同体を作ることに同意した諸個人は必ず共同体の行動決定に従わなければならないが、この行動決定に際して全員の意見の一致はほとんど不可能であり、したがって多数者の意志こそが全体の意志を代表して行動を決定しなければならないからである。

このように、世界のあらゆる合法的な政府・統治体を開始させたものは、多数決に服する自由な諸個人の、結合・合体して社会をなすという同意ないし契約である。この結果、人々は自然法以外の何物・何人にも拘束されない自然的自由を失うが、その代りに社会的自由を得る。社会的自由とは、人々の同意・信託によって国家内に確立された立法権の制定する恒常的法以外のいかなる法の制限も意志の支配も受けないことであり、人々から生命も財産も好き勝手に取り上げる絶対的・恣意的権力から解放されていることである。この自由は、自然法の命じる自己保存・自己の生命の維持のために必要不可欠であり、何人もこれを放棄して自分を他人の奴隷とすることはできない。

四・六　国家権力の制限

(i) **国家の最高権力としての立法権**　立法権は、社会の各成員の権力が一つに集約されて立法権者たる一個人または合議体に委ねられたものである。立法権は国家の最高権力である。国家の法こそは国民の広義の所有権を保護するための主要な手段であり、国家のあらゆる権力はこれに従って行使されなければならないが、国法が法であるための必要条件は社会の同意であり、公衆の選出・委任した立法権者の是認なしには他の何人《なんぴと》のいかなる命令も法としての効力を持ちえないからである。

政府の形態は、最高権力である立法権がどこに置かれるかによって分類される。国民の多数派が法を作る権力を自ら持ち続ける場合は民主制、これを少数の特定の人物とその後継者・継承者に委ねた場合は寡頭制、ただ一人の人物に委ねた場合は君主制の政府が成立する。君主制のうち、この当の人物とその血縁上の継承者に立法権が委ねられるのが世襲君主制、委任が当人一代限りで彼の死後は後継者の指名権が国民多数派の手に戻る場合は選挙君主制である。

(ii) **最高権力の制限**　前節の(i)・(ii)に述べたことから明らかなように、国家の最高権力としての立法権に対しては、次のような幾つかの制限が課せられなければならない。

●最高権力は絶対的・恣意的権力であってはならず、その行使は社会の公共善、すなわち成員の生命・社会的自由・財産の保全という目的に限定されなければならない。これに逆行して成員の生命や財産を奪ったり彼らを奴隷にしたりするために立法権を行使することは、自然法によって禁じられる。

●最高権力者はその場かぎりの恣意的布告による統治を行なってはならず、自然法に則って確立・公布され周知された恒常的な法によって正・不正の別や国民の諸権利を明確に定めなければならない。国家が設立されるのは、前節の(i)に挙げたような自然状態の問題点を解消するためであるのに、定められた法によらない恣意的意志による国家統治が行なわれると、問題点が解消されないばかりか、国民は自然状態よりも悪い状態に陥ってしまう。国家統治の下に置かれた人々は、自分たちの権利を他人による侵害から自力で直接防衛する権利と力を放棄して立法権者に委ねてしまっているので、立法権者による権利侵害に対しては完全に無防備になってしまっているからである。

●最高権力者は国民各人の財産の全部または一部を、所有者の同意なしに勝手に取り上げたり処分したりしてはならない。このような行為は、国民の狭義の所有権——これを含む広義の所有権を護ることが国家の使命である——を無に帰するに等しい。この不当な収奪の危険は、世襲君主や永代的立法者集団の手に立法権がある場合には特に大きい。これを防ぐためには、新たな税の徴収はすべて国民またはその代表者の同意を得た上でなされなければならないということを制度化する必要がある。

●最高権力者は、自らが国民から委ねられた法を作る権力を他の者に移譲することはできない。

(iii) **権力の分立**　ロックの考えでは、立法権と執行権は分離されて別々の権力主体の掌中に置かれなければならない。同一者がこの権力を握ると、法の制定・執行を自分の私的利益に合わせて不公正に行なったり、自分の定めた法が自分に都合の悪い場合には自分自身への適用を免じたりして、国家と政府の目的を蹂躙《じゅうりん》することになりやすいからである。また、法の制定は短期間に可能なので、立法機関は常時存在する必要がなく、むしろ必要な時だけ集合し、法の制定が済めば解散してそのメンバーも一市民として法の拘束を受けるようにしたほうが、公共善に適った法の制定につながりやすいのに対し、定められた法は永続的・恒常的効力を持ち、不断の留意と執行を必要とするので、執行機関は常時存在しなければならない、という事情も、両権力の分立の妥当性を根拠づけている。

なお、執行権と連合権は本来別個の権力であるが、通常は同一の権力主体によって掌握されており、またそれは妥当である。この両権力は国家全体の力によって一体的に行使される必要があり、別個の権力主体に委ねられると、外交政策と内政の齟齬《そご》などの重大な不都合を生じるからである。ロックの考えでは、各国家は他の国家および自国民以外の個人に対して自然状態にあり、自然権を保持しているが、連合権は国家のこの自然権であり、他国・他国民との紛争や彼らによる自国・自国民に対する侵害には、これによって国全体が対処する。また、執行権の行使は次に述べるように国法による厳格な規制を必要とするが、連合権の行使は権力主体の裁量によるところが大きい、とロックは言う。

(iv) **立法権の優越**　立法権が国家の最高権力であることは(i)に述べたが、このことの当然の帰結として、他の政治権力はすべて立法権に由来・従属しなければならない。他の者に対して法を与える権限を持つ者は、この他者に優越していなければならないからである。したがって、立法権は執行権・連合権と分立し、これらを立法権者とは異なる者の手に委ねていても、正当な理由があればそれを取り戻したり、法に反するその行使に対して処罰を加えたりする権力を持っている。

●執行権が立法権に参与しない人々(内閣)に委ねられている場合、執行権は立法権に従属し、立法権に対して責任を負い、立法機関は執行権者たちを任意に更迭することができる。

●執行権が立法拒否権により立法に参与する単一の人物（国王・元首）の掌中にある場合、この人物は最高権力者と目されるのが普通であるが、それはあくまでも最高執行権者という意味においてであって、その執行権は恣意的意志に従ってではなく、法に従って行使されなければならない。

●執行権者が立法機関の召集・解散権を持つ場合でも、この権限は立法権に対する優位を執行権に与えるものではない。これは立法機関の常置による国民の負担その他の弊害を防ぐとともに、状況の急変や事態の緊急性・重大性に応じて、法の定める期間外に、またはそれを超過して立法機関が集会する必要のある場合に対処するために、形式的権限として執行権者に委ねられているにすぎないからである。万一執行権者がこの権限を濫用して立法機関の集会を力ずくで妨げるならば、これは国民から信託された権限の不法な使用であり、後述する抵抗権の正当な発動理由となる。

●立法機関の選挙における定数と選挙民の数との著しい不均衡を是正することや、法の上では罪に該当しても社会的には全然無害な行為に対して恩赦を与えることなど、公共善のための思慮に基づく超法規的な措置を行なう権限が、立法権の優越の例外をなす大権（prerogative）として執行権者に認められている場合がある。これは、起りうるあらゆる事態に予め備えることができず、また緊急の場合に対応できないという法の欠陥を補って、公共善と国民の利益を確保するのに必要な権限として正当化される。ただし、大権がこの目的を逸脱することなく正しく行使されたかどうかを判定する現世の裁判権は存在しないので、大権の濫用によって不当な害を受けたと国民が考える場合、彼らは天に訴えること、すなわち抵抗権の発動以外に救済の道を持たない。

四・七　暴政と抵抗

(i) **絶対王政と暴政**　ロックによれば、絶対王政（absolute monarchy）は市民（国家）社会の統治形態ではありえない。市民（国家）社会の目的の一つは、既述のように、各人が自分の係争事件の裁判官であることから生じる自然状態の不都合を回避するために、人々の上に公知の権威を置くことにあるのに、絶対君主はその臣民との間にこのような上位の権威を持たず、その意味で彼らと自然状態にあるからである。それればかりでなく、絶対君主は臣民と戦争状態にある。他人を自分の絶対的・専制的権力の下に置こうとする者、すなわち法に基づく権利なしに他人に対して力を行使しようとする者は、この他人の生命・財産をいつでも好むままに奪うことのできる立場に身を置こうとしており、したがって四・四の(i)に述べたように、相手はこの者を倒す戦争状態の権利を持つからである。

暴政（tyranny）とは、統治者が臣民に対して、法の認める権利抜きに、もしくはそれを超えて権力を行使すること、法ではなく統治者自身の意志を規則として、自己の意志を公共善すなわち国民の広義の所有権の保護のためにでなく、自分自身の情念を満足させる私的利益のために用いることである。したがって、絶対王政は半ば必然的に暴政であるが、政治権力の行使者が単一君主でなく複数あるいは多数の人々の集団であっても、暴政が生じる可能性はある。

(ii) **抵抗権**　国家の政治権力は、国民が自己の生命・自由・財産を保つという目的のために信託した権力であるから、この目的を無視して、またはそれに逆行して行使された場合は、それを自らの手に取り戻して別の者に委ねる権利が国民に常に残されている。この権利が抵抗権（right to resist）である。抵抗権は、絶対権力を振う者、暴政を行なう者に対する各人の戦争の権利であり、その正当性は、人間同士の争いの審判者が現世に存在しない場合は天の神が唯一の審判者であって、他人と戦争状態にある者はこの天の審判に訴える以外に道がない、という点に存する。

(iii) **統治機構の解体**　抵抗権は、統治機構の解体（dissolution of government）に伴って発動される。この解体が発生する主なケースを、ロックは三つ挙げている。

①外敵による征服　統治機構の解体は社会そのものの解体とは区別されなければならないが、後者は必然的に前者を伴う。社会の解体に伴う統治機構の解体は、通常は外敵による征服の結果として国家の外部から行なわれる。これに伴う抵抗権の発動については次節で言及する。

②立法機関の改変　立法機関は、市民（国家）社会の全成員を一つの団体へと結合する統合された意志の形成の場であり、その権力は既述のように国家の最高権力として、他の政治権力の上位にあるべきものである。したがって立法機関が改変・破壊・解体されれば統治機構そのものも、いわば国家の内部から解体される。これは人民の同意と任命により立法者としての権威を認められた人々を、そ

うでない者が排除して勝手に法を作る場合に生じる。ロックは自国イギリスを念頭に、立法機関たる上下両院の議会と、執行権および議会の召集・解散権を持つ世襲君主とから成る統治機構を例として、立法機関の改変による統治機構の解体が発生する具体的事例を列挙している。それはすなわち、㈠君主が議会の制定した法に代えるに自身の恣意的布告・命令をもってした場合、㈡議会の定期的集会や自由な議論・活動を君主が妨害した場合、㈢君主の恣意的権力により、国民の同意なく、かつ公《おおやけ》の利益に反して議員の選出法が変更された場合、㈣君主または議会が国民を外国の支配に委ねた場合、㈤君主がその責務を怠ったり放棄したりして法の執行が不可能になった場合、の五つである。

③立法機関・君主の反信託的行動　統治機構の内部からの解体が生じる二つめのケースは、立法機関あるいは君主が国民の信託に反して行動する場合である。立法機関に関しては、それが国民の広義の所有権を侵害し、それ自身もしくは共同体のある他の一部分ないし一個人を、人民の生命・自由・財産の支配主あるいは恣意的処分権者に、つまり絶対権力者にしようとする場合がこれに当たる。また、君主すなわち最高執行権者が信託に反するのは、例えば国会議員・選挙人の買収や選挙干渉を行なって自分の方針に賛成させたり賛成者のみが選出されるように仕向けたりする場合などであるが、さらに右の②の㈠はこちらの例にも該当する。このようなことをする立法機関や君主は、その設立・選任の目的そのものに反して行動し、国民と戦争状態に入ることになる。

①〜③のような仕方で統治機構が解体された場合、国民は統治機構への服従義務から解放されて根

源的自由を回復し、自分たちの自己保存すなわち安全と利益のために最善と考えるところに従って、新たな立法機関を設立することができる。なお、君主や立法機関が信託に反して行動しているか否か、君主の行動が②の(一)〜(五)に該当するか否かを判定する者は国民であり、法の明確な規定のないことについて統治者と国民が争うとき、その審判権は常に国民にある。君主や立法機関は国民の代理者であり、代理者が信託に反していないかどうか、また信託の範囲がどこまで及ぶかを判断するのは、代理者を選び任じた者でなければならないからである。そして君主・立法機関がこの判断に従わなければ、人民は天の神を審判者としてこれに訴えること、すなわち抵抗権を発動することができる。

四・八　国家と国家の関係

(i) **国家同士は自然状態にある**　ロックによれば、世界の諸々の国々同士、すなわちそれらの君主ないし支配者同士は、互いに自然状態にある。この自然状態は、諸国家が一つの共同体に入り一つの政治体を作ることに合意する契約以外のいかなる契約や条約を締結し合っても変ることはない。諸国家はこの状態の下で自然法に拘束されるので、自国民の生命・自由・財産を護るためにどうしてもやむをえない場合以外は他国民の生命・自由・財産を侵害してはならないし、信義と誠実さを守ることを命じる道徳規則に従って、他国との契約・条約を遵守しなければならない。

(ii) **国家同士の戦争**　右の自然法に違反して、他国を征服し他国民を自己の絶対的・専制的支配の下に置こうとして武力を行使する国家は、前節の(i)に述べたのと同じ理由により、この他国と戦争状態に入ることになる。このような国家は、仮に戦争に勝利して他国を征服し、相手を自国に絶対的に服従させる約束を結ばせたとしても、それによって被征服国とその国民に対して服従・従属を要求する権利を得ることは決してない。力は権利を与えず、力ずくでさせた約束は拘束力を持たないからである。被征服国の国民は、このような不正な戦争による征服者の支配に対していつでも抵抗権を発動することができる。

逆に、右のような不正な戦争を企てた国と戦って勝利し、これを征服した国家は、被征服国の政治権力者およびそれに支持・協力・同意を与えた国民の生命に対して、絶対的・専制的権力を獲得する。彼らは不正な戦争を行なったことにより、自己の生命に対する権利を喪失したとみなされるからである。ただし、彼らの財産について征服国は、自国が戦争で被った損害に相当する賠償分を除き、それを所有・享受する権利を持たず、彼らの子孫の土地を奪うこともできない。また征服国は、被征服国の国民のうち戦争に参加せず自国民に害を加えなかった人々に対しては、統治権もその他のいかなる権限も持たず、損害賠償もこれらの人々が生活できなくなるほどにまで取り立てることはできない。彼らは征服によって被征服国の従来の統治機構が解体されたのち、抵抗権によって新しい統治機構を創始する自由を持っている。

四・九　黙示の同意説

あらゆる人間は、いかなる統治機構の支配の下に生れようと、それを設立した父祖たちと同じく、生れつき自然的に自由であり、どのような市民（国家）社会に加わりその統治に服するかを自由に選択することができる。そして人がある国家の統治に服する義務を負うのは、この自由な選択に基づく同意によってのみである。しかしながら何人《なんぴと》も、父祖と同じく土地や資産を所有・享受したいと思うなら、それに付随する、父祖が服したのと同一の条件に服さなければならない。すなわち、人はものの所有・享受の権利を含む広義の所有権を安全に確保する必要のために市民（国家）社会の一員となるのであるから、自分の所有・享受するものが国法によって保護されている人は、その国でそれを所有・享受し続けるかぎり、その国の支配権に服従する必要があり、自分の生れた国の統治に服することを潔しとしない人は、自国の法によって保障される自国での土地・資産の所有権を主張することはできない。とりわけ、土地は動産と違って他国に移すことができないから、ある国家に属する土地のいかなる部分であれ相続・購入その他の仕方で所有したり、居住・滞在等の形で享受したりする者は、この国家の統治に服従する、という条件でそうしなければならないのである。

したがって、ある統治機構の治める国の領土の何らかの部分を所有ないし享受する者は、そのことによってこの統治機構の統治に服することに黙示の同意（tacit consent）を与えたものとみなされ、この所有・享受を続ける間、この国の法と統治に服従する義務を負う。ただしこの服従義務は所有・享受の終了とともに終了するので、統治機構に黙示の同意しか与えていない者は、贈与・売却等によって所有地を手放しさえすれば、いつでも自由にその国を去って他の国に属してよいし、他の同様な人々との合意に基づいて未開の地に新たな国家を樹立してもよいのである。

四・一〇　絶対王政擁護論との対決

個人の自然的・根源的自由を出発点として統治機構のあるべき姿を構想する『市民政府論』の論点は、従来の英国の政治体制であり、当時の他の主要なヨーロッパ諸国のそれでもあった絶対王政の正当性を根本から否定するものであった。それゆえロックにとって、当時の代表的な絶対王政擁護論と対決し、これを論破するという作業を避けて通ることはできなかった。彼は同書を第二部とする『統治論二篇』の第一部においてこの作業を遂行しているが、そこで彼が対決したのは、王政復古期に相次いで刊行あるいは復刊されて王党派にもてはやされていた、『家父長制君主論』(*Patriarcha*) を始めとするロバート・フィルマー (Robert Filmer, 一五八八〜一六五三) の諸著作において展開された王権神授説であった。本節ではその概要と、これに対するロックの批判をかいつまんで紹介する。

四・一〇・一 フィルマーの王権神授説

フィルマーは、ロックの擁護することになる基本的論点、すなわち「人間は生れながらにして自由であり、自らを統治する政府の形態を選ぶ権利がある。人の人に対する支配権力は、この権利に基づいて、人民の多数者が思慮し選んだ人または人々に授与されたものであり、人民の多数者は、この選ばれた支配者を処罰し追放する権利を持つ」という考え方を、強く否定した。そしてこの考え方の根拠が、「聖書によれば、権力を与え定めた者は神であるが、人間はみな平等であるから、神が最初に権力を授けたのは特定の人間にではなく、人民一般ないしその多数者に対してである」という神学的・宗教的主張にあるとみなして、これに次のようなフィルマー自身の考えを対置した。

●父は親としての権利により、自分の子に対して君主としての権力を持ち、子は親の統治に服する根源的服従義務がある。すなわち万人は、この世に誕生したこと自体の結果として、彼を生んだ親の被支配者であり、生れながらにして自由ではない。あらゆる統治権の根底をなすのは子孫に対する父祖のこの権力であり、人民を統治する至高の権力は本源的にはこの父親たることに存する。

●神によって創造された最初の人間であるアダムは、その子供たちと全世界に対して、右の権力に基づく支配権を、君主の絶対的支配権に等しい生殺与奪の権利として、自然法に基づいて神から授けられ、アダムの子孫のうちの家父長たちがそれを代々継承してきた。言い換えれば、すべての国々のすべての君主は、全人類の祖先の正統後継者として、自国の全人民に対する家父長の生得の権利である絶対的支配権を保持する人々なのである。したがって、君主を選んで彼にその権力を授けたのは人民ではなく神であり、世襲君主制以外のいかなる正当な統治形態も存在しえず、世襲君主制は必然的に絶対的・専制的なものでしかありえない。

●神の法に基づき神によって授けられた王の権力は、人間の定めた実定法によって拘束・制限されえない。歴史的にも、国法が定められる以前から王が存在して法なしに統治を行なっていたし、そもそも国法はそれを作り命じる最高権力がなければ存在しえないから、最高権力を保持する王が国法に先立って存在し、国法よりも上位にあるのでなければならない。また国法が定められた目的は本来、王の権力を抑制・制限することではなく、民衆を秩序正しく統制し、個々のケースに関して民衆がいちいち王の意向を伺《うかが》う必要がないようにすることにあった。したがって、立法権力を含む最高権力は人間の定めた法の支配から解放された専制的権力でなければならない。立法権を議会のみに、もしくは王と議会の双方に与え、王は定められた法に拘束されつつ行政・司法等の実務的権力を行使する、という制限王政ないし混合王政の形態は、最高権力を分割解体し君主制を骨抜きにして、国家の崩壊と無秩序に導く。王は国法に縛られず、自己の恣意的意志に従って統治を行なうべきである。

四・一〇・二　ロックのフィルマー批判

(i) **フィルマー説の無根拠性**　ロックのフィルマー批判は、第一に、父としての権利に基づくアダムの全人類に対する絶対的支配権という考え方が十分な根拠を欠いている、という点に向けられる。

●フィルマーは、旧約聖書の十戒のうちの第五戒を、「すべての権力は父親の手中にあり、したがって国家の家父長たる君主には絶対的に服従すべきである」という主張の根拠であるかのようにみなしている。しかし「汝の父母を敬え」というこの戒は、子から生涯にわたって敬意と尊崇の念をもって扱われるという、父親と母親が同等に持つ権利を言い表わしているにすぎない。確かに両親は子供が幼い間、子供に対するある種の支配権を持つが、これは子供が人間の自由とその前提たる理性を行使できるようになるまでの不完全な状態にある間、子供を保護・養育し教育する親の義務に伴うもので、子供の成人とともに終了する。いずれにせよ、子の親に対する敬愛と服従の義務は恒久的・絶対的な隷属の義務では全然なく、法を作り刑罰を科す政治権力を父親に与えるものではない。

●フィルマーはまた、人祖アダムが神によって創造された際、神の贈与・認可と自然法ないし自然権とにより、世界と全人類に対する支配権を得たと考えている。しかし第一に、神のこの贈与と認可を示す典拠として挙げられている「生めよ、増えよ、地に満ちて地を従わせよ。海の魚、空の鳥、地の上を這《は》う生き物をすべて従わせよ」(旧約聖書「創世記」一-二八) という祝福の言葉は、生存のために必要・有用なものを利用する権利に基づいた他の被造物に対する支配権を、人間に認めた言葉であって、これはアダムだけでなく、彼と彼のあらゆる子孫に、すなわち万人に等しく与えられた共通の権利であり、またそもそも他の人間を支配するアダムの権利など含んでいない。第二に、フィルマーの言う自然権とは、父が子をもうけたことによって子に対して自然的に持つ権利を意味し、これを彼は、神の直接創造した唯一の人間であり全人類の父であるアダムが、その子としてもうけた他のすべての人々に対して持つ、生殺与奪の権利を含む絶対的統治の権利と解する。しかし父が子をもうけることによってどうしてこのような権利を得るのか、その理由を彼はまったく説明していない。彼の追随者たちが示した、「父は子に生命と存在を与えたから、子の生命と存在に対して絶対的権利を持つ」という説明は成り立たない。他の人に何かを与えた者が、与えた後もそれを自分の自由にする権利を持つとは言えないし、人の生命と存在を真に創造し与えたのは神であって、父親ではないからである。また子をもうけることは、父親と同等あるいはそれ以上に母親も関与する事柄であるから、子に対する支配権を父親だけに与える根拠にはならない。さらに、父であることが子に対する絶対的支配権を自然的に与えるなら、子を持つ父親はみな自分の子に対する絶対的支配権を持つことになり、アダムのみが万人に、その正統後継者たる王のみが自国の全臣民に対して支配権を持つとは言えなくなるし、アダムが自分の子供たちに対して父として絶対的権力を持つと同時に、彼の子供たちも自分の子供たちに対して同様の権力を持つので、二重の絶対的権力の共存という矛盾が生じる。

(ⅱ) **フィルマー説の矛盾と不合理性**　フィルマーに対するロックの第二の批判点は、百歩譲って「アダムは全人類に対する支配権を有した」という主張を認めたとしても、この支配権が今日の各国の君主にまで代々継承されてきたという考え方には多くの矛盾や不合理な点がある、ということである。

●世界に対するアダムの支配権は、神の贈与と認可による、人間以外の被造物に対する所有権であり、人類に対する彼の支配権は、自然法に基づく、子に対する父親の自然的権利である。両者は全く別個の権利──前者は所有者の利益を、後者は被支配者の利益を目的とする──であり、アダムの死後、同一人物が独占的に継承することはできない。第一の支配権は父の財産を相続する権利を持つ子がこれを相続するが、第二の支配権は父親の子に対する権利なので財産相続権によっては継承できず、アダムの財産相続者は自分の子でない者──兄弟やその子孫──に対してこれを持つことができないからである。またそもそも、第一の支配権は人類共有の権利であって何人《なんぴと》も君主権として独占的に持つことはできないし、第二の支配権は子を持つことによって生じる権利なので、子のない者は自分の父が死んでもこれを持つことはできず、子をなした者は父が存命していてもこれを持つのであるから、父から子へと継承される権利ではありえない。

●仮に全世界と全人類に対するアダムの支配権がアダムから彼の長子に、後者からさらにその長子に……というように、長子の継承権によって代々継承されたとすると、この世には常にただ一人の全世界と全人類の正統君主しか存在しえず、現存諸国家の君主たちは誰か一人を除いて全員が君主の名を不当に僭称していることになる。そのうえ父の支配権の正統継承者を長子とする説は、子がいない、あるいは早世したなどの原因により長子の存在しない状態で君主が死亡した場合に、誰が正統継承者とみなされるのかを説明できない。他方、長子以外のアダムの子孫にも彼の支配権を継承する正当な権利があったと仮定すると、人類はみなアダムの子孫であるから、万人が君主としての支配権を持つことになる。いずれにせよアダムの支配権の子孫への継承という説は、現在地上に存在しているどの国のどの君主の支配権を正当化する根拠ともなりえないのである。

(iii) **歴史的観点からの批判**　君主制は歴史上最も古く、国法の存在する以前から存在した体制である、というフィルマーの主張に対してロックは、政治社会の最初期には多くの場合、一人の家父長を君主とする君主制が行なわれたことを事実と認める。しかしこれは、外敵に対する防衛を主たる関心事とした初期社会にとって、軍事的理由から単一君主の支配が適していたという事情によるのであって、初期社会の支配権者が人々の自由な合意によって公共善と人々の幸福のためにこの権力を託され、この目的に沿ってそれを行使した、という見方を揺がすものではない。したがって、右の事実を根拠として家父長権力をすべての統治権の基礎とみなし、そこから君主の統治権が神の授けた恣意的絶対的権力であるという結論を導くようなことはできない、とロックは主張するのである。

四・一一　宗教と国家

最後に、(一)キリスト教信仰に関するロックの基本的見解と、(二)国家に対する宗教の、また宗教に対する国家のあるべき関係に関する彼の主張を概観しておこう。(一)については『聖書に伝えられたキリスト教の合理性』が、(二)については『寛容についての手紙』が主たる拠り所となる。

四・一一・一　ロックのキリスト教理解

ロックによれば、聖書の言葉は無学な人々に救済の道を教えるものとして、難解な神学的解釈によらず平易な直接的意味に解されるべきである。それゆえアダムの堕罪による人類の不死性喪失＝永遠の死とは、無限に続く地獄の責め苦や一切の人間行為の不可避的罪悪性への運命づけなどではなく、存在の終焉、生命と感覚のすべての働きの喪失を意味する。この「永遠の死」からの救済は「行ないの法」(the law of works) または「信仰の法」(the law of faith) の遵守によってもたらされる。

(i) **行ないの法による救済**　行ないの法とは、『人間知性論』で「神法」と言われたもの (四・三の(ii)参照) に該当し、モーセをつうじて神がユダヤ民族のみに、彼らに特有の法として課した律法と、全人類が理性によって知り、遵守すべきものとして与えられた自然法とから成る。行ないの法による救済は、それを――ユダヤ人は律法と自然法の双方を、他の人々は自然法を――常に遺漏なく遵守することを必要とし、人間の不完全さをもってしてはほとんど実現不可能と言える。

(ii) 信仰の法による救済

行ないの法の遵守において不完全でも、神を信じる人はそのことによって義とされる、というのが信仰の法である。この場合、神を信じるとは、神の存在・神の告知・神の約束の成就の三つを信じて疑わないことであり、これは具体的には次のことを意味する。

●イエス・キリストの出現以降の人々にとっては、イエスが神の子であり救世主であると信じること。これを堅く信じる者は、最後の審判の日に死者の中から甦《よみがえ》って永遠の生命を得ることができる。ただしこの信仰は悔い改めを、すなわち過去の罪を心から悔いるとともに、残された今生における自己の一切の行為を神法に一致させようと決意し、全力でそれに努めることを伴わなければならない。この努力を誠心誠意行なった者は、人間の弱さのゆえに犯す今後の罪も、過去の罪とともに赦される。なお、イエスの出現以降に生を享けたがイエスの教えと啓示を知る機会のなかった人々は、自然法とそれの定める人間の義務を知るために理性を正しく用い続けるかぎり、救済に与《あずか》る余地がある。

●イエスの出現以前の人々にとっては、預言者たちの伝えた神の言葉に従って、神によってしかるべき時に救世主が遣わされるということを信じるということ。

信仰による救済に必要なのは右のことのみであって、それ以外に自分たちが勝手に考え出して信奉している信条や教理の全部を鵜呑みに信じない人を救済から締め出す者は、大きな誤りを犯している。

四・一一・二　宗教と国家の関係——諸宗教の相互寛容と政教分離

(i) **真の宗教**　ロックにとって、真の宗教は右に述べたような教えとしてのキリスト教であり、それがめざすのは、敬虔と徳の規則によって人々の生活を規制し、人々を救済へと導くことである。それゆえ、浄らかな生活・純潔な態度・温和で謙虚な精神・全人類への慈愛と善導等を欠き、偶像崇拝・淫行・欺瞞などの悪徳に耽る者や、教会と教理上の意見を異にし公的礼拝から離脱しながらも汚れのない生活を送っている人々を迫害・拷問・殺戮したりする者は、キリスト教徒の名に値しない。

(ii) **教会の使命と条件**　教会とは、神に受け入れられ永遠の生命を得ること、すなわち魂の救済という目的に役立つと判断する仕方で神を公《おおやけ》に礼拝するために、自主的に結合した人々の結社である。教会が教会としての使命を果すためには、次のような条件が満たされなければならない。

●何人《なんぴと》も生れながらにして特定の教会の一員とされることはなく、右の目的に適うと自分が信じる信仰・礼拝を行なう教会に自分の意志で加入し、そうでない教会から自由に離脱することができる。

●各教会は相互に私人同士と同じ関係に立ち、どの教会も——政治的支配者が所属・信奉する教会といえども——他の教会に対して優位や支配権を主張することなく、平和・公正・友愛を保たなければならない。一教会が自分たちの信仰のみを正統・敬虔と主張し、それを理由に、他の教会の人々に対する特権的な政治的権力を要求するようなことは、決して許されてはならない。

●教会法は右の目的に寄与する事柄に限定されなければならず、それを制定する権威は成員の共同の合意により選任された人々にのみ属し、それを遵守させる手段は勧告・説諭・忠告のみ、また違反者に対する最終的制裁は教会からの破門・追放のみでなければならない。したがって、聖書に明記のない特定の教理や解釈の受容を信徒に必須の信仰箇条として定めたり、違反者に生命・自由・財産などの現世的享有物の損害を伴う暴力的制裁を科したりすることは許されない。

●教会職者（聖職者）の権威は教会の内部に限定され、現世的・政治的な事柄に及んではならない。高位聖職者といえども、他宗教・他教会の信者や教理上の見解を異にする人々の生命・自由・財産を暴力的迫害や弾圧によって損ったり、そうするよう教会成員に命じたりしてはならない。

(iii) **国家の任務と宗教上の権限**　国家の任務は、国民の生命・自由・財産の保護、身体的苦痛からの解放、健康の増進など、各人の現世的利益の確保・維持・促進にあり、平等な法の公正な執行、必要に応じた刑罰権の行使などにより、国民の全体と一人ひとりに右の利益を保障することが為政者の義務である。政治権力の行使はこの目的に限定されなければならず、魂の救済のためにそれを行使するのは為政者の越権行為である。したがって為政者は、何であれ宗教上の行為や、教理上の特定の思弁的見解の告白・宣布等を法や刑罰によって強制もしくは禁止したり、身体的苦痛や生命・財産の喪失を伴う刑罰を宗教上の理由で科したりしてはならず、国家内の日常生活で合法とされることは何事も、教会内で宗教的行為としてなされるのを容認しなければならない。真の宗教の本質は、法や刑罰などの外的強制力の及ばない、魂の救済の道に関する心の内なる確信と納得にあり、この内的信仰のあり方は多様であって、どれが正しい道かは各人が自らの努力で探究すべきもので他人に委ねることはできないし、心から納得していない信仰を他から強制されて受け入れることは、たとえその信仰自体が正しくても魂の救済につながらないからである。また、教理上の思弁的見解や教会内の儀式・礼拝行為等は国民の生命・自由・財産に関する利益や損害とは無関係で政治権力の管轄の外にあり、それを信じ行なう者が救済されるか否かは本人だけの問題で、国家の関知しないことである、という理由もこれに付け加わる。宗教に関する国家の権限は、特定の教会が他の教会に対して特権的優位を主張して権力を行使したり、教会内外の人々に生命・自由・財産に関わる制裁を科したりすることを禁じ、日常生活で非合法とされる行為が信仰の名において行なわれないよう取り締まることにある。

四・一二　意義と限界

(i) **自然法論**　ロックは、自然法の制定主体が人間理性でなく神であることを明言し、自然法を「理性の法」と呼ぶことに反対している。この点で彼の自然法理解は、グロティウスなどに比べて前近代的方向に逆行したように思われるかもしれない。しかしこれはまったく用語の字面の印象にすぎない。彼は自然法＝道徳法則が理性的存在としての人間の自然本性と一致・調和し、感覚的経験と理性の推論という人間の自然的認識機能によって正しく知られうることを強調しており、この点で自然法に対する明確に合理的かつ近代的な理解を示していると言うことができる。

しかしながら、ロックが自然法の最も主要な内容とみなす「自己と他人の生命・身体・健康・自由および財産を損うなかれ」という掟が、どのような感覚的経験から得られたどのような観念を出発点とする、どのような反省・推論によって導かれるのか、という点について、彼は何の説明も与えていない。自然法の内容の導出・演繹のプロセスに関する説明の欠如というこの問題点は、グロティウスやホッブズにも共通のものであって、その解決はカントを待たなければならない。

(ii) 自然状態の捉え方　自然状態を「各人がしたいことを何でもしてよい、完全に自由で無拘束な、ただしその代りに自分もいつ、誰に、何をされても文句の言えない、人間相互の恒久的戦争状態」としてではなく、自他の生命・自由・財産の尊重を命じる自然法に皆が拘束され、他者との共存に支障のない範囲に自由を制限された状態として捉えた点は、ロックの重要な特色であり、彼とホッブズの国家観の違いの根源となっている。すなわち、他者との平和共存による各人の生存の確保のために、各人の自然権の国家への全面的移譲、国家権力への絶対的服従を必要不可欠と見たホッブズに対し、ロックにおいては国家の役割は生命・自由・財産所有の権利の平等な保障のための個人間の利害調整に留まり、国家の権限として各人から移譲される権力もそれに必要なものだけに限られる。この点で、人間の基本的権利の公正な確保のための機関としての国家という、ホッブズが志向しながら不完全にしか描けなかった近代的国家像を、ロックは遥《はる》かに明確・完全な姿で提示したと言えるのである。

とりわけ、人間の基本的権利のうちに財産所有の権利を数え入れて重視し、これを各人の労働によって根拠づけられる権利としたこと、また貨幣の介在により私的に所有される富の無制限な蓄積が正当化されるという視点を示したことは、ロックの発想のピューリタン的性格を物語るとともに、近代資本主義の思想的基礎を与えたものとして意義づけられよう。しかしながら、このような――とりわけ資本という形での――富の蓄積の拡大につれて、各人の労働量と所有される富との乖離《かいり》・相反が顕著になり、ついには最も多く労働し生産する者が最も貧しく、労働も生産もしない者が最大の富を所有するという、ロックの考える所有権の本来的なあり方とは根本的に相反する事態が生じることを、彼は直視せず、その歯止めも考えていない。このことは、後の時代の思想家に対する――本書のテーマの範囲外にあるために、ここでは論じられないが――重大な課題として残されることになった。

(iii) **国家の目的と国家権力の制限――民主的立憲国家の基本骨格の構想**　(ii)でも述べたように、ロックの考える国家の目的・使命は、各人にその基本的権利である広義の所有権、すなわち生命・自由・財産所有の権利を平等かつ公正に保障することにある。したがって国家の権限すなわち政治権力は、為政者の意志どおりに万事を行なう絶対権力ではありえず、国家の使命遂行に必要な権力としての立法権（司法権を含む）・執行権・連合権の三権に限定され、その行使は必ず右の目的のためだけに制限されなければならない。この制限を実効性のあるものとするために、ロックは多数決原理・法治主義・権力の分立・立法権の優越・租税徴収に対する国民代表者の同意要件など、民主的立憲国家の基本骨格をなす重要な制度的仕組みを、それがどうして必要かという理由を明示しつつ構想・提言している。彼は一七世紀英国に起こった二度の市民革命の両方を身をもって体験した、文字どおり革命期の思想家として、革命後の社会の進むべき新しい政治体制の方向を、正しく見通していた。この点にロックの政治思想の最大の意義があることは、言うまでもないであろう。

(iv) 抵抗権の意義と根拠の明確化　ロックはまた、革命という行動それ自体の持つ意味についても、彼以前の誰よりも尖鋭で明確な認識を示した。彼は国家権力がその本来の目的・使命を逸脱して暴走するのを防ぐために、右のようなさまざまな制度的歯止めを構想したが、それらによってこの逸脱が完全に防止されうるという楽観には陥らなかった。そしてこの歯止めにもかかわらず国家権力がその目的に逆行して国民の基本的権利を不当に侵害する事態が生じた場合に、この権力を白紙に戻して新たに建て直す権利としての抵抗権を、国民の権利擁護の最後の切り札として掲げたのである。

抵抗権という考え方はホッブズやスピノザにも見られ、他にもこれに言及した思想家の例はあるが、ロックはこの権利の根拠を明確にするとともに、それが発動されるべきケースを具体的に詳述している点で傑出している。この考え方が、当時と違って絶対王政ではなく代議制の立憲民主主義を主流の国家理念としている現代でも、決して時代遅れの無用の長物と化していないことは、一九九〇年前後に東欧諸国で相次いで実行され、昨今も世界各地で厳しい圧迫を受けつつ胎動している、既存国家体制内の合法的手続きを超えた国民の行動によるこの体制自体の根本的転換の試みを、不法な反逆的暴動として一律に否定し去る極端な反動思想の徒でないかぎり、誰もが認めざるをえないであろう。

(v) **黙示の同意説が投げかける課題**　ロックの政治思想の根底には次のような基本的認識がある。それはすなわち、人間はいかなる国家に生れようと、それだけでその国家の統治に服従しなければならない理由はなく、その生れつきにおいて自由な存在として、自分がどの国のどのような統治に服するかを、それによって自己の生得の基本的権利が確保されるかどうかの判断に従って選ぶ権利があり、この自由な選択に基づく同意こそが、個人を国家の統治権に服従させることを正当化する唯一の条件である、ということである。この認識は既述のロック的国家像を成り立たしめる関鍵であると言ってよい。しかしそうすると、国家が自国民を支配し統制しうるためには、そのことに対する国民一人ひとりの同意を予め取りつける必要があることになる。そのようなことは果して可能であろうか。

この問いに対してロックは、国家のおかげで保障される主要な権利は所有権、とりわけ土地財産の所有権であるから、国家内におけるその所有の継続を当該国の権力への服従の事実上の同意とみなせばよい、と答えた。しかしこの回答の有効性は、当時アメリカ大陸その他に広大な（ヨーロッパ人から見ての）未開拓地が残され、自国の統治に服するのを潔しとしない人々が土地財産を擲《なげう》って脱出・移転すべき新たな生活の場が十分に確保されていた、という事実を支えとしていた。これと全く状況を異にする今日および将来の世界にあって、個人を生来的に自由とし、国家権力の強制力の基礎を各人の同意に置くロック流の考え方は、果して有効でありうるか。それが有効であるためには、多様な慣習・制度・政治体制を持つ諸国が共存し、なおかつ世界の共通基盤として個人の一定の基本的権利の保障がなされ、万人が万国を任意に往来し好きな所に居住する実質的自由を享受するような、高度に調和的な世界の実現が必要であろう。このことは、人々に平和と人権を保障するという近代的民主国家の本来の役割が真に果されるために、今後解決されるべき課題を示唆していると言えよう。

(vi) フィルマーとの思想的対決の意義　人はある国家においてその臣民を親として生れたことによって、生れながらにしてその国の臣民であり、その国の統治権がいかなるものであれ、それに絶対的に服従する義務を負う、という考え方は、(v)の最初に掲げたロックの基本的認識に真向から対立する。それゆえこの考え方に立脚する絶対王政は、彼にとって断じて容認し難いものであった。絶対王政とは、一人の君主だけが国法に拘束されず、自分の係争事件の裁判官であるという自然状態の自由を保持し続けるのに対し、他の全国民は国法の下にあって、この一人の絶対的支配者のあらゆる暴力と抑圧に対するいかなる安全保障も求めることが許されないような体制であり、この体制の下では、君主はすべての臣民に対して何でもしたい放題のことができるのに、他の何人《なんぴと》もそれに異を唱えたり制限を課したりする自由を持たず、君主の命令が理性・激情・謬見のいずれに導かれたものであろうとそれに服従しなければならないから、彼らの人間としての基本的権利は君主によっていかようにも蹂躙《じゅうりん》されうる。ロックはこの点を明確に認識し、絶対王政を擁護するフィルマーの王権神授説に対する徹底的な批判を、『統治論二篇』の第一部で敢行した。この批判はその立論のために、私たち現代人には国家や政治の問題にとって非本質的としか思えない聖書解釈や神学上の議論をこと細かに展開しており、おそらくこのことが、従来この第一部に十分な関心が注がれなかったことの原因をなしていると思われる。しかし、新しい社会の思想的土台を築くために、それを妨げる旧思想の土俵にあえて上がり込み、これを根本から打ち破ろうとした勇敢な闘いの記録であるこの部に学ぶべきことは、決して少なくないはずである。とりわけ、今を遡ること一世紀にも満たない近過去まで、フィルマーさながらに君主の神聖不可侵の絶対的権威を神話的伝承に基づく血統によって根拠づけようとする、一片の合理性もない旧思想の呪縛から抜け出すことのできなかったわが日本国民にとって、ロックのこの勇気の軌跡を反芻し服膺《ふくよう》することの意義はひときわ大きいと言わなければならない。

(vii) **リベラルで寛容な宗教観の徹底**　ロックのキリスト教理解は、ホッブズのそれと二つの共通点を持っている。それは第一に、「イエスはキリスト＝救世主である」という信仰と、この信仰を持つ者はその罪を贖《あがな》われて救済に与《あずか》るという確信のみをキリスト教の本質と見、それ以外の諸々の神学上の見解や解釈をキリスト教信仰にとって非本質的で、救済の可否と無関係な事柄とみなしたこと、そして第二に、教会や信者が自分と異なる信仰上の見解を抱く者を救済から締め出された、呪われた者とみなして差別したり迫害したりすることを非キリスト教的行為として批判し、聖職者が刑罰権のような現世的・政治的権力を行使することに反対したことである。この点で両者は共にリベラルで寛容なキリスト教観に立っていると言うことができる。

しかし国家と宗教の関係に関しては、両者の見解ははっきりと分れる。ホッブズは宗教を国家権力に完全に従属させ、教会を国家に統合して国家の最高権力者に宗教に関する最終的判断権と統制権を認めることにより、自国における英国国教会の優位と一元的宗教統制を正当化した。これに対してロックは、国教会・ピューリタン・カトリックあるいは異教の別を問わず各教会・各宗派の共存と相互寛容を希求し、国家権力に対しては、その信仰への介入を不当と断じて、特定教会の他教会に対する権力行使や聖職者の俗権行使などの越権行為を取り締まる権限のみを認めた。この点でロックはスピノザと同じく、政教分離によって信仰の自由を保障しつつ、信仰の名による各人の基本的権利の侵害を防ぐような国家のあり方を志向し、右の宗教観を制度面にまで徹底させようとした、と言える。

(viii) **国際平和の見通しの後退**　ロックはホッブズやスピノザと同じく、諸国家相互の関係が自然状態にあるとみなした。さらに、個人間の自然状態を国家の設立によって解消するのと類比的な形で、国家相互間の自然状態を解消し共通の法と権力の下で安定的・平和的な国際関係を確立する、という展望を欠く点は、ホッブズと共通でスピノザには遅れをとっている。これはロックが自然状態を戦争状態とみなさなかった結果、国家同士の自然状態下での対峙を直ちに危険とは見ず、本来的には平和的な関係と考えたことに起因するものであろう。彼の考えでは、国家間の戦争状態はこの本来的関係を乱して他国に自然法上不当な行為をする国家のせいで発生するのであり、この認識に立って彼は、他国の征服・支配を目的とする侵略戦争を不正、侵略から自国を護る防衛戦争を正とする至極簡明な正戦論を展開している。しかしながらこの正戦論には、戦争そのものの発生を防ぎ止める抑止策としての有効性がほとんど認められず、この点でグロティウスの議論に比べて大きく後退した印象を否めない。自然状態としての国際関係には国家同士の紛争を裁くべき公正な共通権力がなく、諸国家は自らが当事者である事件の裁判者にして、自ら下した判決の執行者でもあるという不都合が手つかずのまま残り、各国の身勝手な自己判決とその執行のための実力行使により戦争の発生する危険が常在するからである。国家の内部体制の面で人権擁護国家の高度の完成像を提示したロックが、この種の国家の完全な機能のために不可欠な国際平和の実現の見通しを示さなかったことは、彼の政治思想の惜しむべき遺漏である。本書の残りの二章では、次代の思想家たちのこの問題への取り組みを見てみよう。

第5章……サン・ピエールの永久平和構想

哲学史・思想史の上で、国際平和について論じた重要な人物としてまず思い浮かぶのは、『永遠の平和のために』（*Zum ewigen Frieden*）の著者であるドイツの哲学者イマヌエル・カントであろう。しかし彼の平和論には、それに約八〇年先立って、ある別の人物によって展開された永久平和論が、いわば原型として存在していた。この人物とは、一七〜一八世紀のフランスの思想家サン・ピエール師（Abbé de Saint-Pierre）である。この事実自体は、哲学史・思想史の研究者の間では一応知られているはずであるが、同師自身の著作原典そのものに基づいてその平和論の中味を深く研究したり、それをカントの平和論と比較検討したりすることは、従来あまり活発に行なわれてきたとは言いにくいように思われる。この試みに取り組むことが本章の課題であり、また次章の課題の一部である。

五・一　サン・ピエールの人物像と時代背景

サン・ピエール師は本名をシャルル・イレネ・カステル（Charles-Irénée Castel）といい、一六五八年二月一三日に、フランス北西部、ノルマンディー低地のコタンタン半島の一角に位置するサン・ピエール・エグリーズで地方貴族の庶子として生まれた。貴族の庶子は軍人か聖職者になるという当時のフランスの慣例により、彼はジェズイット会の学校に学んでカトリック教会の僧職につき、三四歳のとき、ルイ一四世（一六三八〜一七一五、在位一六四三〜一七一五）の甥で後にルイ一五世（一七一〇〜七四、在位一七一五〜七四）の摂政となるオルレアン公フィリップ二世（一六七四〜一七二三）の生母付き神父となって、当時の国家権力の中枢に近い位置に身を置いた。Abbé de Saint-Pierre（サン・ピエールの神父）という通称は彼の出身地と職にちなんだものであるが、以下では多くの例に倣って単にサン・ピエールと記述することにする。

彼は学者としては早くから、神学やラテン語などの聖職者に必須の学問よりも、新興の自然科学や政治・経済などの実学に深い関心と造詣を示し、啓蒙主義時代前夜の反伝統主義‐合理主義的な知的雰囲気の中で自身の考えを形造っていった。三七歳のときには文法学者としての資格で、アカデミー・フランセーズの会員に選ばれるという名誉にも浴している。しかしルイ一四世の死後まもなく、同王の専制政治を批判する内容を含んだ『ポリシノディ論』という書物を著わしたために、宮廷の不興を買ってアカデミー・フランセーズを除名されてしまう（一七一八年）。彼はその後進歩的知識人の私的なサークルに加わり、行政・教育・土木・軍事その他多くの分野にわたって制度や技術の改革を提唱する数々の論文を著わしたほか、貴婦人たちのサロンの常連として啓蒙主義前期の思想家たちと交流し、彼らの先達と目された。その死は一七四三年四月二九日のことである。

サン・ピエールの生涯はルイ一四世の治世、とくにその親政時代（一六六一〜一七一五）の全体と、ルイ一五世の治世の前半とにまたがっている。これはちょうど、フランス絶対王政の全盛期から衰退期にかけての時期に当たる。一六世紀初頭以来、三十年戦争（一六一八〜四八）を経てこの時期まで、西欧の絶対王政時代の歴史はほぼ一貫して、フランス王家（ヴァロワ家→ブルボン家）と、オーストリア王家にして神聖ローマ（ドイツ）皇帝の位を実質的に代々世襲していたハプスブルク家という、この二大王家の対立を軸として展開されてきた。わけてもルイ一四世は、五四年間の親政時代のうちの三〇年近くをハプスブルク家やその同盟諸国との四度にわたる戦争に費したが、そのうちの最後にして最大の戦争がスペイン継承戦争（一七〇一〜一四）であった。これは一七〇〇年にオーストリア・ハプスブルク家の分家であるスペイン・ハプスブルク家の王統が断絶し、ルイ一四世の孫に当たるブルボン家のフェリペ五世がスペイン王位についたことに端を発した戦争である。またこれと並行してヨーロッパの北辺では、当時北欧の大国であったスウェーデンとピョートル大帝のロシアとの間に北方戦争（一七〇〇〜二一）が戦われており、一八世紀初頭のヨーロッパはその全体が二つの大きな戦争の渦の中にあった。サン・ピエールの永久平和論は、このような時代状況を背景として、同様の事態の再発を防止すべく構想されたものである。

この平和論は一七〇六年ごろに着想され、一七一一年には既に執筆が進められていたことが文献から確認されるという。そして翌一二年には『ヨーロッパに永久平和をもたらすための論文』(*Mémoire pour rendre la paix perpétuelle en Europe*)と題された初版本がケルンで刊行された。この年、サン・ピエールはオランダのユトレヒトで行なわれたスペイン継承戦争の講和会議に、フランス全権M・ポリニャックの秘書役として陪席するという貴重な経験を得る。彼はこの経験と、初版本に対する意見や反論等を踏まえて、これに大幅な手直しと拡充を加えた決定版の第一巻および第二巻を、『ヨーロッパに永久平和をもたらすための計画』(*Projet pour rendre la paix perpétuelle en Europe*)という題で翌一三年にユトレヒトで刊行した。この年にはフランス、スペインとイギリスとの間にユトレヒト条約が成立、翌一四年にはオーストリア・ハプスブルク家との講和も成ってスペイン継承戦争が終結したほか、ドイツのハノーヴァー選帝侯がジョージ一世としてイギリス王位につき、同国の王家はステュアート朝からハノーヴァー朝へと交代した。さらに一五年にはルイ一四世の死により曾孫ルイ一五世が僅か五歳でフランス王となる。これらの大きな情勢変動を受けて、サン・ピエールは自身の平和構想に再度の修正を施し、一七一七年に『キリスト教国の君主・首脳相互間に平和をもたらすための条約の計画』(*Projet de traité pour rendre la paix perpétuelle entre souverains chrétiens*)と題する決定版第三巻をリヨンで刊行した。これら決定版第一〜第三巻の総称として、一般にサン・ピエールの『永久平和論』(*Projet de paix perpétuelle*) という呼称が行なわれている。以下に紹介するのはこの書物の中で展開された彼の平和論の概要である。

五・二　未開状態から社会状態への移行

サン・ピエールの議論は、ホッブズやロックと同じく、(通常の用語で言えば) 社会契約による自然状態から社会状態への移行を前提する考え方に立脚している。この点に関する彼の見解は、わけてもホッブズによく似ているが、二つの点で独自の重要な特色を示している。

(i) **自然状態としての未開状態**　議論の出発点は、人間集団同士が恒常的な社会的結合 (société) に加わっていない状態を考えることにある。この状態は、社会契約論者たちの間で一般に「自然状態」と呼ばれるものであるが、サン・ピエールはこれを「未開状態」(barbarie) と呼ぶ。この場合、とくに「人間集団」という言い方をするのは、サン・ピエールの考える社会とは孤立的個人同士の結合体ではなくて、常に複数の人間からなる集団同士の結合体だからであって、この集団の最も原初的・基本的な単位は、家長 (chef de famille) を中心とする家族 (famille) である。このように、社会形成の出発点となる原初の状態から既に人間の共同体的集団の存在を前提していることは、彼の社会契約説の重要な特色の第一点である。

さて、この未開状態においては、人間集団相互間に成文化された掟や法はなく、所有権に関する主張をはじめとする互いの主張や行動を公正に裁く仲裁裁判所（arbitrage）も、裁判所の判決を強制的に執行することのできる統治組織（police）も存在しない。それゆえ各々の集団にとって、その主張や行動の当否を判定するための基準はそれ自身の意志しかなく、いわば各集団自身だけがこの当否の裁判者である。また、各集団が自分の正当と考える主張や行動を貫徹し実行するための手段は、対立する集団を暴力によって制圧したり壊滅させたりするか、約束の不履行のような策略によって出し抜くかすること以外にない。したがって未開状態とは、あらゆる人間集団同士が絶え間ない相互不信・相互恐怖・相互武装の下にある戦争状態である。ちなみにこの「戦争状態」とは、現に戦争（guerre）が行なわれている状態か、もしくは十分な安全保障（sûreté）を欠いた、いつ再び戦争が始まるかわからない休戦（trêve）の状態をさす言葉である。

後述するように、未開状態はさまざまなレベルの人間集団同士の間に存在しうるが、最も原初的・根源的な未開状態は家族集団相互間のそれである。そこでは、あらゆる家族集団が財物の分配や所有権の線引き、相手の行動によって被った侵害などをめぐって紛争の生じるたびに、互いに殺人や略奪などの暴力行使を、すなわち戦争を繰り返している。それゆえ、近隣の家族同士・家長同士は常に互いに敵同士であり、誰もが他の家族の財産やその成員の生命を、いつ、どのような形で奪っても何の罰も受けることはない代りに、自分や自分の家族の生命・財産も、いつ、誰によって奪われるかわからないという、絶え間ない不安と恐怖の中で生活しなければならない。これはいわば、万人が自分を滅ぼすことに利害関心を持った敵に取り囲まれながらその日その日を生きているような状態であり、ホッブスの言葉を少し変えて「あらゆる家族のあらゆる家族に対する闘争」と言うべき状態である。

(ii) **社会的結合のある状態**　これに対して、恒常的で十分に強力な社会的結合が人間集団同士の間に存在する状態においては、各集団の主張や行動の正当性は、その集団自身の意志とは別個に存在する客観的基準に照らして判定される。この客観的基準とはすなわち、成文化された法（loi）である。そしてこの判定の専門機関として、諸集団相互間の取り決め（convention）に基づく仲裁裁判所が存在し、あらゆる紛争は力ずくの解決によらずに仲裁裁判所に提訴され、そこで法に則って公正に、かつ最終的に解決されることになる。さらに、この裁判所の判決に従わない者、暴力によって自分の主張を通そうとする者、所有権の線引きや財物の分配などをめぐる相互の約束や取り決めを遵守しない者などは、統治組織によって確実に処罰される。したがって人間集団同士はもはや敵同士ではなく、互いの間に紛争はあっても戦争が生じることはない。こうして人々は、自分と自分の家族の生命と財産所有に関する安全保障を与え合った状態の下で、安心して生活することができるようになる。

(iii) **仲裁裁判についての取り決め**　未開状態から社会的結合のある状態への移行はどのようにして行なわれるのか。それは、集団（の長）同士の「仲裁裁判所についての取り決め」（convention de l'arbitrage）と呼ばれる手続きによってである。これは一般に「社会契約」と言われるものに相当するが、この取り決めにおいては次の諸点について全集団（の長）の合意がなされなければならない。

(a) 各集団の長（最初の取り決めの場合は家長）は、各々が自分の現に所有しているものを所有したままでいるものとする。

(b) 各集団の長同士の諍《いさか》いに際しては、何人《なんぴと》も自分を自分の案件の正当な裁判者とは主張しない。

(c) 何人も自分の所有権の確保のために他人の死を引き起こさない。

(d) 所有権を侵害された者は実力行使や暴力に訴えることをせず、仲裁裁判所に訴訟を提起する。

(e) 暴力を揮った者や仲裁裁判所の判決に従わない者は、十分な罰をもって罰せられる。

(f) 約束をした者がその履行を拒む場合は仲裁裁判所によって履行を強制される。

(g) 損害（dommage）や侵害（offense）を被った者は実際行動によって対処したり暴力によって復讐したりせず、仲裁裁判所に訴え出る。

(h) 公正な判決、その執行、違反者の処罰を行なうのに十分な関心と力を仲裁裁判所に持たせるための手段について合意する。

(i) その他の個別的な規則や法律は多数決によって決定し、決定されたことは、多数決による変更がなされないかぎり、全員が遵守する。

つまりサン・ピエールの考えによれば、（家族内の諍いに対する家長の仲裁は別として）仲裁裁判所は人間集団相互の取り決めによって人為的に設立される制度であり、その最初の取り決めは、実力において優位に立つ一人の人間の権威によって強制されたものではなく、その有益性について納得した複数の対等な家族集団（の長）同士の協議と合意によって成立したものである、ということになる。

(iv) **多段階的社会契約論**　サン・ピエールの社会契約説には、(i)で言及した点に加えて）もう一つの重要な特色がある。それは、最も原初的な未開状態（自然状態）からただ一度の「仲裁裁判についての取り決め」（社会契約）によって一挙に国家が成立するとは考えず、国家の成立までには次のような幾つかの段階的な社会契約を経なければならないとしていることである。

(1) まず、最も原初的な未開状態においては、人為的な取り決めによらない唯一の自然的な結合による集団である家族集団同士が、それぞれ家長を中心として結束しつつ、統治組織も仲裁裁判所もない状態の下で互いに敵対し合っている。この状態から、近隣の諸家族の家長たちが相互に取り決めを結んで、これらの家族を統治する統治組織・仲裁裁判所の下へと移行するのが、第一段階の社会契約であり、これによって最初の人為的な社会的結合体である村（village）が形成される。

(2) こうして成立した状態においては、各村内の家族同士の間には恒常的な社会的結合が存在するが、村同士は共通の統治組織・仲裁裁判所のない状態、すなわち未開状態の下で対峙している。この状態から、近隣の村々の村長たちが相互に取り決めを結んで、これらの村々を統治する、より全般的な統治組織・仲裁裁判所の下へと移行するのが、第二段階の社会契約である。こうして形成されるいっそう広汎な社会的結合体は都市（ville）である。
(3)右の(2)の社会契約がなされた後の段階では、今度は都市と都市とが共通の統治組織・仲裁裁判所のない未開状態の下に置かれている。この状態から、近隣の都市の長同士が取り決めを結んで、これらの都市を統治するいっそう全般的な統治組織・仲裁裁判所の下へと移行するのが、第三段階の社会契約である。こうして形成される新たな社会的結合体は州（province）である。
(4)右の(3)の社会契約を経た後も、諸々の州同士は依然として共通の統治組織・仲裁裁判所のない未開状態にある。ここから、諸州の長たちが相互に取り決めを結び、これらの州を統治するさらに全般的な統治組織・仲裁裁判所の下へと移行するのが、第四段階の社会契約である。これによって人々は国民（nation）へと統合され、国家（État）という社会的結合体が成立する。
付言すると、国家の形成に至るまでの社会契約は右の四つの段階の全部を常に必ず経るとは限らず、ある村が都市へと統合されずに他の村々や諸都市と並んで州を形成する場合もあり、また小さな国家の場合には、州の段階を経ずに村々や諸都市の相互間の取り決めによって国家が成立することもある。
(5)以上の四段階の社会契約は過去に既に実行され、多くの国家が形成されるに至った。けれどもサン・ピエールの考える多段階の社会契約はこれですべて完了したわけではなく、現時点では未だ実現されていないもう一つ先の段階がある。それはすなわち、現状ではなお共通の統治組織・仲裁裁判所を持たず互いに未開状態の下にある諸国家が、その元首（princes）である君主・首脳たち（souverains）

同士の取り決めによって、これらの国家を統治するいっそう広汎かつ全般的な統治組織・仲裁裁判所の下へと移行し、国民対国民・国家対国家の社会的結合体を形成することである。後述するようにサン・ピエールは、近い将来ヨーロッパのキリスト教諸国の君主・首脳相互間でこの取り決めが実行され、ヨーロッパ連合（Union de l'Europe）と呼ばれるべき社会的結合体が形成される必要があると考え、これを彼の永久平和構想の中心に位置づけている。この第五段階の社会契約は、(1)〜(4)の実現過程において既に成し遂げられてきたのと同じ手続きを、さらにもう一歩進めて実行することでしかなく、(1)〜(4)のプロセスが現に実行可能であった以上、この第五の社会契約も実行不可能と考える理由は何もない、とサン・ピエールは主張する。また彼は、社会的結合がこの五段階を経て広汎になってゆくほど、人々の結びつきは強まり文明度は増し、安全の生む利益も増大する、と見ている。

五・三　戦争の体制から永久平和の体制への移行

来たるべき右の(5)の段階の社会契約、すなわち国家同士の未開状態から社会的結合への移行を、サン・ピエールは「戦争の体制」（système de la guerre）から「永久平和の体制」（système de la paix perpétuelle）への移行として捉える。次にこの移行に焦点を絞って述べることにしよう。

(i) **戦争の体制──国際関係の現状**　既述のように、現状において人々は、自国の同胞市民たちとは既に恒常的な社会的結合の下にあって、私人（particulier）の家族集団は常に国法による庇護を受け、この法そのものは恒常的な社会的結合の権威と社会全体のすべての力によって支えられている。そして私人相互間の紛争は、武力の行使によらず、互いの約束か社会の代理人たる仲裁裁判所の判決かのいずれかによって決着され、この判決に従わない者、他人との約束を履行しない者、他人との紛争に際して武器や暴力に訴える者に対しては、国家の手で厳罰と強制が加えられる。それゆえ、一国内の私人相互間に揉《も》め事は絶えず生じるが、戦争は決して起こらず、常に平和が保たれている。

これに対して自国の外の世界全体に対しては、人々は依然として未開状態に置かれたままである。言い換えれば、諸国家同士の間には今なお恒常的な社会的結合が存在せず、国と国との紛争を戦争なしに公正な仕方で決着させるための成文法も、仲裁裁判所も統治組織も成立していない。各国は、自国の都合次第で他国との約束を反故《ほご》にしたり、自国の利害に由来する主張を身勝手な理屈によって正当化しつつ、他国を武力によって攻撃し、略奪し、征服し、さらには滅ぼしたりする自由を留保し合ったままである。それゆえ諸国の君主・首脳たちは、武力以外に互いの紛争に決着をつける手段を持っておらず、自分の主張を通すためには戦争をせざるをえない状況に追いやられている。国家同士の戦争を防止するための方法はまだ見出されておらず、国際関係の現状は絶え間のない戦争状態、すなわち現に戦争を行なっているか、次なる戦争の待機の下にあるかの、いずれかの状態である。

このような現状の下でも、諸国家間の戦争を防止するための努力がまったく見られないわけではない。その一つは、平和条約（traité de paix）・休戦条約（traité de trêve）・安全保障条約（traité de garantie）・通商条約（traité de commerce）その他の、国家間の種々の個別条約によって見かけ上の平和を保とうとすることである。しかし、この種の個別条約は今のままでは平和の永続のための十分な保障を生み出すことができず、戦争防止の手段としての実質的な役には立たない。なぜなら、これらの条約の履行を強制し、不履行国に対して有効な処罰を科すことのできる恒常的で十分に優勢な力を持つ社会的結合が存在しないので、締約当事国の意思以外に条約遵守の保障は何もなく、当事国がその都合次第で意思を変えて、さまざまな主張や理屈を持ち出して条約の履行を免れようとするのを、防止する手段も皆無だからである。

試みられているもう一つの努力は、大国同士、あるいは攻守同盟条約（traité de ligue offensive et défensive）や安全保障条約によって手を握っている武装国家集団同士の間での、勢力均衡（équilibre）の確立・維持——現代の用語で言えば、政治的・軍事的パワーバランスの確保——をはかることである。これはとりわけ、フランス王家であるブルボン家と、オーストリア王家にして神聖ローマ帝室であるハプスブルク家の間の、また両家それぞれに与《くみ》する同盟諸国相互間の勢力均衡を保とうとする方策として行なわれてきた。しかしながらこの策もまた、戦争防止の保障としてまったく不十分であったことは、事実の示すとおりである。なぜなら勢力均衡は、大国の国力の盛衰や君主・首脳の能力の格差、一つか二つの同盟国の寝返りなどの種々の要因によってたちまち崩れてしまうからである。のみならず、勢力均衡はいったん戦争が始まるとそれを長期化させるという弊害さえ伴っている。

このように、諸国家間の未開状態という現状を本質的に変革しないままで行なわれる戦争防止・平和維持の努力は、結局のところ無効なものでしかありえないのである。

(ii) **永久平和の体制——ヨーロッパ諸国の社会的結合**　それゆえ、諸国家間の戦争状態を解消し、十分かつ永続的な安全保障による恒常的な国際平和を実現するためには、一国内における家族集団同士の間に現在成立しているのと同様の関係を国家同士の間にも確立する以外にない。それはすなわち、諸国家を唯一共通の法ないし条約の権威に従わせ、強制力をもってその遵守・履行を保障するような、国家同士の十分に強力かつ恒常的・全般的な社会的結合を形成すること、そしてあらゆる国際紛争、すなわち諸国家間および国籍の異なる私人間の紛争を、公正なルールに則り戦争なしに永久に決着・終結させるための、またそのことに十分な関心と執行力を持つ、常設の仲裁裁判所と最高統治組織を設立することである。ヨーロッパのキリスト教諸国の君主・首脳たちは相互間にこのような社会的結合、すなわちヨーロッパ連合を設立し、その仲裁裁判所・統治組織を設置するための条約に、速やかに調印する必要がある、とサン・ピエールは主張している。

五・四　ヨーロッパ連合の組織と形成過程

サン・ピエールの考えるヨーロッパ連合とはどのような組織か、またそれはどのようにして形成されるのか。この点に関して彼は明確な構想とプランを示している。次にそれを概観しよう。

五・四・一　ヨーロッパ連合の想定加盟国

まず、ヨーロッパ連合の加盟国としてサン・ピエールが想定するのはどのような国々か。これについては、同じ『永久平和論』の中に三とおりの案が併存する形になっている。

(i)第一案　これは同書決定版第一巻の序文に見えるもので、次の一八か国が挙げられている。①フランス、②スペイン、③イギリス、④オランダ、⑤ポルトガル、⑥スイスとその盟邦（Suisse et Associés）、⑦フィレンツェとその盟邦、⑧ジェノヴァとその盟邦、⑨教皇領、⑩ヴェネチア、⑪サヴォワ、⑫ロレーヌ、⑬デンマーク、⑭ダンチヒその他を伴うクールランド、⑮神聖ローマ帝国（ドイツ）、⑯ポーランド、⑰スウェーデン、⑱モスクワ大公国（ロシア）。

(ii)第二案　これは同じ第一巻の第四論考に見えている。この論考には後述するヨーロッパ連合条約の基本条項（articles fondamentaux）と重要条項（articles importants）が掲げられているが、その中の基本条項第八条に付せられた注解と第九条の条文に、次の二四か国が挙げられている。⑴フランス、⑵スペイン、⑶イギリス、⑷オランダ、⑹サヴォワ、⑺バイエルンとその盟邦、⑻ヴェネチア、⑼ジェノヴァとその盟邦、⑽フィレンツェとその盟邦、⑾スイスとその盟邦、⑿ロレーヌとその盟邦、⒀スウェーデン、⒁デンマーク、⒂ポーランド、⒃ローマ教皇、⒄モスクワ大公国、⒅オーストリア、⒆クールランドとその盟邦、たとえばダンチヒ・ハンブルク・リューベック・ロシュトック、⒇プロシア、(21)ザクセン、(22)パラチナとその盟邦、(23)ハノーヴァーとその盟邦、(24)選帝侯たる大司教たち（Archevêque Électeurs）とその盟邦。

右の二つの案の根本的な違いは、第一案で⑮の神聖ローマ帝国として一括りにされていたドイツの諸領邦が、第二案では⑺・⒅および⒇〜(24)の計七つの領邦または領邦群に区分され、各々が一つの加盟国として代表権を与えられている点にある。この両案を併存させたことは、ドイツ全体を神聖ローマ皇帝の下に統合された一つの国家とみなす中世以来の伝統的な考え方と、ドイツの各領邦君主に外交権を含む大幅な独立主権を認めたウェストファリア条約（一六四八年）以来のヨーロッパ国際政治の現実との双方に配慮し、態度決定を当面保留しようとしたサン・ピエールの姿勢の反映であろう。

(iii) 第三案　これは第一・二巻の四年後の一七一七年に刊行された第三巻の第二部に見える。ここには、冒頭の三ページほどの序文に続いてヨーロッパ連合条約案の基本条項の改訂版が掲げられているが、その第二〇条に次の二二か国を加盟国とする明文規定が盛り込まれている。〈1〉フランス、〈2〉スペイン、〈3〉ポルトガル、〈4〉イギリスとハノーヴァー、〈5〉オランダ、〈6〉デンマーク、〈7〉スウェーデン、〈8〉プロシア、〈9〉ポーランドとザクセン、〈10〉クールランドとその盟邦、〈11〉モスクワ大公国、〈12〉オーストリア、〈13〉パラチナとその盟邦、〈14〉大司教にして選帝侯たる諸侯とその盟邦、〈15〉ロレーヌとその盟邦、〈16〉バイエルンとその盟邦、〈17〉スイスとその盟邦、〈18〉シチリアとサヴォワ、〈19〉ジェノヴァとその盟邦、〈20〉フィレンツェとその盟邦、〈21〉ローマ教皇、〈22〉ヴェネチア。

この第三案では、第二案の(3)と(23)が一国に統合されて〈4〉となり、同様に(15)と(21)も統合されて〈9〉になっている。これは一七一四年にハノーヴァー選帝侯がイギリス王ジョージ一世となり、またその五年前にはザクセン選帝侯フリードリヒ・アウグスト一世がポーランド王アウグスト二世として復位していて、いずれもドイツの領邦君主の位とそれぞれの国王の位を兼ねる形になっていた事実を踏まえた修正である。この後すぐに述べるように、サン・ピエールの提案するヨーロッパ連合条約案には同一人物が同時に複数の国の君主の位を兼ねることを禁ずる規定（五・四・二の(i)の3）が含まれ、その一方で五・二の(iii)で言及した「仲裁裁判についての取り決め」――ヨーロッパ連合条約は諸国家相互間におけるこの取り決めそのものである――の(a)項により、既に君主の位にある者の地位は尊重されなければならないので、右の両王については、その君臨する各二か国を連合加盟国としては統合してそれぞれを一つの国とみなすことにより、この二つの規定の両立をはかったものと見られる。また〈18〉でシチリアとサヴォワが併せて一か国とされたのは、ユトレヒト条約によってサヴォワ公ヴィットリオ・

アメデーオ二世がそれまでスペイン領であったシチリア王国の王位を得たことを踏まえたもので、これも右の両規定と、「既存の個別条約はヨーロッパ連合の成立後も遵守されなければならない」という連合条約案の規定（五・四・二の(iv)の23）とに則った修正とみなされる。

五・四・二　ヨーロッパ連合の組織体制——ヨーロッパ連合条約案の概要

サン・ピエールの構想するヨーロッパ連合の組織体制は、ヨーロッパ連合条約案に具体的かつ詳細に示されている。この条約案は一七一三年刊行の『永久平和論』決定版第一・二巻では、第一巻の第四論考にその基本条項一二か条と重要条項八か条、第二巻の第七論考に有用条項（articles utiles）八か条、計二八か条が掲げられ、また一七一七年刊行の第三巻では既述のように基本条項の改訂版が二四か条に再編されて示されている。これらの条項をそのまま掲げるのは冗長に過ぎるので、条約全体の概要を捉えやすいようにテーマごとに要約・整理したものを以下に示すことにしよう。

(i)　**各国の領土の不拡大と国境線の現状固定**

1　ヨーロッパ連合の全加盟国は、他国の現有領土に対する一切の権利主張を放棄し、国境線を現状のまま永久に固定するものとする。

2　どの加盟国のいかなる領土も今後、約定・贈与・譲渡その他のいかなる仕方によっても、現有国から分離されて他国の領土に付加されることはできない。

3　加盟国の君主は同時に複数の国家の元首となることができない。

4　加盟国の君主とその親族は、他国の君主や諸侯になることができず、他国の継承権を主張することができない。

5　加盟国の君主が他の加盟国の君主の位を継承した場合、元の位を放棄しなければならない。

これらは、当時の戦争の多くが君主の領土的野心や、血縁関係を口実とした他国の王位の継承権の主張を原因としていたことに鑑《かんが》み、この種の原因の根絶による戦争の防止を意図した規定である。

(ii) 各国の政体の現状維持・内乱の鎮圧・内政不干渉

6　各加盟国の政体は、君主制であれ共和制であれ、現状のまま変更しないものとする。

7　加盟国の国内において君主と臣民の間や地域相互間に結ばれた既存の約定・協定・取り決め等は、ヨーロッパ連合成立後も厳守されなければならず、同連合はその保証人（garant）となる。

8　全加盟国は、各加盟国の国内で生じる反乱・暴動・陰謀等を共同で監視し鎮圧する責任を負う。

9　ヨーロッパ連合は、各加盟国の国内で反乱・暴動・陰謀等が生じている疑いがあるときには特別監視委員団（commissaires exprès）を派遣し、その発生が判明したときには国際連合軍（後述）を派遣してこれを鎮圧するものとする。

10　反乱・暴動・陰謀等の監視と鎮圧を目的とする介入を除き、ヨーロッパ連合は加盟国の内政に対しては一切容喙《ようかい》しないものとする。

これらは、加盟国内の内戦を予防するとともに、他国の内紛に乗じたり、その目的で他国の内紛を故意に惹起したりすることが国家間の戦争のきっかけとなるのを防ぐ意図をもった規定であろう。

(iii) ヨーロッパ連合の首都と統治機構

11 ヨーロッパ連合の首都は「平和の都」(la Ville de paix) と称し、これをユトレヒトに置く。

12 「平和の都」にはヨーロッパ全体の議会である「元老院」(le sénat) を設置する。

13 「平和の都」はヨーロッパ連合の直轄領とし、元老院がこれを直接統治する。

14 元老院は加盟国の総数と同数の代議員 (député) によって構成され、加盟国は各一名の代議員を派出する。また代議員の補佐とその不在・病欠時の職務代行のため、副代議員 (vicé-député) 二名と代議員代理 (agent) 二名を併せて派出する。代議員は一人一票の票決権を有する。

15 加盟国の代議員は自国の君主・首脳の意思を代表し、その訓令に従って元老院において意思を表明するものとする。君主・首脳は自国の代議員をいつでも、何度でも更迭することができる。

16 元老院の会議は総会のほかに、五人評議会 (le Conseil de cinq)、四つの常任委員会 (Bureau perpétuels) および臨時の調停委員会 (Bureau de conciliation) を置く。五人評議会はオランダ・ヴェネチア・スイス・ジェノヴァの四共和国と他のもう一か国の代議員で構成され、「平和の都」の統治や緊急時の対応を司る。常任委員会は外交・軍事・財政・内務の各事項を分担し、総会の予備審議を行なう。調停委員会は加盟国間の国際紛争に際して組織され、紛争の調停に当たる。

17　総会において、重要基本事案や緊急事案は過半数の票によって暫定的に、四分の三の票によって最終的に議決され、その他の一般事案は過半数の票によって最終的に議決されるものとする。

18　ヨーロッパ連合条約の基本条項の改正は元老院総会の全会一致によらなければならない。ただし重要条項・有用条項の改正には四分の三以上の賛成があれば足りるものとする。

19　ヨーロッパ連合には常任の首長を置かず、各加盟国の代議員が週番交替の輪番制によって務める元老院議長が、同連合全体の代表および「平和の都」の総督の任に当たるものとする。

右の諸規定のうちには、総会・常設委員会・一国一票制・一般事項決議と重要事項決議の区別・議長輪番制など、今日の国際連合の主要な組織・制度のいくつかが先取りされている点が注目に値する。

(iv)　**国際紛争の解決・個別条約の扱い**

20　加盟国相互間に国際紛争が生じた場合、当事国はその代議員をつうじて元老院に提訴する。

21　提訴を受けた元老院は、臨時調停委員会を組織し、調停委員団 (commissaires médiateurs) を派遣して紛争の和解に努めるものとする。

22　調停委員団の和解工作が不調に終った場合、元老院は臨時調停委員会の意見書に基づき、当事国以外の加盟国の代議員たちの仲裁裁判によって紛争を裁定し解決する。この裁定は過半数の票による第一次判決で暫定的に、四分の三以上の票による第二次判決で最終的に下される。

23　加盟国相互間の既存の個別条約はヨーロッパ連合成立後も有効であって、締約国はこれを厳守しなければならず、同連合はその保証人となる。

24　加盟国相互間の新たな個別条約は、ヨーロッパ連合条約に抵触しないかぎり締結可能であるが、ヨーロッパ連合の同意を必要とし、同連合を保証人としなければならない。

20～22は国際司法裁判所の原案と目される規定である。24・25は、国家間の個別条約に対する国際憲法としてのヨーロッパ連合条約の優位と、個別同盟に対するヨーロッパ連合の優位を定めている。

(v) **軍事組織と有事への対応**

25　全加盟国はその人口や国力に関係なく、各国同数の国民兵を割当兵員として保有し、全体で国際連合軍を編成する。ヨーロッパ連合はこの中から必要に応じた数の兵員を、ヨーロッパ全体の国境地帯に駐屯部隊として配備し常駐させる。

26　平時の割当兵員は各国六〇〇〇名ずつとし、有事に際しては必要に応じて各国に対し等しい数の兵の増員が命じられるものとする。

27　加盟国は右の兵員以外に自国民の兵士・士官から成る軍隊を持つことができない。ただしヨーロッパ連合の同意の上で、厳重な制限の下に、外国人傭兵のみから成る軍隊を持つことができる。

28　ヨーロッパのあらゆる軍事力は、ヨーロッパ連合の敵と宣言された者に対してのみ行使されるものとし、それ以外の相手に対しては行使されてはならない。

29　ヨーロッパ連合の敵と宣言されるのは、加盟国の内乱者、同連合に対して離脱や反逆（連合条約への違反や仲裁裁判の判決の無視など）を企てたり、他の加盟国に勝手に武力攻撃を加えたりした国の君主・首脳とその支持者や協力者、加盟国を武力攻撃した非加盟国などである。

30　ヨーロッパ連合の敵と宣言された国の官吏や軍人のうち、同連合を支持して亡命する者は同連合によってその身柄と財産を保障される。これに対して、自国に与《くみ》して同連合に敵対した者のうち主要な者二〇〇名は、戦犯として戦後に死刑または終身刑に処せられるものとする。

25〜27は今日の国連軍の原案であるが、加盟国の兵員数を平等とした点と、各国の軍事力を実質的にヨーロッパ連合の指揮権の下に置き、各国の主権の下にある軍隊の原則的廃止を規定した点が注目される。また28〜29は正当な武力行使の基準を明示したものであり、30は不当な戦争に関与する戦争犯罪と、その処罰とに関する規定である。

(vi) 加盟国の監視、国籍の異なる私人相互間の通商をめぐる紛争の裁定

31　ヨーロッパ連合は、各加盟国に一名ずつの大使（ambassadeur）を、加盟国内の人口二〇〇万人以上の大州に一名ずつの弁理公使（résident）を派遣し駐在させる。大使は駐在国の首都に、弁理公使は駐在州の州都に常駐し、当該国・当該州の動静の監視に当たる。

32　ヨーロッパ連合は、各加盟国の国境付近の主要都市に通商審判廷（chambre de commerce）を設置し、各廷に五人ずつの判事を派遣する。通商審判廷は国籍の異なる私人（個人および法人）同士の通商をめぐる紛争に裁定を下し、現地国の君主・首脳はこの裁定を実行する責任を負う。

33　ヨーロッパ連合の大使・弁理公使・通商審判廷判事は「平和の都」に国籍を有する者でなければならない。

右のうち32は、恒久平和のためには諸国家同士の関係を規定する国際法に加え、国境を越えた私人間の関係を規定する世界市民法が必要であるというサン・ピエールの見通しを示唆している。

(vii) **財政および通貨・度量衡の統一**

34　ヨーロッパ連合の諸経費ならびに安全保障のために要する費用は、加盟国の献納金 (subside) によって賄われる。この献納金は各加盟国の国力・財力に比例して分担されるものとする。

35　平時の経常献納金の分担額は元老院の多数決によって暫定的に決定し、四分の三以上の賛成があれば三〇年間にわたって分担額を固定する。有事の臨時献納金は元老院で総額を決定し、経常献納金と同一の比例配分に従って各国に課せられるものとする。

36　ヨーロッパ連合は全ヨーロッパの統一通貨を定め、度量衡の基準と単位を統一する。

五・四・三　ヨーロッパ連合の形成過程

サン・ピエールはヨーロッパ連合の形成を、一挙に想定加盟国の全部を結集させる形ではなく、漸進的な形で考えている。それは、同連合の樹立に最も積極的な二〜四か国が率先して連合条約の最初の調印国となり、続いて他のヨーロッパ諸国が相次いでこれに加わり、最終的に全想定加盟国が調印を終えた時点で形成完了となる、というプロセスである。彼がこのようなやり方を提唱するのは、それが最も現実的だと考えるからである。すなわち、最初に数か国が連合条約に調印することは十分に現実的で可能性が高く、また一旦連合条約が成立すれば、その後幾つもの国々がそれに加わることは、この連合が加盟国にもたらす利益の大きさ（後述）に照らして、これまた非常に実現性の高いことであり、最後まで加盟に消極的な国々も、未加盟でいることの不利益が段々増してゆくので、最終的には加盟に踏み切らざるをえなくなる、ということである。

五・四・四　ヨーロッパ以外の国々との関係——連合の拡大と全世界の平和への展望

サン・ピエールの構想は、具体的計画として煮詰められたかぎりでは、ヨーロッパ圏内の永久平和の確立のみをめざすものに留まっている。しかし彼のうちには、ヨーロッパ連合とヨーロッパ外部の国々、たとえばヨーロッパのキリスト教国にとって宿敵として意識されていたオスマン・トルコ帝国に代表される西アジアや北アフリカのイスラム教諸国との関係を、どのようにして平和的に構築し、世界全体の永久平和へと発展させてゆくか、という問題意識も芽ばえていたことは、『永久平和論』

から明確に読みとれる。ただしこの点に関する彼の考えは、当時のヨーロッパ人の非ヨーロッパ世界に対する一般的な見方への配慮や当面の世界情勢の影響などによって大きな揺らぎを示しており、確固たる構想の体を成すに至っていない憾《うら》みがあることは否めない。

(i) **第一案——ヨーロッパ近隣のイスラム教国の盟友国化**　サン・ピエールは『永久平和論』の草稿の中で、タタール・トルコ・チュニジア・トリポリ・アルジェリア・モロッコなどのヨーロッパ近隣のイスラム教諸国をもヨーロッパ連合に加盟させ、元老院に議席を割り当てるという構想を述べていた。しかし草稿に目を通した人々の多くは、この案に強い拒絶反応を示したという。そこで彼は、自身の平和構想全体の説得力と現実味を損わないための配慮から、公刊された同書では提案を多少後退させ、第一巻第四論考の連合条約案基本条項第一条、第二巻第七論考の有用条項第六条、第三巻の修正版基本条項第八条等に次のような規定を置いている。

Ⅰ　ヨーロッパ連合はその成立後、近隣のイスラム教諸国の君主たちとの間に攻守同盟条約と通商条約を結ぶ。

Ⅱ　これらの国々には元老院への代議員の派出を求めず、その代りに各国の弁理公使を「平和の都」に駐在させるよう求め、ヨーロッパ連合の弁理公使も各国に駐在するものとする。

Ⅲ　トルコ・モロッコ・アルジェリアの三か国は準加盟国として献納金の分担に加わり、トルコはこの三国以外の非加盟国との国境の防衛に関してヨーロッパ連合と共同歩調をとるものとする。

これは、ヨーロッパ近隣のイスラム教諸国を、ヨーロッパ連合の正式な加盟国とはしないものの、同連合と友好関係にある盟友国として扱う、という考え方を示したものと言えよう。

(ii) 第二案――アジア連合の形成促進と両連合の提携による世界平和の推進　『永久平和論』第二巻第六論考の中の「反対論五三への回答」や、同巻第七論考の連合条約案有用条項第八条には、右の第一案をさらに発展させた次のような世界平和の構想が示されている。

IV　ヨーロッパ連合はその成立後、中央アジアのどこかある都市（たとえばサマルカンド）を首都としてアジア連合を形成するよう、トルコ・ペルシア・ムガール帝国・中国・アラブ諸国・タタール・シャム・コーチシナ等のアジア諸国の君侯に働きかける。

V　モスクワ大公国、およびアジアに植民地を有するヨーロッパ諸国（イギリス・フランス・スペイン・ポルトガル・オランダ）は、両連合の共通加盟国となる。

VI　アジア連合はその全加盟国相互間の平和の維持に努めるとともに、ヨーロッパ連合との間の平和の維持にも努める。

このような形でヨーロッパとアジアの全域にわたって恒久的平和が確保されれば、アフリカやアメリカなど世界のその他の地域でも戦争の心配をする必要はなくなる、とサン・ピエールは主張する。

(iii) **第三案――オスマン・トルコの仮想敵国化とヨーロッパからの駆逐**　これに対して『永久平和論』第三巻第二部では、ヨーロッパ連合設立によってヴェネチア共和国とローマ教皇が得ることになるとみられる利益をそれぞれ論じた箇所と、巻末の付論に当たる箇所とにおいて、右の二つの案とは対照的な次のような提案が示されている。

Ⅶ　バルカン半島・地中海島嶼《とうしょ》・イタリア半島に対するオスマン・トルコの侵入やその脅威に対抗して、ヨーロッパからトルコの勢力を駆逐するための全ヨーロッパ諸国の攻守同盟として、ヨーロッパ連合を機能させる。

Ⅷ　さらに機を見て、ヨーロッパ国際連合軍（平時は一五万人弱）を六〇万人に増員し、トルコに攻撃を加えて、西アジアと北アフリカを含むトルコの全領土を征服する。

Ⅸ　上の目的のために、ペルシア（サファヴィー朝）およびアルジェ・チュニス・トリポリなどのトルコ治下の北アフリカ諸都市と同盟条約を結び、トルコ包囲網を形成する。

この提案はオスマン・トルコを、ヨーロッパ全体の安全保障とアジア・アフリカを含む全世界の恒久平和の確立のためにどうしても対決・打倒しなければならない仮想敵国として位置づけ、ヨーロッパ連合によってトルコ征服のための「万国十字軍」(Croisade universelle) を組織しようというものである。

この案と前の二つの案との矛盾について、サン・ピエール自身の説明するところによれば、彼は当初トルコ征服を不可能と考えて第一・二案を提案したが、その後の考察によって十分可能とわかったので、新たに第三案を提唱することにしたのだという。しかしおそらくは、ヨーロッパに対するトルコの軍事的脅威と、同国に対する大多数のヨーロッパ人の根深く拭いがたい敵意という現実を前に、同国との平和共存よりもむしろ対決を、さらにはその打倒を目的に掲げるほうが、ヨーロッパ連合設立への賛同を広く得る上で得策であると判断したことが、彼のこの態度転換の真の理由であろう。この点に、非キリスト教世界に対する偏見に深く囚われた当時のヨーロッパにあって、自身のはるかに先進的な全世界的平和構想を後退させざるをえなかったサン・ピエールの苦渋が見てとれよう。

五・五　哲学的・理論的基盤

次に、サン・ピエールの永久平和論が立脚している哲学的・理論的基盤について考察しよう。この基盤は社会契約説・自然法思想・功利主義的観点の三つから成っているが、社会契約説については既に述べた（五・二の(i)〜(iv)）ので、ここでは他の二つについて論じることにする。

五・五・一　公正の法としての自然法

ここに言う自然法とは、サン・ピエール自身の文言では「自然的公正の第一の法」(la première loi d'équité naturelle) と呼ばれるものである。彼はこれを「あなたが相手の立場にあり、かつ相手があなたの立場にあるとした場合に、こう扱ってほしいとあなたが思うであろうような扱いよりも、悪い扱いを他の人々に対してするなかれ」、あるいは「仮にあなたが他の人々の立場にあり、他の人々があなたの立場にあるとしたら、あなたが他の人々に『私に対してはしてほしくない』と思うようなことを、他の人々に対してするなかれ」と定式化している。

サン・ピエールによれば、物事の決定の基準や仲間割れの防止策として役立つのはこの公正の法のみであって、他のあらゆる正しい法はこの法を源泉とし、そこから派生してくる。それゆえ、取り決められるべき法は必ず公正なものでなければならないし、公正さを基礎とし公正さによって支配されている条約以外に、堅固で長続きする条約はありえない。

実際、五・二の(iii)で言及した「仲裁裁判についての取り決め」の(a)〜(i)の各条項は、すべて「同じようなケースであなたが他人から受けたくないような暴力を他人に対して揮うなかれ」あるいは「あなたを侵害した者を、仮にこの者があなたの立場にあり、あなたがこの者の立場にあるとした場合に、あなたが取り扱われたいと思うような仕方で取り扱え」という自然的公正の第一の規則の精神によって貫かれ、かつそれを具体化したものにほかならない。また、諸国家相互間におけるこの取り決めとしてのヨーロッパ連合条約に調印することは、諸国の君主・首脳たちが「私と私の後継者たちに完全な静穏をもたらすために、他の国々の君主・首脳たちはこれを自らに課してほしい」と願うのと同一の法・同一の条件を、他の国々の君主・首脳たちとその代々の後継者たちの静穏のために、自らに課すことを意味する。このことを、既に示した連合条約案の要点の幾つかについて具体的に見てみよう。

(A)領土の不拡大と国境線の現状固定（五・四・二の(i)の各項）について。これは「仲裁裁判についての取り決め」の(a)に相当し、各国の首長たる君主または首脳が自国の現有領土の安全かつ静穏な領有を他国に受け入れさせる代りに、他国の領土に対する自らの主張・要求を放棄し、他国がその現有領土の安全かつ静穏な領有を続けることを、自らも受け入れるということにほかならない。

(B)各国の政体の現状維持・内政不干渉・内乱鎮圧に関する規定（五・四・二の(ii)の各項）は、どの国も他国によって自国の政体を改変されたり国内統治に介入されたりしない代りに、他国の政体の改変や国内統治への介入を差し控え、また自国の内乱の危機に際して他国の援助を受ける代りに、他国の同様の危機に際しては他国を救援する、という形で公正の法を具体化したものと言えよう。

(C)国際紛争の解決を元老院の仲裁裁判に委ねる、という規定（五・四・二の(iv)の20〜22）は、「仲裁裁判についての取り決め」の(b)〜(g)の諸項の国際版であって、各国の君主・首脳が自分の同類である他国の君主・首脳たちの抱え込むかもしれない紛争の仲裁者になるという条件の下に、自分が近隣国と紛争を抱えることになった場合には、他国の君主・首脳たちにその仲裁者になってもらうという合意である。これによって、各国とも自国が紛争当事国でないときに下す裁定を、自国が当事国のときに下してほしくないようなものにしないことに努めるようになり、各国が被る可能性のある侵害や不法行為は、「それを自国がされる側でなくする側であったとしても、償いは万事このような仕方でなされるのであってほしい」とその国が思うとおりの仕方で償われる、ということが担保される。

(D)国際連合軍を軸とした軍事組織に関する規定（五・四・二の(v)の各項）は、「仲裁裁判所についての取り決め」の(h)に相当するが、わけても割当兵員以外の国民兵の不保持という27の規定は、自国が他国を武力で攻撃するという、他国の望まないことをする能力を捨てる代りに、他国にも自国を武力攻撃するという、自国の望まないことをする能力を捨ててもらう、ということを意味している。

(E)大使・弁理公使の駐在に関する規定（五・四・二の(vi)の31）は、自国のすべての行動を全ヨーロッパ諸国に対してガラス張りの状態にすることで、自国が他国を侵略するかもしれないという恐怖と不安から他国を解放すると同時に、他の国々にもその行動を全ヨーロッパ諸国に対してガラス張りにしてもらい、自国も他国による侵略の恐怖と不安から解放される、ということをめざした規定である。

「公正の法としての自然法」が右のようにサン・ピエールの平和思想の重要な基軸となっていることは、彼が近代自然法思想の大きな流れの中に位置することを明確に示している。また彼のこの自然法が、『リヴァイアサン』に呈示されたホッブズの自然法の諸条項のうち最も主要な第二条項と実質的に同一の内容を持っていることは、未開状態すなわち自然状態を不断の戦争状態として捉えたことと並んで、サン・ピエールの思想に対するホッブズの影響を強く推測させるものである。

五・五・二　功利主義的観点

五・一において、サン・ピエールの学問的関心が若い頃から実学志向であったことに言及したが、このことから窺《うかが》われるように、彼の思想には功利性と実益を重んじる傾向が一貫している。ベンサムによって一八世紀末に確立され、その後種々の変遷と発展を経ながら今日に至るまで英米圏における倫理思想の主要な潮流の一つとなっている功利主義に対して、その先駆思想と見られる考え方が一八世紀フランスの啓蒙主義思想家の一部にあったことは、しばしば指摘されることであるが、サン・ピエールをさらにその先駆者として位置づけることには、十分な妥当性があるように思われる。そしてこの功利主義的傾向は彼の平和構想にも色濃く反映され、その重要な思想的基盤を形造っている。

(i) **人間行動の根本原理としての功利性と社会的結合一般の功利的性格**　サン・ピエールによれば、私たち人間のあらゆる行動の原動力であり、なおかつ一切の行動選択の動機でもあるのは、自分の幸福を増大させ不幸を減少させようとする思い、言いかえれば、自分が現にそうであるよりももっと幸福でありたいという願望と、もっと不幸になっては困るという心配とであって、この思いに反するような行動をすることは、人間本性そのものに反する不可能事である。したがって人間の企ては、それを行なう人が他の人々に効益（utilité）をもたらそうとする意図（intention）から行なっているかどうかという「意図の評価」と、それが実際に他の人々に効益をもたらしたかどうかという「行為（action）の評価」の二点に従って評価されるべきであり、諸々の徳（vertus）が賞賛されるのは、それらがみな他の人々の効益と快楽（plaisir）に寄与するからである。

それゆえ、人間が未開状態での生活よりも相互の社会的結合の下での生活を選ぶのも、そのほうが誰にとっても限りなく有利であり、効益においてまさるからである。すなわち、仲裁裁判についての取り決め（社会契約）がなされる唯一の動機、仲裁裁判者に付与される権威の唯一の根拠をなすものは、社会的結合をなす個々の人間集団の個別的利害関心にほかならない。それでは、社会的結合によって実際にどのような利益が人間にもたらされるのであろうか。それは、集団同士の交易（commerce）による利益の相互的獲得、相互援助や相互協力、弱者の保護救済、種々の分業や専業化の推進による効率と生産性の向上、発見・知見の共有と蓄積、習得された知識・技能の伝承、そしてそれによる進歩と発展などである。このように、社会的結合は種々の面から人間の福利を増進する。そしてあらゆる社会的結合の中で最大の利益を人類にもたらすのは、諸国家同士の社会的結合である。

(ii) **ヨーロッパ連合設立の必要性の功利性による根拠づけ**　各国の君主・首脳と国民が現状よりもさらにもっと幸福に生活するためには、国家と国家もまた社会的結合によって結びつけられて、共通の仲裁裁判所と統治組織の下で平和裡に生活する必要がある。なぜなら、平和こそはあらゆる利益と幸福の土台をなすものだからである。この意味で、ヨーロッパのキリスト教諸国の社会的結合であるヨーロッパ連合の設立とその制度組織は、全ヨーロッパ諸国の君主・首脳と国民とに、確実・広汎で永続的な、測り知れないほど大きな幸福をもたらすであろう。

ヨーロッパ連合の設立が各国にもたらす諸利益は、具体的には次のようなものである。

(ア)対外戦争が確実に予防される。その結果、どの国も外国から暴力的な侵略や略奪を被る恐れがなくなり、また自国の主張を通すために他国に戦争をしかける必要もなくなる。戦争という手段に訴えれば、万一敗れた場合は自国の主張が通らないだけでなく、さらに多くのものを失うことが避けられないが、元老院の調停や仲裁裁判に頼るなら、主張は却下されても他に失うものは何もない。また為政者は、戦争や軍事に忙殺されることから解放され、余暇と余力を得て内政に専念することにより、さまざまな善政（法制度の改良、疫病や飢饉の予防、その他）を施くことが可能になる。

(イ)内戦・暴動・反乱等も確実に予防され、君主制であれ共和制であれ国家体制は安定し、君主国では王家の王位も不動のものとなる。またヨーロッパ連合全体の権威と力を背景に、国民に対する国家の威信と権力は増大し、国内統治が容易になる。さらに、武運（sort des armes）や時の為政者の個人的な資質・能力などといった偶然的要因によって国の存亡が左右されることがなくなり、各国は一時的な弱体期や幼君期にあっても、自国の保全のための確実な安全保障を得ることができる。

(ゥ)国内交易や対外通商が途絶えることがなくなり、通商は自由・安全で全世界的なものになる。このことによる利益の増大は、ヨーロッパ連合による恒久的平和体制の確立によってもたらされる最も重要な効益として、サン・ピエールの特に強調するところである。また、各種の学問や技術の進歩・向上が可能になり、戦争による国土の荒廃や喪失が発生せず産業が振興する一方で、軍事費・戦費や戦争による破壊の再建費用が大幅に削減されるので、国民の税負担は軽減されるのに国庫収入は増加し、国家も個々の国民も富裕になる。

これに対して、現状の戦争の体制の下で各国が他国に対する身勝手な主張を力ずくで押し通す自由を持っていることから期待される諸利益は、非常に不確実で、たとえ実際に得られるとしても、重大な不都合と最大級の災厄を伴わずには手に入らない。このような諸利益に比べれば、平和の体制があらゆる国々にもたらす右のような諸利益のほうがはるかに現実的で確実であり、大きくて数も多い。したがってヨーロッパのどの国にとっても、連合条約に調印することによって、現在その国が有している利益が減少することはなく、むしろ限りなく増加することになるであろう。それゆえ、ヨーロッパのキリスト教諸国の君主・首脳たちのうちには、ヨーロッパ連合設立のための条約に調印しないことよりもすることのほうに、自国にとってはるかに大きな利益があるということにならないような者は一人もいない、とサン・ピエールは繰り返し強調している。

五・六　ヨーロッパ連合設立の実現可能性の根拠づけ

サン・ピエールにとって、ヨーロッパ諸国家の社会的結合としてのヨーロッパ連合の設立を軸とした自身の永久平和構想は、決して現実を離れた純然たる理想ないし理念として思い描かれたものでもなければ、単なる空想的なユートピアでもなかった。それはごく近い将来に必ず実現されるべき、また十分に実現可能な、現実的計画として提案されたものであった。それゆえ彼は、この計画の実現の可能性を幾つもの根拠によって裏付けることに、非常な努力を注いでいる。

(i)**永久平和の功利性**　第一の根拠は、今しがた論じた永久平和の功利性である。すなわち、ヨーロッパ連合の設立とそれによる永久平和体制の確立が、五・五・二の(ii)で述べたような多大な利益を各国の君主・首脳と国民にもたらすことが明らかであり、しかも人間の行動が常に利益と幸福の追求を原動力としているからには、これらの利益が人々に正しく認識されさえすれば、諸国の君主・首脳は必ずヨーロッパ連合設立に向けて行動するはずだ、ということである。

(ii)**社会契約論**　第二の根拠は、五・二の(iv)に述べた多段階的社会契約論である。この論によれば、人類はこれまでも「仲裁裁判についての取り決め」による社会的結合の設立を、より全般的・包括的な方向へとその規模を拡大しながら繰り返してきているから、この動きをさらに推し進めて諸国家相互の社会的結合を実現することは、将来において当然起こりうることである、と考えられる。

(iii) **ドイツ・オランダ・スイスの先例**　いやそれどころか、多数の主権国家同士の社会的結合には既に先例が存在している。それはドイツの二〇〇余りの領邦国家（souverainetés）の恒常的な社会的結合であるドイツ連合（Union Germanique）すなわち神聖ローマ帝国と、七つの州（état）の連合体であるオランダ、そして一三（当時）の州（canton）の連合体であるスイスである。この三つの連邦国家はいずれも、主権を有する諸々の加盟邦・加盟州が、それぞれの代議員から成る全体会議を持った単一の連合政治体へと結集したものであって、いわばヨーロッパ連合の雛形である。これらが過去に成立し、現在も存立していることは、ヨーロッパ諸国が近い将来これと同様な単一政治体を形成することが十分可能なことを立証している。

この第三の根拠を述べるにあたってサン・ピエールが特に念を入れて論じているのは、かつてドイツ・オランダ・スイスの各連合体を形成するのに十分であったのと同一の諸動機・諸手段が、今日ヨーロッパ全体の連合体を形成する上でも存在しており、逆にかつて三つの連合体の形成に立ちはだかった諸々の障害や困難は減少し、かつ小さくなっているということである。そのうえ、ヨーロッパ連合にはこの三つの国家連合という先例がモデルとして存在し、その欠点を除いたり長所を見習ったりできるという利点があること、またかつて二〇〇余の領邦国家の間で実現できた合意が今日二〇〇余の国家の間で実現できないはずはないことを考え合わせるならば、ヨーロッパ連合設立の可能性の高いことはいっそうよく認識されるであろう、とも彼は付言している。

なお、この既存のモデルに含まれていて除かれる必要のある主な欠点として指摘されているのは、たとえばドイツ連合（神聖ローマ帝国）に見られた次の二つの点である。

○ 加盟邦の幾つかが他の加盟邦との紛争に際して、ドイツ連合に加わっていない外国と個別に同盟して戦争を起こしたこと。

○ 皇帝を連合全体の首長として戴いたため、皇帝と加盟諸邦との利害の対立が生じ、しかも加盟諸邦の代議員から成る会議体（帝国大審院 le Chambre Imperial や国会 diète）の決定の効力を、事実上覆すような処置をとる権限が、皇帝に対して認められていたこと。

しかるにヨーロッパ連合の場合は、その完成後に（ヨーロッパ内には）未加盟の外国は存在せず、また常任の首長も置かないので、右のような欠陥を免れている、とサン・ピエールは主張する。

(iv) **アンリ四世の「大計画」** サン・ピエールは『永久平和論』の中でしばしば、同書に述べられた平和構想の最初の創案者は自分ではなく、アンリ四世（一五五三〜一六一〇、在位一五八九〜一六一〇）である、という意味のことを述べている。なぜなら、同王は一五九八年ごろから一六一〇年に暗殺されるまで、サン・ピエールの計画によく似たヨーロッパ諸国の社会的結合の設立計画――これはアンリ四世の「大計画」（le grand dessin）と言われる――を推進していたことが知られているからである。これはヨーロッパの全キリスト教国をただ一つの共和国へと統合し、各国の代表者から成る公正な全体的統治組織を樹立して、ヨーロッパに恒久的平和を確立する、というプランで、アンリ四世はこれを当時のヨーロッパ諸国の君主・首脳たちに提案し、イギリスのエリザベス一世をはじめ、十数か国から賛同をとりつけていたという。サン・ピエールは、アンリ四世の実質的宰相であったシュリー公の手記や、歴史家でルイ一四世の侍講であったド・ペレフィクスの『アンリ大王史』などの資料に基づいてこの事実を確認したうえで、これは自らの平和構想であるヨーロッパ連合設立案が、当時のヨーロッパ諸国の君主・首脳たちの後裔である現今の君主・首脳たちから支持や賛同を得る可能性を十分に持っている、という希望を抱いてよいことを証明するものだ、と主張している。

五・七　サン・ピエールの平和構想の問題点と意義

サン・ピエールの平和構想の諸々の長所と欠点については、次章末でカントの平和論のそれと比較しつつ詳細かつ具体的に検討する予定である。したがってここでは、根本的な問題点と主要な意義とに限定して指摘することをもって、本章の締め括りとしたい。

(i) **問題点**　根本的な問題点としては、次の二つの点を指摘することができる。

●サン・ピエールの平和論はその哲学的・理論的基盤として、「公正の法」としての自然法の観点と功利主義的観点とを並存させている。しかしこの二つの観点が本質的に相容れない鋭い対立あるいは矛盾を孕《はら》んでいることは、功利主義倫理説の確立者ベンサムの自然法思想批判や、現代倫理学における義務論的倫理と帰結主義的倫理の対峙から見てとれるとおりである。実際、「公正の法」に従うことに徹底すれば、たとえ獲得される総体的利益の減少を招く結果になろうとも、あくまで人間集団相互の公正の確保を第一に希求しなければならないし、功利主義に徹するならば、公正さやそれがもたらす平和は総体的利益の拡大という目的のための手段としての価値しか持たず、この目的に反してまで追求されるべきではない、ということにならざるをえない。しかしサン・ピエールは、自説に内在するこの矛盾・対立に関してほとんど無自覚なまま、社会契約の段階が進行していっそう高次の社会的結合が形成されるにつれて、より広い範囲で公正な仲裁裁判が実現し、人々の享受する利益と幸福も増大するという、両観点の幸運な予定調和を想定することで事足れりとしているように思われる。

●サン・ピエールはその平和構想において、各国の現体制を無条件・無差別に容認し、それらが公正の法と国民の幸福の増進という右の二つの観点から見て正当化されうるか否かを問題にしようとしていない。そればかりか、いかなる体制であれヨーロッパ諸国の既存の国内体制を維持・保存することを、ヨーロッパ連合設立を軸とする彼の永久平和構想の主要な目的の一つに数えている。このことについて、彼の計画に対するヨーロッパ諸国の実権者たちの賛同を得やすくするための戦略的発言にすぎないとか、彼は国際平和の構想と国内体制の改良とを切り離して論じているのであって、後者についてはポリシノディ論』等においてフランスの現体制を批判し、あるべき国家統治機構の姿を示している、とかいった弁護をすることは可能であろう。しかし国内体制に関するこの極度に現状追認的な姿勢が、サン・ピエールの平和思想に保守的・反動的色彩を添えていることは否みようがない。彼の構想と、ウィーン会議（一八一五年）後に成立したヨーロッパの君主国の反動的結合体である神聖同盟（Holly Alliance）との関係が指摘されているのはこのことのゆえであり、また現代における平和主義の思想家や運動家——その主力は左翼-進歩主義の陣営に属する人々であった——の間で彼の平和思想がほとんど顧みられなかったことの理由も、一つはこの点にあると考えられよう。

(ii) **意義**　サン・ピエールの平和論の主要な意義については、思想史的意義・歴史的意義・現代的意義の三つの角度から考えるのが適当であろう。なお、歴史的意義とはここでは主として近代の世界政治史上の意義のことを意味しており、また現代的意義のうちには将来的意義をも含めている。

●思想史的意義　カントの平和論の先駆としての意義については次章で改めて論じるが、本章の議論からも既に予見される。ホッブズを嚆矢《こうし》とする社会契約論は、戦争状態としての自然状態から国家の枠内での個人相互間の平和的秩序の確立へと移行する社会契約を論じたが、国家相互間の自然状態の克服による国際平和の実現という課題を視野の外に置いた。サン・ピエールは社会契約をそこまで拡大することによって、従前の社会契約論からカントの国際平和論への橋渡しを果し、しかも次章で明らかにするように、ある面ではカントよりも先に進んでさえいる。また近代自然法思想の流れの中でもサン・ピエールは、自然法の本質に関するホッブズの捉え方を継承しつつ、国際法の次元での自然法の理念の実現をつうじて国際平和を確立しようとするグロティウスの発想を具体化している。

●歴史的意義　歴史的意義の第一は、何といっても国際連合とその前身である国際連盟の原構想としての意義である。第一次世界大戦後における国際連盟の設立が、カントの『永遠の平和のために』に影響を受けたアメリカ合衆国第二八代大統領W・ウィルソンの提唱によることは有名な事実であり、それゆえ同書は国際連盟とその改組による今日の国際連合のマスター・プランと目されている。しかし、サン・ピエールの平和論がカントのそれの先駆思想として位置づけられる以上、前者こそこの両国際組織の最も早期の原案と見るべきであろう。実際、既に見たように今日の国際連合には、一国一票制、内政不干渉の原則、一般事項決議と重要事項決議の区別、総会・常設委員会・理事会の役割分担、議長輪番制、国際連合軍など、サン・ピエールの構想に原型の見出されるものが少なくない。

第二は、オランダのハーグに置かれている国際司法裁判所（一九四六年設立）の原案としての意義である。国家間の紛争を国際法に基づく公正な裁判によって平和的に解決することをめざすこの機関は、その最初の前身である常設仲裁裁判所（一九〇一年設立）がサン・ピエールの用いたl'arbitrage parmanentの名を冠せられていることからもわかるように、彼の提案する仲裁裁判所の機構を、元老院（国連総会）から分離し独立の機関としたうえで、不完全ながら実現したものと言える。

サン・ピエールの構想の第三の歴史的意義は、それが第二次世界大戦後に成立したヨーロッパ共同体（EC）と、その発展形態である今日のヨーロッパ連合（EU）、同連合の基本条約であるマーストリヒト条約、さらにその軍事部門としての北大西洋条約機構（NATO）等の素案にほかならない点にある。右の四つめの点はまた、NATOに代表される集団安全保障体制が、ヨーロッパ連合の共同軍事力による全加盟国の安全保障という彼の発想を思想的源流としている、ということを意味してもいる。

●現代的意義　以上から、サン・ピエールの永久平和論の現代的・将来的意義も明らかである。独立国家の対外主権の発展的解消に基づいた、共通の法と権力の下での諸国家連合の形成による永久平和の確立という彼の構想は、現実化への道を歩み出したものの、なお道半ばで停止したままである。国際司法権に十分な強制力を持たせること、軍事力を各国の主権から分離して諸国家連合の完全な統制下に置くこと、地域的・部分的な諸国家連合による集団安全保障体制――これは複数の国家集団相互のパワー・バランスに帰着してしまう――と全世界的なそれとの並立を解消して後者に一元化すること、そしてそのために、異なる体制や価値観に依拠する国家集団同士が互いに不信と偏見と敵意を抱きつつ対峙するというあり方を克服することなど、めざすべき方向性が既にサン・ピエールによって示されているにもかかわらず、人類がそれへ向かって踏み出せずにいる課題も少なくない。いやそれどころか、諸国家連合の下での協調に背を向け蛸壺的独立主権に立ち戻ろうとする自国第一主義の動きは各地で絶えず、他国に自国の意志を強制するための対外主権の発動としての露骨な武力行使さえ、今なお根絶されるに至っていない。これらのさまざまな課題を克服して永久平和を実現するための叡智の源として、サン・ピエールの構想に改めて目を向け、これを現代の具体的状況に照らして換骨脱胎し、彼の考え及ばなかった新たな問題へと拡大して考え進める、という思考努力は不可欠であろう。この意味で、サン・ピエールの『永久平和論』は現代においてなお大いに学ばれ研究されるべき政治思想上の古典としての価値を保ち続けているのである。

第6章 カントの道徳哲学と平和論——近代自然法思想の集大成

六・一 生い立ちと生涯・著作・学問的軌跡

(i) **生い立ちと生涯** イマヌエル・カント (Immanuel Kant) は一七二四年四月二二日、ドイツ (神聖ローマ帝国) 内の王国プロシア (プロイセン) の一都市ケーニヒスベルクで、馬具職人の子として生れた。同市は現在はドイツ領でなく、南でポーランド、北東でリトアニアに接しバルト海に西面したロシア領の飛地にあり、旧ソヴィエト連邦の国家元首の名を冠したカリーニングラードの名で呼ばれている。この一帯は中世にドイツ騎士団により植民地として開拓された東方の辺境であるが、ケーニヒスベルクはバルト海の水運を利した貿易と商工業で栄えた国際色豊かな文化都市であった。またプロシアは、この時代から発展・台頭して一九世紀後半のドイツ再統一の中心となった強国で、新教徒の王家を戴き、カントの一家も敬虔派というプロテスタントの一派を信仰していた。

カントは一六歳でケーニヒスベルク大学に入り、二二歳で卒業すると、翌年から同市近郊で八年間家庭教師生活を送り、三一歳で母校の私講師となった。これは大学からの俸給がなく受講生の謝礼を収入源とする不安定な地位であるが、彼は一五年間この職に留まり、一七七〇年に四六歳で同大学の論理学・形而上学教授に就任、その後学部長や二度の学長職も勤めた。その間、後述する数多《あまた》の著述を行ない、また七二歳の引退まで、専門の哲学・論理学のほか数学・物理学・自然法・自然地理学・人間学など多分野にわたる講義を続けた。その死は一八〇四年二月一二日のことである。

カントは生涯独身で、出身市とその近郊以外には居住も旅行もしたことがなく、講師時代に他の地の大学から受けた教授招聘も固辞している。彼は痩身小軀で蒲柳《ほりゅう》の質があり、結婚生活や他郷暮しには健康・体力面で耐えられないと自ら判断したためとも言われる。その彼に約八〇年の寿命を全うせしめた生活上の諸々の自己規則と習慣、それを頑《かたく》なまでに固守した厳格さ、その反面多彩な人々との交際や会食を好んだ社交性と人間味に豊んだ人柄、居ながらして世界各地の詳細な事情に精通した博識ぶりなど、彼の人物を物語る話題には事欠かないが、これらについてはここでは触れない。

(ii) **前批判期の諸著作と学問上の展開**　カントの学問的軌跡は通例、前批判期と批判期の二期に分けて考えられている。このうち前批判期は、一七七〇年の教授就任までの時期を指す。

●自然学的時期　カントは学生時代、ドイツ啓蒙主義哲学の主流をなすライプニッツ-ヴォルフ哲学に属したクヌッツェン（Knutzen 一七一三〜五一）に師事し、数学や物理学にも精通したこの師から、ニュートンの『プリンキピア』その他最新の自然科学の指導・薫陶を受け、自然現象の合理的解明を初期の研究テーマとした。卒業論文である処女作『活力測定考』（一七四七年）や、宇宙の発生に関する「カント-ラプラスの星雲説」の原典である『天体の一般的自然史と理論』（五五年）など、一七五〇年代までの初期著作の多くは物理学・天文学など自然科学上の問題を扱っている。

●哲学的時期　一七六〇年代に入ると、カントはヒュームの経験論的懐疑論やルソーの反主知主義的人間観の影響を受け、関心の焦点を人間の認識能力や生き方へと移し、自分の出発点であるライプニッツ-ヴォルフ哲学の合理主義的啓蒙主義を乗り越えようとする方向性を示すようになる。この時期の重要な著作・論文は、(ア)『神の存在証明の唯一可能な証明根拠』（一七六三年）、(イ)『美と崇高の感情に関する考察』（六四年）、(ウ)『視霊者の夢』（六六年）、(エ)『空間における方位の区別の第一根拠について』（六八年）、(オ)『感性界と可想界の形式と原理について』（七〇年）などである。このうち(イ)は、物理的自然の合理的解明から人間についての心理学的・道徳的・美的関心に基づく経験的観察へのカントの学問的態度の転換を明確に示しており、(ウ)はスウェーデンの神秘家スヴェーデンボリ（Swedenborg 一六八八〜一七七二）の超自然的能力にまつわるエピソードを題材に、超常現象に対し合理主義的立場から辛辣な批判を加えつつ、形而上的な霊界や神的世界への強い関心を垣間見せている。また(ア)は『純粋理性批判』の「超越論的弁証論」のテーマを、(エ)・(オ)は同書の「超越論的感性論」の議論を先取した内容の論文で、特に当時の慣行に従ってラテン語で執筆・発表された教授就任論文である(オ)には、批判期の理論哲学の基本的構想が萌芽的に予示されている。

(iii) 批判期の諸著作　(ォ)の発表後、カントは一〇年余の間著作らしい著作を公《おおやけ》にしなかったが、一七八一年に『純粋理性批判』(*Kritik der reinen Vernunft*『第一批判』)を刊行し、自己の理論哲学上の見解と、「批判哲学」と称されるカント哲学全体の大枠を明らかにした。以後の著作は批判期の著作として分類される。同書の理論哲学については次節で略述するが、そのあまりの画期性のために当初は容易に理解されず、カントは翌々年に同書の平易なダイジェスト版と言うべき『プロレゴメナ』(*Prolegomena zu einer jeden künftigen Metaphysik, die als Wissenschaft wird auftreten können*)を刊行するとともに、大幅な改訂を加えた『純粋理性批判』第二版を八七年に出版した。実践哲学すなわち道徳哲学に関しては、自説の基本的概要を平明に述べた『人倫の形而学の基礎づけ』(*Grundlegung zur Metaphysik der Sitten*　一七八五年)と、体系的に自説を論じた『実践理性批判』(*Kritik der praktischen Vernunft*『第二批判』八八年)を相次いで刊行した。これらについては第三節で詳述する。さらに九〇年には『判断力批判』(*Kritik der Urteilskraft*『第三批判』)が公にされたが、これは美学と目的論について論じ、理論哲学と実践哲学を橋渡ししてカント的世界観の全貌を明らかにした書で、『純粋理性批判』『実践理性批判』と並び三大批判書と称される。

晩年期にもカントの筆は衰えず、一七九三年には道徳的理性神学の立場から宗教を論じた『単なる理性の限界内における宗教』(*Die Religion innerhalb der Grenzen der bloßen Vernunft*)が現れた。同書の説は、理性の理解を超えた教えや掟への信仰と無条件的服従を要求する教会・正統キリスト教神学への批判を含意するため、プロシア政府の嫌忌に触れ、カントは国王命令により宗教に関する著述禁止の処分を科せられた。九五年には、フランスとプロシアのバーゼル講和条約締結に触発されて『永遠の平和のために』(*Zum ewigen Frieden*)を、九七年には法論・徳論の二部から成る『人倫の形而上学』(*Metaphysik der Sitten*)を公刊した。後者の第一部で展開された法哲学と前者の平和論については第四・五節で論じる。さらに翌九八年には、最後の重要著作『実用的見地における人間学』(*Anthropologie in pragmatischer Hinsicht*)が世に送られた。

なお、批判期の著述としてはこのほかに、『啓蒙とは何か』(一七八四年)、『世界公民的意図における普遍的歴史のための理念』(同)、『人類史の臆測的起源』(八六年)、『理論と実践に関する俗言』(九四年)、『学部の争い』(九八年)などの、歴史哲学に関連した重要な諸論文や、『自然科学の形而上学的原理』(八六年)を挙げることができる。

六・二　理論哲学

(i) **哲学史上の意義**　カント哲学は、それ以前の近代哲学の主要な流れを総合し、その限界を克服したと評される。この主要な流れとは一七〜一八世紀の欧州大陸諸国の哲学者(デカルト、スピノザ、ライプニッツら)を担い手とした合理論、同時期の英国の哲学者(ロック、バークリ、ヒュームら)による経験論、一八世紀フランスを中心としドイツにも派及した啓蒙主義の三つである。これらの立場は、神の全知全能と人知の無力を強調し知識よりも信仰を重んじた中世思想に対して、人間の認識能力を信頼し、合理論は合理的・抽象的思考の、経験論は感覚的経験の陶冶と徹底により、啓蒙主義は万人の認識能力と知識の進歩向上により、確実な真理に到達もしくは限りなく前進しうると確信した。この考え方は、科学的知識の急速な発展との相乗効果により自然や社会に対する合理的・実証的理解を進めた反面、合理論と啓蒙主義は自由・不死・神などの形而上学的問題に関して概念的・抽象的思考による肯定や否定の独断的論断を下して不毛な対立に陥り、これに懐疑の目を向けた経験論は感覚的経験による所与的事実の確認に徹するあまり、自然現象の因果関係をも出来事の単なる連続の恒常的・習慣的認知に還元し、自然科学の根拠を危くするに至った。これに対してカントはまずもって、感覚の能力である感性や抽象的・概念的思考の能力である悟性などの働きとその限界を、さらには経験や超経験的認識の成り立ちを解明し、私たちが何をどこまで正しく知りうるかを見極める「認識能力の批判」をつうじて、自然科学の根拠を確立するとともに、学としての形而上学が可能か、可能だとすればそれはどのようにしてかを明らかにしようとした。

(ii) **アプリオリな総合的判断と形而上学の可能性**　認識に関わる判断は第一に、「この鉛筆は赤い」のようなアポステリオリ（a posteriori）な、すなわち経験的な判断と、「三角形の内角の和は二直角である」のような、経験に先立ち経験的検証抜きに妥当するアプリオリ（a priori）な判断とに分れる。前者は「何がどのようである」という事実を確認するに留まり、後者のみが、必ずそのようでなければならないという必然性を伴いうる。第二に、分析的判断（analytische Urteil）と総合的判断（synthetische Urteil）との区分がある。前者は「鉛筆は筆記具である」のように、述語が主語のうちに予め含まれている判断で、判断以前に主語に関して考えられていたことを明確にするだけであるが、後者は右の「この鉛筆は赤い」のように、主語の概念に含まれていないことを述語のうちに含み、主語に関する新しい知識を付け加えて認識を拡張する。分析的判断はすべてアプリオリに妥当し、経験的判断はすべて総合的であって、経験的な分析的判断はありえない。アプリオリな総合的判断については、それが可能なことは数学や幾何学が学として成立していることから明らかだとカントは言う。彼によれば、これらの学はアプリオリな総合的判断から成る――例えば三角形の内角の和に関する既述の判断は、アプリオリに妥当し、しかも二直角ということは三角形の内角の和の概念自体からは出て来ず、直観の助けでそれに付加される認識である――からである。他方、霊魂の不死や神の存在に関する形而上学的主張もアプリオリな総合的判断である――「霊魂は不死である」「神は存在する」等の判断の主語の概念は述語を予め含んでおらず、またそれらの真偽は経験によって検証されえない――が、この種の判断によって認識を進める学としての形而上学は未成立で、証明されない独断的主張同士の対立に終始している。形而上学を学として確立するには、アプリオリな総合的判断の可能性の根拠の解明と、それによる認識の源泉・区分・範囲・限界の完全な規定が必要である。

(iii) **認識論における超越論的観念論**　その手掛りを与えるのは、カントの認識論上の独自の見解である。私たちが経験によって知る自然の世界（感性界 mundus sensibilis）では、実体としての諸事物が空間・時間の中で、ある量や度を持ち、厳密な自然法則に従って、因果関係や相互作用その他の必然的連関をなしつつ存在し、それに基づいてさまざまな出来事が生起している。しかしカントによれば、それは事物や出来事が経験を離れてそれ自体でそのような性状を有するからではなく、経験的認識がそれをつうじてのみ行なわれる私たちの認識能力の性質のゆえに、私たちにとっては常にそのようなものとしてしか現れることができないからである。すなわち経験とは、感官が事物に触発されて得た多様な感覚的所与に、私たちの理論的な認識能力（広義の理性）が、空間・時間・量・度・実体性・因果性・相互性その他の論理的形式をアプリオリな枠組として付与し、経験の対象世界を形造ることであって、私たちの心の外にあるとおりの事物の姿を受動的に受容することではない。それゆえこれらの論理的形式は、経験によって知られた現象（Erscheinung）としての事物に特有のものであり、物自体（Ding an sich）としての事物が私たちの経験的認識に先立って既にこのような性質を帯びているわけではない。この考え方を超越論的観念論（transzendentaler Idealismus）と言い、「経験に際しては認識が対象の性質に従うのではなく、対象が認識能力の性質に従って現れる」というカントの発想の転換は、天文学における天動説から地動説への転換に擬《なぞら》えて、コペルニクス的転回（Kopernikanische Wendung）と呼ばれることがある。

(iv) **感性の形式としての空間・時間**　空間と時間は感覚を受容する私たちの感性（Sinnlichkeit）にアプリオリに備わった形式としての純粋直観であり、広義の理性（Vernunft）の一要素をなす。私たちは対象について感官をつうじて得た経験的直観という感覚的所与を、必ずこの枠組の――内官の所与は時間の、外官の所与は時間・空間双方の――中に置いて捉える。数学や幾何学のあらゆる明証的・必然的判断の究極の基礎にはこの純粋直観がある。なぜなら、「七プラス五は一二である」「三角形の内角の和は二直角である」のような総合的判断がアプリオリに妥当しうるのは、純粋直観における数や図形の概念の構成が、つまり数の単位を時間の中で継続的に加えたり図形を空間中で思い描いたりすることが、可能なことによってだからである。空間・時間は決して物自体に付着した性質ではない。もしそうであったら、時・空の表象は経験によって得られるアポステリオリなものとなり、数学的命題のアプリオリな妥当性は説明不能になる。アプリオリな総合的判断から成る数学や幾何学が必然的で確実な認識を与える学として成立しうるのは、空間・時間が純粋直観であり感性のアプリオリな形式であることによってである。以上は『純粋理性批判』の「超越論的感性論」の論旨である。

(v) **純粋悟性概念と客観的経験判断の成立**　続いて同書の「超越論的分析論」では、広義の理性のさらなる要素である（狭義の）悟性（Verstand）と判断力（Urteilskraft）の働きについて論じられる。悟性は概念の能力であり、感性的直観（「感官による直観」＋「空間・時間」）によって得られる表象に、論理的思考の客観的枠組として、アプリオリな純粋悟性概念（reine Verstandesbegriffe）をさらに付け加える。純粋悟性概念はカテゴリー（Kategorien）とも呼ばれ、カントは判断における思考機能の区分を手掛りに、㈠量——単一性・数多性・全体性、㈡質——実在性・否定性・制限性、㈢関係——実体と偶有性・原因と結果・相互作用、㈣様相——可能性と不可能性・現存在と非存在・必然性と偶然性、の四項一二目のカテゴリーを提示している。所与の直観がこれらの悟性概念の下に、判断力の働きによって、可能的経験のアプリオリな制約をなす原則に従って包摂され、概念が直観に関する判断一般の形式を規定し、直観の経験的意識を意識一般において結合することにより、「自分にはこう感覚される」という単なる主観的な経験的判断とは異なる、対象の合法則的・必然的連関についての認識を伴う客観的・普遍的妥当性を持った経験判断が成立するのである。

すなわち、悟性は法則を自然から汲み取るのではなく、自然に対してアプリオリに妥当する法則を指定する。そしてこのことが、「実体は存続し不変である」「生起する物事はみな常に恒常的法則に従った原因によって予め規定されている」等のアプリオリな総合的判断を自然の従う明証的・必然的法則として提示する純粋自然学を、あらゆる合理的自然科学の基礎をなす学として可能ならしめる根拠である。自然は普遍的法則によって規定されるかぎりでの事物の現存であるが、この場合は可能的経験の対象の総体を意味し、純粋自然学の与える認識はアプリオリに可能でその実在性が経験的に確かめられる自然認識、すなわち経験の対象一般に関する経験そのものの必然的合法則性の認識である。量・度・実体的持続・因果関係などの純粋悟性概念は可能的経験にのみ関わり、物自体には適用不可能なので、物自体についてそれらによるアプリオリな認識は成立せず、また物自体に関する必然的法則を経験的に知ることはできないからである。すなわち、純粋自然学の普遍的法則はその使用を可能的経験の世界に制限することでアプリオリな妥当性を持ちうるのであり、自然科学は物自体でなく現象界のみを対象とするかぎりで確実な客観的認識を与える学として限りなく進歩しうるのである。

(vi) **純粋理性の理念――形而上学的仮象の発生**　『純粋理性批判』後半の中心をなす「超越論的弁証論」は、推論の能力としての（狭義の）理性――これは狭義の悟性・判断力とともに広義の悟性を形成し、それに感性の形式である空間・時間が加わって広義の（理論）理性が成り立っている――を批判の対象とする。既述のように、純粋悟性概念は可能的経験の対象に関わるが、理性にとって可能的経験を超えた対象について考えることは必然的である。それ自身は決して経験の対象となりえない、あらゆる経験的認識の主体、可能的経験の絶対的全体、偶然的・依存的な諸々の経験対象の究極的必然的原因などの概念――純粋理性概念としての理念（Idee）――を考え、経験の対象を経験では把握できない全体的系列の中に置くことにより、制約されたものからその制約へと進む過程の完全性を求めることは、理性の使命に属するからである。しかしその場合、カテゴリーや空間・時間が可能的経験を超えて物自体へと拡張使用され、「時間の中での持続性なしに考えられる実体」「時間の中で作用しない原因」など、経験にのみ適用される述語で表わされながら経験の可能性の条件である直観を欠いた無意味な概念が理念として考えられることになり、それらについてのアプリオリな総合的判断は不可避的に形而上学的仮象をもたらす。この見方に基づいてカントは、霊魂・世界・神に関する従来の形而上学の議論・主張を徹底的に批判し論破するのである。

●内官の対象として経験的に知られる自我の意識現象に対して、それを意識し経験する主体としての自我を、この現象の根底にあって魂の本質をなす単純な、時間中で数的同一性を保つ人格として実体化し、死後におけるその持続性、つまり霊魂の不死について議論することは、純粋理性の誤謬推理（Paralogismus）である。この意識主体は経験的認識の対象となりえない物自体の理念であり、これに実体性・数的同一性・時間的持続等の概念を適用することはできないからである。

●世界（宇宙）の全体が、(一)空間的・時間的限界を持つか否か、(二)単純な諸部分から成るのか否か、(三)自然法則によるだけでなく、自由による原因から生じた出来事をも含むか否か、(四)必然的存在者をその部分または原因として持つか否か、等の宇宙論的問題は、肯定と否定の答えが全く等しい妥当性をもって主張される二律背反（Antinomie）を生み出す。(一)を例にとれば、可能的経験を超えた「世界全体」という理念に関してはそもそも問題になりえない「空間的・時間的限界」が問題とされているために、肯定・否定いずれの答えも等しく誤っているからである。また(三)について言えば、現象と物自体を区別して、現象としてのかぎりでは自然の必然的法則の支配の下にあるものが物自体としては自由でありうると考えることにより、肯定と否定との矛盾対立は解消される。この対立は、現象と物自体を混同し、自然対象を物自体とみなして自然法則をその法則と考えたり、現象である自然対象の何かを自由の主体とみなしたりすることから生じる見かけ上の対立にすぎないからである。

●カントは従来の形而上学による神の存在証明を、存在論的証明・宇宙論的証明・目的論的（自然神学的）証明という三つの主要な証明法に帰着させ、そのすべてに論駁を加える。このうち最も根本的とされる存在論的証明を例にとれば、これは神＝最も完全な存在者の概念が「存在すること」を必然的に含む──存在を欠いた「最も完全な存在者」の概念は、他の点は同一でなおかつ存在するものの概念よりも内容に乏しく不完全なので、最も完全な存在者の概念ではない──として、「神は存在する」を分析的判断とみなす証明であるが、神の概念はそれ自体としては考えられただけの概念であり、この概念のみからそれが実在することを導き出すことはできない。考えられ設計されたある機械の概念は、この機械が設計どおりに製作される前と後とで内容上同一であるように、概念の内容はその概念の対象が実在するか否かによって多くも少なくもならないからである。

(vii) **形而上学的探究の道筋**　このように、霊魂や世界（自由）や神に関する形而上学的諸問題は物自体の理念に関わっていて理論理性の能力を超えており、それらを理論的に解決しようとする試みは迷路に入ることを運命づけられているが、それでも理性はその本性上、これらの問題の探究に向かわざるをえない。この探究を学問的に進めること、すなわち学としての形而上学は、どうすれば可能か。現象の世界である自然界を規定する法則は必然性の法則であるが、物自体の世界を規定するのはこれと異なる法則でなければならない。自由の法則としての道徳法則こそはまさにそれである。物自体の世界はモラルの世界（moralische Welt）であり、形而上学的探究の試みは道徳哲学を介さなければならない。これが『純粋理性批判』の末尾をなす「超越論的方法論」におけるカントの答えである。

六・三　道徳哲学

(i) 道徳哲学の位置と性格　カントは『人倫の形而上学の基礎づけ』の序文で示している哲学の諸部門の区分において、人倫的対象と自由の法則を扱う倫理学を、自然対象・自然法則を扱う自然哲学に対峙させ、両者をさらに合理的部門と経験的部門に分けている。倫理学の合理的部門である人倫の形而上学は、アプリオリな原理のみに基づいて道徳の最高規範を合理的に明らかにするのに対し、経験的部門である実践的人間学は、自然によって影響されるかぎりでの現実の人間意志を支配する法則を経験的に明らかにする。この法則はつまり自然法則であるから、自然界と区別されるモラルの世界の法則である自由の法則を明らかにすべき本来の意味での倫理学、すなわち道徳哲学は、人倫の形而上学でなければならない。言い換えれば道徳哲学は、現実の具体的人間に関する経験的研究が与える人間の性向や行動様式の知識にではなく、専《もっぱ》ら純粋な理性的原理のみに基づいて、これらの性向や行動様式の善悪を判定する規範ないし基準を示す学でなければならない。責務の根拠である道徳法則は絶対的必然性を伴っていなければならず、それゆえ人間の本性や人間の置かれた世界の状況のうちに経験的にではなく、アプリオリに純粋理性の諸概念のうちにのみ求められるべきものだからである。

(ii) **善意志と義務**　同書の本論は、まず端的かつ無制限に善いものは何かを示し、その善さが何に由来し何によって決まるかを探究することから出発する。カントによれば、無制限に善いもの、内的・無条件的価値を持つものは、善意志（guter Wille）のみである。善意志は、それが惹起したり成し遂げたりする物事や、めざす目的に有用なことによってではなく、ただ専らその意志作用（Wollen）によってそれ自体で善く、絶対的価値を持つ。これに対して、善いとされる他の一切のもの——精神の才能（悟性・機知・判断力等）、気質の特質（勇気・果断さ・根気強さ等）、幸運の恵み（権力・名誉・富・幸福等）など——は、それを享受し使用する者の意志の善し悪しによって善くも悪くもなりうる。それゆえ善意志は一切の善いものの最上位の条件である。なお、カントがここで心的な能力・性質や人間的状況など、人間に属する善のみを例に挙げるのは、人間以外の事物の善さは何のどのような性質であれ、それに使用等の形で関わる人間の善し悪しで決まることが自明だからであろう。

　さて、善意志とはつまり善い行為をしようとする意志であるが、善い行為とはどのような行為か。カントはそれを、行為と義務（Pflicht）との関係によって説明する。彼はまず行為を、(一)義務に反する（pflichtwidrig）行為と、(二)義務に適う（pflichtmäßig）行為とに分ち、さらに(二)を、(ア)利己的意図に基づく（aus selbstsüchtiger Absicht）義務に適う行為、(イ)傾向性に基づく（aus Neigung）義務に適う行為、(ウ)義務に適い、かつ義務に基づく（aus Pflicht）行為に三分する。商人が自己の信用と将来の利益を慮《おもんばか》って無知な客にも正当な値で商品を売ることは(二-ア)の、死にたくない人が自殺しないことや親切好きな人が他人に親切にすることは(二-イ)の例であり、客を欺いて高く売りたいのは山々だが正価で売るのが義務だからそれに従う、生きる辛さに自殺を切望しつつ自己の生命を保つ義務を守って思い止まる、親切に頼る者を嫌悪しながらも他人への親切の義務を遂行する、等は(二-ウ)の例である。カントによれば、(一)が善い行為でないことは自明であり、(二-ア)・(イ)も内的道徳的価値を欠いていて善い行為とは言えない。真正な道徳的価値を持つ善い行為は(二-ウ)、すなわち、それを行なうことが義務だからという内的理由のみに基づいて行なわれる、義務に適う行為である。

善意志の善さ、つまり右のような善い行為の道徳的価値は、何に由来し何によって決まるのか。それは行為によって達成される意図にではなく、行為がそれに従って決意される意志作用の原理（Prinzip des Wollens）に由来する、言い換えれば、行為の善し悪しはその結果として実現される物事の善し悪しによってではなく、行為がどのような原則ないし規則に則ってなされるかによって決まる、というのがカントの答えである。行為の意図や意志の目的ないし動機（Triebfeder）となる行為の結果（自己の信用や利益、生きていたいとか親切の楽しみを味わいたいとかいった傾向性の満足等）が行為の無条件的価値をもたらさないことは、既述の点から明らかだからである。それでは、それに則ってなされる行為が善い行為となるような意志作用の原理はどのようなものか。意志作用の原理には、主観的原理すなわち各人が自分だけに課す自分固有の行動規則と、客観的原理すなわち皆が従うべき共通の規則とがあり、前者は格率（Maxime）、後者は法則（Gesetz）と呼ばれる。カントによれば、それに則った行為を善い行為とする法則・格率は、人間たるかぎりの万人が従うべき真に客観的・普遍的な法則である実践的法則（praktisches Gesetz）つまり道徳法則と、あらゆる傾向性の毀損を伴おうとも道徳法則に必ず従うという、法則に対する尊敬の格率のみである。したがって、意志の唯一の規定根拠であるかぎりでの道徳法則の表象こそが行為の善さ＝道徳的価値の源であり、義務とは法則に対する尊敬に基づく行為の必然性（必ずしなければならないという性格）と定義される。

(iii) **義務概念と道徳法則のアプリオリ性**　義務に適合し、かつ義務に基づく善い行為の経験的実例、すなわち道徳法則とそれに対する尊敬の格率のみを内的原因とし、自己の利益や傾向性の満足などの動機に一切影響されずに、道徳法則に一致した行為がなされたという具体例を挙げることが、まったく不可能だとしても、道徳法則と義務概念の妥当性は聊《いささ》かも揺らぐことはない。道徳法則は理性的存在者のうちにおいてのみその表象が生じる純粋に理性的な法則であり、すべての理性的存在者一般に端的に必然的に妥当しなければならないので、経験的実例から、すなわち非理性的な諸性質・諸性状を含む人間の自然本性に影響される現実の行動様式の観察から帰納的に導かれることはできず、逆にそれらの実例＝現実的行動の善し悪し（道徳的価値）を判定する、アプリオリに妥当する基準でなければならないからである。それは、幾何学の法則に寸分違わず合致する幾何学的図形の実例が作図可能かどうかはこの法則の妥当性に関わりがなく、逆に作図された図形の正確度がこの法則を基準として判定されるのと同様である。経験的実例は、それが真に善い行為の実例であれば、同様の行為の実行を励ますという意味を持つのみである。したがって、道徳法則と義務概念は純粋な理性という源泉からアプリオリに導出されなければならない。

(iv) **道徳法則としての定言命法**　次の課題は、この導出を行なって道徳法則がどのような法則かを明らかにすることである。既述のように、道徳法則は理性的存在者のみが表象しうる理性的法則であるから、意志が理性によって完全に規定されるなら、意志作用は自《おのず》から道徳法則に一致し、客観的に必然的な（万人がしなければならない）行為のみを選択するであろうが、理性的存在者であるとともに感性的存在者でもある人間の意志は、そのような「聖なる意志」ではなく、感性に由来する諸々の主観的条件（その人だけの勝手な動機）によっても規定されるので、道徳法則は人間にとっては意志を強制する理性の命令（Gebot）として表象され、それを言い表わす定式は命法（Imperativ）となる。

それでは、道徳法則を言い表わす命法はどのような命法か。道徳法則は善い行為を命じるものであり、善い行為とは、その結果として期待される利益の獲得や傾向性の満足などの主観的動機を顧みず、普遍的道徳法則とこの法則に対する尊敬の格率という意志作用の原理に則ってなされる行為であった。それゆえ道徳法則を表わす命法は、こうした動機への言及を一切抜きにして、善い行為がそれに則るべき法則と格率のみを指定する命法、すなわち人間たるかぎりのあらゆる人間が従うべき真に普遍的な法則と、この法則に自分は必ず従うという格率とに従って行動するように命じる命法でなければばならない。それはすなわち、「汝の格率が普遍的法則となることを、その格率によって汝が同時に意志しうるような、そのような格率に従ってのみ行為せよ」という命法である。これをカントは「定言命法」（kategorischer Imperativ）と呼ぶ。定言命法は「汝の行為の格率が汝の意志によって普遍的な自然法則（Naturgesetz 自然法）とされるかのように行為せよ」とも言い表わされる。普遍的法則は、その下にあってそれによって規定される物事の現存としての自然――この場合は、可能的経験の総体としての感性的自然ではなく、理性的存在者にとっての超感性的自然――を形造るからである。

(v) **仮言命法** 命法にはこのほかに、仮言命法（hypotetischer Imperativ）と呼ばれるものがある。これは行為自体とは別の何かのための手段として好ましい行為を命じる命法で、「もし……ならば、〜せよ」という条件文つきの形をとり、(a)技術的命法（technischer Imperativ）または熟練の規則（Regeln der Geschicklichkeit）と、(b)実用的命法（pragmatischer Imperativ）または怜悧の勧告（Ratschläge der Klugheit）の二種類がある。(a)は可能的に意図される（人によってめざしたりめざさなかったりする）物事の達成のための好ましい手段である行為を命じる「○○という結果を得たければ、〜せよ」という命法である。この場合、○○は任意の無限に多様な物事でありえ、その善悪は問題でないから、(a)は悪い物事に役立つ悪い行為を命じることもありうる（「人を殺したければ、銃で撃て」）。次に(b)は、幸福という現実的に意図される（誰もが実際にめざしている）物事の達成のための好ましい手段である行為を命じる「幸福になりたければ、〜せよ」という命法である。これは万人が善いとみなす目的のために必要な行為を命じる点で道徳的に見えるが、めざされる幸福の概念は経験的所与と、人によって多様で不明確な臆見とに依存する主観的概念であるから、命じられる行為は人の幸福観次第でまちまちになり、万人が必ず行なわなければならない客観的に必然的な行為ではない。したがって、(a)・(b)はいずれも道徳法則ではありえない。そもそも、道徳的に善い行為に際して顧慮されてはならない主観的動機そのものを、その命じる行為がなされるべき内的理由として掲げる仮言命法は、道徳法則としての資格を持ちえないのである。

(vi) **定言命法による義務の識別**　カントによれば、義務を言表するすべての命法が定言命法から導かれ、義務に適う行為とそうでない行為が識別できる。行為の格率が普遍的法則として矛盾なしに考えられないか、考えられても意欲されえない場合、その行為は定言命法に、それゆえ義務に反する。

義務は完全義務（vollkommene Pflicht）と不完全義務（unvollkommene Pflicht）に区分され、それぞれがさらに他人に対する義務と自己に対する義務とに分れる。完全義務は万人がそのすべてを果さなければならない義務であり、これに反する行為の格率は普遍的法則とされることが矛盾なしには考えられない。不完全義務とは、誰もがそのどれかを可能なかぎり多く果すべきだが、万人がすべてを果すことは要求されず各人に選択の余地があり、果した分は功績とされるような義務で、これに反する行為の格率は普遍的法則とされることが矛盾なく可能ではあるが意欲されえない。カントの挙げる例によれば、「困窮を切り抜けるために守る気のない約束をする」という行為は、その格率が普遍的法則とされると誰もが平気で偽約をする事態が生じ、約束を信じる者がなくなって偽約による困窮の回避自体が不可能になるという矛盾が生じるので義務違反であり、守る気のない約束は決してしないことが他人に対する完全義務である。また「自己の才能の開発に努めず安楽に生きる」という行為は、その格率が普遍的法則となること、つまり万人が才能の開発を放棄して安楽に暮らすことは可能だが、諸々の才能によって実現される有益な物事が何一つ実現されなくなり、そのような事態を意欲することはできないので、やはり義務違反であり、自己の才能の全部ではなくとも幾つかの開発に努めることが自己に対する不完全義務である。総じて、義務に反して行為する者は、自分の行為の格率と一致しない原理の普遍妥当性を認めつつ、自分のみその格率に従って行為するという例外扱いを要求しているという点において、その意志が自己自身との矛盾に陥っている。

(vii) **意志の自律と人格の尊厳**　(iv) に掲げた定言命法の二つの定式は、各人の意志の格率（各人が自分に対して定める行動原則）が（万人の従うべき）普遍的法則になりうるようなものでなければならない、ということを命じている。それゆえ道徳法則としての定言命法に従う理性的存在者の意志は、単に法則に服従するだけでなく、自らの服従すべき普遍的法則を自ら立法する意志、すなわち普遍的立法意志でなければならない。したがって先の定言命法の二定式は、「同時に自分自身を普遍的立法意志とみなしうるような自らの意志の格率に従ってのみ行為せよ」と言い換えることができる。

意志が自ら立法する普遍的法則にのみ服従し、他のいかなる法則にも服従しないことは、意志の自律（Autonomie）である。それゆえ定言命法は意志の自律を命じている。さて、道徳法則を自ら立法し、それに従う自律的意志、すなわち道徳性とそれを備えることのできる人間性こそは、他のあらゆるものの「善さ」＝価値を規定する法則を定めるものである。なぜなら道徳法則こそが善い行為の、それゆえ善意志の善さを規定し、この善さが他の一切のものの善さを規定するので、何物もこの法則の定める価値以外の価値を持たないからである。それゆえ自律的意志の主体、すなわち自ら普遍的法則を定め、この法則の表象に従って行為する理性的存在者の人格（Person）は、単なる相対的価値つまり価格（Preis）ではなく、これを無限に超えた、いかなる等価物も許さず他の何物の価値にも置き換えられない無条件的で比較を絶した内的・絶対的価値を持つ。この価値がすなわち尊厳（Würde）である。それゆえ意志の自律は人格の尊厳の根拠である。

（viii）**目的自体としての人格**　カントによれば、目的（Zweck）とは意志が自己を行為へと規定する際の根拠をなすものであり、各人が欲求の主観的根拠である動機に基づいて勝手にめざす主観的目的と、意志作用の客観的根拠である動因（Bewegungsgrund）に基づいて万人がめざすべき客観的目的がある。前者は行為の結果として得られるべき欲求の対象としての、理性を持たない事物や物事、すなわち物件（Sach）であり、これは傾向性と欲求の満足のための手段として、それらによって条件づけられた相対的価値＝価格のみを有し、何か他のものを等価物として持つ。他方、後者はあらゆる主観的目的の最高の制限的条件、すなわち他の一切のものがそれによって、そのためにこそ価値を持つ目的自体（Zweck an sich）であり、それゆえ絶対的価値を持つ。それは理性的存在者の人格以外にありえない。さて既述のとおり、定言命法に従い自律的意志をもって行為する人格の道徳性こそ、この人格が絶対的価値＝尊厳の担い手として、すなわち行為によって実現されるあらゆる可能な目的の主体である目的自体としてありうる条件をなしている。それゆえ定言命法は、私たちが常に主観的目的でなく客観的目的＝目的自体のために、つまり尊厳ある人格のために行為するよう命じるものと言える。

（ix）**意志の他律**　これに対して、意志が単に法則に服従するのみであることは、意志の他律（Heteronomie）である。他律的意志は、関心（Interesse）の対象によってある行為をするように強制される意志、つまりこの対象の性質のうちに法則を求める意志であり、「この対象を得たければしかじかの行為をせよ」という仮言命法に従う。この場合、関心の対象とは人の傾向性と欲求に関係するものや趣味に適合するものであり、相対的価値＝価格のみを持つ物件にすぎない。それゆえ他律的に行為することは、自分の欲する何らかの物件（金銭的収入・社会的地位その他）という主観的目的のためになら、自分が理性に基づいて立法する普遍的法則に則らない、すなわち自分が心から善いと確信しない行為を含むどんな行為でも、平気で行なうことであり、これは必然的に、他人をこの主観的目的のために一方的に利用し、強制や欺瞞によって、この他人自身が心から善いと確信しないどんな行為でもさせることを含んでいる。つまり他律的行為は、自他の人格の尊厳を蹂躙《じゅうりん》し、人格を目的自体＝客観的目的から、主観的目的である物件のための手段へと貶しめることにほかならない。

（x）**定言命法のさらなる定式と目的の国**　かくて意志の自律を命じる定言命法は「汝の人格や他の

あらゆる人の人格のうちなる人間性を常に同時に目的として扱い、決して単に手段としてのみ扱わないように行為せよ」とも言い表わされ、この定式は既出の三定式と同じことを命じているということが(vii)〜(ix)から明らかである。自律的諸人格はこの定言命法を共通の基本法則として、共同的な客観的法則による理性的存在者の体系的結合である「目的の国」(Reich der Zweck)を形成する。

(xi) **意志の自由と自律**　自由(Freiheit)とは外的な規定要因から独立に働きうる原因性の特質であり、その対概念としての必然性(Notwendigkeit)は、外的原因の影響によって活動へと規定される原因性の特質を意味する。あらゆる非理性的存在者の作用の原因性は後者すなわち自然必然性であり、それらが従う自然法則——感性的自然の世界を規定する法則——は必然性の法則である。これに対して、道徳法則を自ら立法しそれに従う理性的存在者の自律的意志は自由な意志であり、この意志が従う道徳法則は自由の法則である。ただし、人間は理性的存在者であるとともに感性的存在者でもあり、後者としてのかぎりでの人間の、すなわち内官により自己の自然本性の現象と自己の意識が触発される仕方とをつうじて経験的に知られる自我の活動は、必然性の法則である自然法則の下にあり、その意志は外的原因の力によって規定され、利己的欲望や傾向性に動かされる他律的意志である。

(xii) **人間における自由と必然性の結合**　自然法則に従う感性的・他律的存在者としての人間は、自然界すなわち感性界に属する現象である。他方、理性的・自律的存在者としての人間、自由の法則に服従して自己のうちに理性に基づく純粋な自発的活動性を示し、自然法則に規定されて利己的欲望や傾向性を満足させようとする自己の行為を悪しき行為として退ける人間は、可想界（mundus intelligibilis 叡智界）に属する物自体とみなされる。人間のこの二つの側面は両立しうるだけでなく、同じ主体において必然的に結合しており、同一の人間の行為に関して自由と必然性の間に真の矛盾は見出されない。人間が自由と言われる場合と、自然の一部として必然性の法則に服すると言われる場合とでは、片や物自体、片や現象という異なった意味と関係の下で人間が考えられており、ある同一の物が感性界に属する現象としては自然法則に従いつつ、叡智界に属する物自体としてはこの法則から独立で、全く別の法則に従う、ということは、何の矛盾も含まないからである。

(xiii) **実践理性の要請としての自由・不死・神**　カントによれば、「世界のうちに自由は実在しうるか」「人の魂は不滅か」「神は存在するか」といった形而上学の主要問題に、理論哲学はいかなる答えも与えることはできない（六・二の(vi)）。世界・霊魂・神のような物自体の世界に属する超感性的対象の理念に関して、理論理性は主張や理論を立てる権利を持たないからである。しかし道徳法則を必然的に妥当するものとして立法する実践理性は、この法則の拘束性の条件として必然的に前提されなければならない事柄が、たとえ理論的には論証不可能でも、自己矛盾を含む不可能なことでないかぎり、アプリオリに必然的であることを、実践理性の要請（Postulat der praktischen Vernunft）として主張しうる。これを理論理性に対する実践理性の優位（Primat der praktischen Vernunft）という。この点は、『実践理性批判』の第一部第二篇「純粋実践理性の弁証論」で詳論されている。

●自由の実在性　『純粋理性批判』の「超越論的弁証論」における二律背反に関する議論（六・二の(vi)）により、「世界のうちに自由はありえない」という思弁的・理論的論証は成り立たないこと、つまり理論理性は自由の可能性を否定できないことが示された。また本節(xii)で述べたように、人間が感性界の現象としては必然性に服しつつ物自体としては自然必然性に縛られない自由を持つ、ということに矛盾はない。しかるに道徳法則に従って行為することが、言い換えれば善＝道徳性の実現が、一度きりでも可能なためには、人は自然必然性に規定された傾向性に抗して理性の命令に従うことができなければならない、という意味で、道徳法則は自由の実在という前提の下でのみ可能かつ必然的である。それゆえ自由は道徳法則の条件として、実践理性によりその客観的実在性を開示・証明される。

●最高善の理念　本節(ii)・(v)から明らかなように、道徳的意志の規定根拠はただひたすら義務でなければならず、幸福という動機であることは決してできない。しかしカントによれば、義務を唯一の規定根拠とする意志の有徳な主体は幸福に値する。それゆえ道徳法則は私たちに、自分が幸福になるようにではなく、幸福に値するように行為することを命じていると解される。

さて、道徳法則を立法する実践理性は、私たちが単に道徳法則に従って行為しうることだけでなく、道徳法則を常に完全に遵守し、全き道徳性を達成するという理想（最上善　das oberste Gut）を求める。そしてそれとともに、幸福が道徳性と厳密に比例して分配され、有徳な主体にその道徳性に見合った幸福が実現されること（完全善　das vollendete Gut）をもまた、理想として希求する。この二つの理想を合した理想、すなわち完璧な道徳性に達した意志の主体がそれにふさわしい最大の幸福を享受することが、最高善（das höchste Gut）の理念である。最高善の実現は、道徳法則に規定された意志の必然的な最高目的、実践理性の真なる客観として、道徳法則と不可分に結びついており、最高善が不可能ならばその促進を命じる道徳法則も空疎なものとなる。

●霊魂の不死　心術が道徳法則と完全に一致し、全き道徳性が達成されることは、最高善の可能性の不可欠的条件として実践的・必然的に要求されるが、感性界に生きる理性的存在者である人間にとっては、その現存のいかなる時点においても達しえない完全性である。それゆえこの一致はそれへの無限の前進のうちにのみ見出され、この無限の前進は同一の理性的存在者の人格の限りなく持続する現存を、すなわち霊魂の不死を前提してのみ可能である。したがって、霊魂の不死は最高善の可能性の必然的前提であり、これを道徳法則と不可分に結びついたものとして想定することは純粋実践理性の原理に従って必然的である。言い換えれば、霊魂の不死は実践理性の要請である。

●神の存在　有徳な主体にその道徳性に見合った幸福がもたらされるという理想は、感性界＝自然界において私たち自身の努力によって達成されることはできない。幸福は自然法則に基づいた私たちの欲求や傾向性の対象の実現を必要とするが、それをめざして行為することは道徳法則と相容れないからである。それゆえ、この理想を含む最高善の実現は、道徳的心術に適合した原因性を有する、自然界を超えたその最上位の原因であって、人の行為をその心術の奥底まで（この世の生を超えた）未来永劫にわたるあらゆる場合について認識し、その行為にふさわしい結果をもたらすことのできる、全知全能・永遠・遍在的な存在者の、つまり神の現存、という前提の下でのみ可能である。しかるに、最高善の実現を促進することは道徳法則に基づく私たちの義務であり、したがって神の存在は、それを想定することが道徳的に必然的であるようなこと、すなわち実践理性の要請である。

このように、理論理性が肯定も否定もできない自由・不死・神の存在という形而上学的問題に対し、実践理性は道徳法則に基づく最高善の客観的可能性のために必然的な事柄を前提することの不可避性からして、肯定的に考えることができる、とカントは主張する。

六・四　法哲学

『人倫の形而上学』第一部「法論の形而上学的基礎」で論じられたカントの法哲学は、同書に先立って書かれた『永遠の平和のために』の平和論に理論的枠組を付与しており、また右に見た道徳哲学と深く関係している。そこで本節では、この法哲学の要点を略述しておきたい。

(i) **基礎理論**　同書第一部は、私法と公法を扱う本論に先立ち、序論で法の基礎理論を展開している。

●法と道徳の区別　自然法則に対する自由の法則、つまりモラルの法則には、法則が自ら行為の規定根拠となることを要求する倫理的法則と、外的行為およびその合法則性に関わる法的法則がある。

前者の立法すなわち倫理的立法（ethische Gesetzgebung）は、ある行為を義務とし、同時にこの義務を動機とする立法で、他から課せられる外的立法ではありえない。これに対して、後者の立法である法的立法（juridische Gesetzgebung）は、義務を動機とすることを法則のうちに含まず、他の動機を許容する立法で、外的でもありうる。この区分に対応して義務もまた、それに対しては外的立法が可能な法義務（Rechtspflicht）と、外的立法の不可能な徳義務（Tugendpflicht）とに区分される。

●法の普遍的原理　法（Recht）とは、それに対しては外的立法が可能な拘束的法則である外的諸法則（äußere Gesetze）の総括、言い換えれば、ある人の意思（Willkür　選択意志）がその下で他人の意思と、同じ一つの自由の普遍的法則に従って統合されうる諸条件の総括である。法の普遍的原理は、「汝の意思の自由な使用が何人《なんぴと》の自由とも、同じ一つの普遍的法則に従って共存しうるように外的に行為せよ」と言い表わされる。この原理は明らかに、自他の人格のうちなる人間性を目的自体として扱うこと、すなわち自己の従うべき法則を自ら立法する自律的存在者という意味で自由な者として万人が互いに尊重し合うことを命じる定言命法に立脚している。この普遍的原理により、ある行為自体もしくはその行為の格率に従った各人の意思の自由が、何人の自由とも、同じ一つの普遍的法則に従って共存しうる場合、その行為は正しいとされる。法の強制力の根拠もこの原理に見出される。強制は自由に対する妨害であるが、普遍的法則に従っている他者の自由を妨げるような度を越した自由の行使は不法行為となり、それに加えられる強制は自由の妨害の阻止として正当化されるからである。

なお法の普遍的原理は、各人の格率がそれと一致すること、すなわちそれ自体が行為の動機とされることまで要求するものではない。この点は右に述べた法と道徳の区別から明らかである。

●法義務の区分　カントは法義務を、㈠内的義務＝真当《まっとう》な人間であること、㈡外的義務＝誰に対しても不法行為をしないこと、㈢正義の義務＝各人にその人のものが維持されうるような他人との社会的結合に入ること、の三つに区分する。㈠は「汝自身を他人のための単なる手段とせず、彼らにとって同時に目的であれ」という命法に従って、他人に対する関係の中で自己の人間としての、つまり自由で自律的な主体としての尊厳を主張することであり、㈡は普遍的法則に従っている他人の同様な自由を妨げないという義務である。これらが右の法の普遍的原理に、したがって定言命法に由来することは自明である。㈢も同様であるが、これについては私法に関連して説明される。

●法と権利の一般的区分　法すなわち外的法則は、自然法（Naturrecht または natürliches Gesetz）と実定法（positives Recht または positives Gesetz）に区分される。自然法は外的立法がなくても理性によってアプリオリに純粋原理に基づいてその拘束性が認識されうる外的法則であり、実定法は立法者の意志に基づく現実の外的立法によってのみ拘束力を持つ外的法則である。また他人を義務づける法的根拠としての権利（Recht）には、自然によって各人に帰せられる生得的権利（angeborenes Recht）と、法的行為によって獲得された権利（erworbenes Recht）がある。これらは一般的用語に従えば自然権と社会的権利に相当するが、カントによれば生得的権利は自由権ただ一つで、平等権や言論権など他の基本的権利はそれから派生する。すなわち、同じ一つの普遍的法則に従って万人の自由と共存しうるかぎりでの自由こそは、各人にその人間性のゆえに帰属する唯一の根源的な権利である。

●自然状態と法的・市民的状態　自然状態（Naturzustand）に対比される状態は市民的状態（bürgerlicher Zustand）であって、社会状態（gesellschaftlicher Zustand）ではないとカントは主張する。市民的状態は法的状態（rechtlicher Zustand）、すなわち、その下でのみ各人が自己の権利に与《あずか》りうる条件を含む、配分的正義その他の公的正義に従った人間相互の関係である。これに対して自然状態の下では、そのような正義は存在しない。自然法は、自然状態においても有効な自然的法（natürliches Recht）と、市民的状態においてのみ存在しうる市民法（bürgerliches Recht）とに区分される。前者はすなわち私法（Privatrecht）、後者は公法（öffentliches Recht）である。

(ii) **私法**　私法は外的な私のものと他人のものとの区分に関する法である。外的な私のものとは、私の外部にあって、私によるそれの任意な使用の（他人による）妨害が侵害に、すなわち同じ一つの普遍的法則に従って各人の自由と共存可能な私の自由の中断になるようなもののことである。したがってカントの考える所有権は、法の普遍的原理そのものを理論的原理とし、定言命法に由来する自由の概念に立脚している。

各人が外的なものを自分の所有物とすることは、他人によるそれの自由な使用を不法行為として阻む強制力を持つ共同的・公的な外的立法権力の下でのみ、すなわち市民的状態においてのみ決定的に可能である。市民的状態は、各人のものと認められるべきものが法的に規定され、十分な外的権力によって各人の分け前となる状態、各人に彼のものを保障する配分的正義の法則が機能する唯一の状態である。自然状態においては、各人が善いと思うことをする権利を有し、何人《なんぴと》の所有物も相互の暴力による侵害から安全でないので、各人による外的なものの占有は暫定的にしか可能でない。このような状態に留まろうとすることは、同じ一つの普遍的法則に従っての各人の自由の共存を命じる法の原理に反し、それ自体不法である。つまり私法は暗に、自然状態の人間に市民的状態への移行を促している。

なおカントは私法について、所有権の諸形態や事物の取得のさまざまな仕方等をめぐる細かい議論を展開しているが、平和論への関連が薄いので、ここではそれらに言及しない。

(iii) **公法**　法的状態を生じさせるための、一般的公示を必要とする法の総括が公法である。公法は国法（Staatsrecht）・国際法（Völkerrecht）・世界市民法（Weltbürgerrecht）の三つに区分される。

(A) 国法　国法は各々の国家（Staat）の国内法である。

● 国家と根源的契約　国家は法的・市民的状態にある多数の個人の統合した全体であり、人民（民族 Volk）は根源的契約（ursprünglicher Kontrakt）により自らを一つの国家へと構成する。その結果、人民をなす個人全員が無法な自由を全面的に放棄し法に服するが、これは彼ら自身の立法意志による自律的行為なので自由の喪失ではなく、彼らは法的状態の下で自己の自由一般を再び見出す。

●国民の法的属性　統合した国家の成員が国民（Staatsbürger）である。国民の法的属性は、㈠法的自由＝自らが同意を与えた法以外のいかなる法にも従わないこと、㈡市民的平等＝人民のうちに、自分と対等に相互に拘束し合う能力を持つ相手以上の上位者を認めないこと、㈢市民的自主独立＝自分の存在と維持を他人の意思にでなく、共同体成員としての自己の権利と力に負うこと、の三つである。このうち㈠は、自己の従うべき法則を自ら立法する意志の自律を、㈢はこの自律的意志の主体である人格の目的自体としての尊厳を、また㈡は、何人も自分だけを万人の従うべき普遍的法則と相容れない格率に従って行為しうる例外者としてはならないことを意味し、それゆえいずれも、国民が定言命法に従う道徳的主体でなければならないことを示している。ただしこれらの法的属性は女性や、自己の経営によらず他人の指図の下で労働を提供して生活する雇人・徒弟等には認められていない。

●三権分立　国家には立法権・執行権・司法権の三権が属する。立法権は国民の統合した意志のみに帰せられ、執行権を持つ執政者が立法者を兼ねることは専制として排される。執政者は法の下に立ち、法律とその立法者により義務を課せられ、（罰せられはしないが）更迭されてその行政を改められうる関係にあるべきだからである。また立法者・執政者は裁判官の任命権を持つだけで裁判権を有しない。権力に対して受動的立場にある人民は、仲間うちから選ばれた代表者をつうじて自分自身を間接的に裁くのでなければ、不公正な裁きを受ける危険があるからである。

ただしカントは、既存国家権力の成立事情や統治実態の正当性・合法性とは全く無関係に、それに対する服従義務が国民にあるとして、抵抗権を否認している。

(B)国際法　国際法はお互い同士の関係に関する諸国家間の法である。国家は他の国家に対して自然状態に、すなわち法的状態ならざる戦争状態にあり、そこでは現実に戦闘が行なわれているとは限らないが、戦闘行為の恒常的脅威がある。このような状態はそれ自体として不法であり、互いに近接し合う諸国家はそこから脱するように拘束されている。それゆえ、国際法は次の三種の法を含む。

●戦争のための法（Recht zum Kriege）　これは訴訟によって紛争を解決できない自然状態下の諸国家が、他国による侵害に対抗して力によって自国の権利を追求する許容された仕方、つまり戦争に訴えることが許される大義を定める法である。それは具体的には、他国による（報復行為を含む）現実的攻撃や戦争準備、脅威的勢力となるまでに強大化しようとすることによる威嚇などである。ただしカントは、国家による戦争遂行全般のためにも個々の宣戦のためにも、代表者をつうじての国民の自由な同意が必要であることを強調する。国民は国家において共同立法する成員として常に同時に目的自体とみなされなければならず、同意という条件の下でのみ戦争に動員されうるからである。

●戦争中の法（Recht in Kriege）　これは諸国家が戦争遂行時に、自然状態を脱して法的状態に入ることを常に依然として可能にしておくような原則に従うことを命じる法で、これによって刑罰・殲《せん》滅・征服のための戦争や、戦時中のスパイ行為・暗殺・毒殺・敵国民財産の略奪等が禁じられる。

●戦後の法（Recht nach den Kriege）　戦後の法は二種類ある。その一つは講和に際しての講和条約の内容に関する法で、右の戦争中の法と同じ精神に立って、戦時賠償金や捕虜身代金の取り立て、敗戦国の植民地化や属州化、敗戦国民の奴隷化等を禁じる。いま一つは、国家間の自然状態を解消して永続的平和状態を確立する法で、互いに他国の攻撃から自国を護り合うための、根源的社会契約の理念に従った、主権的権力を含まず同盟関係のみを含む国際連盟（Völkerbund）の樹立と、常設的国際会議（permanenter Staatenkongreß）の場での訴訟による国家間紛争の解決を定める。

●世界市民法　世界市民法は、互いに現実的関係に入りうるすべての人民（民族）の平和的・全般的共同体という理念を原理とし、相互交通権と相互訪問権を規定する。前者は、一群の人民が他のすべての人民と互いに通交を試みることができ、そのことによって敵として扱われない権利であり、後者は、万人との共同関係を求めて誰もが地上のあらゆる場所を訪れることのできる権利である。

六・五　平和論

カントの平和論は『永遠の平和のために』に簡明にまとめられているが、それ以前に書かれた歴史哲学に関する複数の論文（六・一の末段参照）にもかなり明確な形で語られている。本節ではこれら全体を参考に、恒久的国際平和への展望を軸としたこの平和論の概略を示すことにする。

(i)**自然状態と市民的・法的状態**　カントの考えでは、自然状態は共に生活する人間同士の平和状態（Friedenzustand）ではない。自然状態は、各人が自分のしたいとおりに行動できる無法状態であって、そこでは各人自身が他人に対して自分の正当になしうることは何かに関する裁判者であろうとするが、そのための安全保障となるものは各人自身の力のみで、他のいかなる保障も他人と相互に与え合っていない。したがってそれは、各人が各人に対して絶えず武装していなければならない戦争状態である。人間（または民族）は、自然状態で他の人間（民族）の傍にいるというだけで、自分の状態の無法性によってこの相手に危害を加えている。

それゆえ、人間同士が互いに平和的に共存し交流し合うことのできる状態は、彼らが自然状態を脱して共通の強制的法に服従し、この法の命じるところに従って行動することによって創出されるべき人為的状態としての市民的・法的状態である。これは最大限の自由と、その限界の厳密な規定および保障とを有し、それによって各人の自由が他人の自由と共存しうる状態であり、道徳的素質を含む人間のあらゆる素質の発展はこの状態においてのみ達成されうる。そしてこの状態の体制、すなわち法的体制（rechtliche Verfassung）は、次の三つに分類される。

（Ⅰ）一つの民族に属する人間たちの、国民法（Staatsbürgerrecht）に基づく体制。
（Ⅱ）お互いに対する関係のうちにある諸国家の、国際法に基づく体制。
（Ⅲ）人間たちや諸国家が、互いに混じり合う外的な関係のうちにあって一つの普遍的人類国家（ein

allegemeine Menschenstaat）の市民とみなされるかぎりでの、世界市民法に基づく体制。

(ii) **永遠平和のための三つの確定条項**　右に述べた理由によりカントは、(I)〜(III)の各体制の下での市民的・法的状態の確立による永遠平和の実現を、その可能・不可能を問うことなくそれに向かって努力しなければならない、理性によってアプリオリに命じられた目的とみなす。そして彼は、永遠平和の実現のために(I)〜(III)の各体制がどのようなものでなければならないかを明らかにし、それを永遠平和のための三つの確定条項（Definitivartikel）として呈示している。

●第一確定条項――各国家における市民的体制は共和的でなければならない　永遠平和を実現するためには、各国家の国民法に基づいた国内の市民的体制は共和的（republikanisch）でなければならない。共和的体制とは、元首による統治方式に基づいた国家体制の分類のうちで、元首が自ら与えた法を専断的に執行する体制である専制的体制に対して、次の三つの原則に立脚する体制のことである。(ア)自分が同意を与えることのできた法則以外のいかなる外的法則にも従わない、という社会の各成員の権能としての、自由の原則、(イ)唯一共同の立法への全成員の従属という原則、(ウ)何人《なんぴと》も、自分自身が他人によって互いに同じ仕方で拘束されうるという法に同時に服従することなしには、他人を何事かに関して法的に拘束することはできないという国民相互の関係としての、平等の法則。

この三原則のうち、(ア)・(ウ)は国民の法的属性――これが定言命法に由来することは、前節(iii)の(A)で述べたとおりである——の(一)・(二)を原則化したものであり、(イ)もまた各人が自らの従う格率を万人の従うべき法則と一致させるよう命じる定言命法に根差している。したがって共和制は、定言命法とそれに基づく純粋な法の原理に従って設立された唯一の合法的国家体制であり、また自由を国家という法的体制のために必要な一切の強制の条件としてそれ自身の原理に採り入れた体制なのである。カントの考えでは、真の共和制は人民の代議制（representatives System）、すなわち人民の名において、統合した全国民が、その代表者である代議士たちを介して自己の権利に配慮する体制以外のものではありえない。ただし彼は、統治方式に基づく共和制と専制的体制の区別と、国家の最高権力の保持者が単数か少数者か全国民かに基づく君主制・貴族制・民主制の区別とは本質的に異なるものだとしたうえで、君主制が最も共和的な体制である、という主旨のことを述べてもいる。

彼によれば、共和的体制の国家が戦争を開始するには国民の賛同が必要であり、しかも国民は、戦争のあらゆる苦難を自ら平等に負担する決意なしには開戦に同意することができない。それゆえこの体制は、自らは苦難の外にある元首が己れの単なる領土拡張欲や体面のために専断的に開戦を決定し、国民の負担で戦争を遂行できる専制的体制に比べて、より永遠平和への期待に沿う体制である。

●第二確定条項——国際法は自由な諸国家の連邦制に基礎を置くべきである　諸国家相互間の現実の国際的・対外的関係においては、各国は自国の主権に基づいて、自らがよしとするとおりに行動するという無拘束な自由のうちにあり、自国の独立性を誇りとして、いかなる共通の外的な法的強制にも服従しないことに国家としての尊厳を見出している。したがって国家同士の紛争に際しては、各当事国が自国の事柄に関する裁判者であり、諸国家がその権利を追求する仕方は、外部の法廷による場合のように訴訟手続であることはできず、ただ戦争でしかありえない。このように諸国家間の相互関係は依然として自然状態、つまり戦争状態のままである。この状態の下で国家間に個別に締結される平和条約は、単に一つの戦争を終らせるだけで、戦争状態としての自然状態そのものを根本的に終らせるわけではないので、真の平和状態を生み出すことはできない。かくて現状ではいかなる国家も、他の国々に対して自国の独立自存や所有権を、一瞬たりとも安全保障されていない。

それゆえ、永遠平和の確立すなわちあらゆる戦争の永遠の終結のためには、個々の国家が自国の権利と安全を自国自身の決定と威力によって確保するという自然状態の無法な自由を放棄し、この状態を脱して、各国内において国民一人ひとりの間にある市民的・法的状態に類似した体制を、国家同士の外的関係においても樹立する必要がある。それによってのみ、諸国家の一切の権利も自国のものと他国のものとの区別も、暫定的なものから法の下で確保された決定的なものとなる。またこのことが実現されなければ、国家の設立による個人同士の間の法的・市民的状態の実現は真の意味も効果も持たない。ただしその場合、国民法の体制下の諸個人がしているような公的強制への服従を諸国家に要求してただ一つの世界共和国を形成する必要はなく、その代りに、戦争の防止のみを意図しつつ継続しながら絶えず拡大する諸国家の自由な連邦制 (der freie Föderalismus) という消極的代替物が、すなわち平和同盟（foedus pacificum）ないし国際連盟が設立されなければならない。この場合、「自由な」連邦制と言われるのは、そのめざすところがいかなる国家権力の獲得でもなく、ただある国家の自由――自然状態の無法な自由ではなく、右の(ア)と同様の原則に基づく自由――をその国自身のために維持・保障し、同時に他の連合した諸国家の自由をも維持・保障することだけだからである。

●第三確定条項――世界市民法は普遍的歓待の諸条件に制限されるべきである　人間は元来、誰一人として地上のある場所にいることの権利を他人よりも多く有してはいない。それゆえ人間は、地球の表面の共同所有の権利に基づいて互いに交際を申し出ることができ、他国人の土地にやって来たせいで他国人によって敵意をもって扱われないという「訪問の権利」（Besuchrecht）を、すなわち歓待（Hospitalität）への権利を有している。しかし他方、他国を訪問する者は、その国に対する征服・支配・搾取の意志をもってそうすることを決して許されず、右の権利は、元々の住民たちとの交際を試みる可能性の諸条件を超えて拡がることはない。

(iii) **諸国家の永遠平和のための予備条項**　カントは『永遠の平和のために』の中で、右の三つの確定条項の提示に先立って六つの予備条項（Präliminarartikel）を掲げている。これは国際的な恒久平和の確立に向けての地ならしとして合意される必要のある事項と見るべきものであろう。

第一条項　将来の戦争の種を密かに保留して結ばれた平和条約は平和条約とみなされてはならない。

第二条項　いかなる独立国家も継承・交換・買収・贈与により他国がこれを取得できてはならない。

第三条項　常備軍（stehende Herre）は時とともに全廃されなければならない。
第四条項　国家の対外戦争に際してはいかなる国債も発行されてはならない。
第五条項　いかなる国家も他の国家の内政や統治に暴力をもって干渉してはならない。
第六条項　いかなる国家も他国との戦争に際し、将来の平和時における相互信頼を不可能にするような行為をしてはならない。

第一・第六の両条項は、前節(iii)の(B)で触れた「戦争中の法」および第一の種類の「戦後の法」と同一の精神に基づくもので、第六条項はこの精神に従って暗殺・毒殺・降伏条約の破約・敵国内の反逆の使嗾等を禁じる。また第一条項は、ライン川両岸のフランス・プロシア両国による将来的占領をめぐるバーゼル条約秘密条項へのカントの批判意識の反映であり、この種の欺瞞的平和条約は単なる停戦、すなわち敵対行為の延期にすぎず、あらゆる敵対行為の終結である真の平和をもたらさない、と彼は主張する。第二・第五条項は、国家を道徳的人格とみなす彼の考え方の帰結である。独立国家の他国による取得・併合は国家を単なる物件として扱うことであり、また内政干渉は国家の自律権の侵害であるから、いずれも国家の道徳的人格の無視に当たるとみなされるのである。

第三・第四条項はカントの最も力説するところである。外的侵入への備えとして正当化される軍備は、絶えず更新され増加する兵器の装備と兵員の俸給のための出費を国家に負わせ、平時における国家財政の窮迫の大きな原因となるうえに、戦時における国債の負担と相俟って、国内の荒廃・国力の内的蕩尽・体制の転覆等、戦争自体の害悪を上回る害悪をもたらし、国民の道徳的善に向かっての思想的成熟と人間的素質の発展を妨げるからである。さらに、殺し合いのために人を雇ったり人に雇われたりすることは自他の人格のうちなる人間性の道具化であり、人間の自由を阻害する、とも主張される。ただし、カントが念頭に置いているのは職業軍人や傭兵による軍隊とみられ、自ら志願して訓練を積んだ国民兵が有事に祖国防衛のために軍務につくことは、むしろ肯定的に捉えられている。

六・六　意義と問題点

(i) **近代自然法思想の集大成としてのカントの道徳哲学**　カントが道徳法則として呈示した定言命法は、根本的自然法そのものにほかならない。このことは「汝の行為の格率が汝の意志によって普遍的な自然法則（自然法）とされるかのように行為せよ」という定言命法の定式自体によって示唆されている――この場合の自然は超感性的自然を意味し、それゆえ普遍的自然法則とは自由の法則としての道徳法則にほかならないから――が、さらに次の二つの理由によっても明らかである。第一に、カントは自然法を、理性によってアプリオリに純粋原理に基づいてその拘束性が認識されうる外的法則と定義しているが、定言命法はまさにそのとおりの性格を持つ内的普遍的法則として、これを基礎づけているとみられること。第二に、定言命法は法の普遍的原理の基礎をなし、行為の法的な正しさ、法の強制力、法義務等を根拠づけており、それゆえあらゆる実定法の根本規範として、各種の私法・公法すべての権威と効力の源となっているということである。

さらに、この哲学は以下の点で、近代自然法思想の集大成として意義づけられると考えられる。

●カント以前の近代哲学者たちの自然法思想には、必然的自然法則そのものを自然法と同一視するスピノザを別として、自然法の内容の導出・演繹のプロセスに関する説明の不足あるいは欠落という共通の問題点が認められる。これに対してカントにおいては、根本的自然法である定言命法からあらゆる義務の命法が、すなわち人間のなすべき個々の行為の原則が論理的に導かれるようになっており、自然法がそれぞれの場面で何を命じているかを明確に知る道筋が示されている。

●従前の近代哲学者たちは、人間が生き、したいことをし、そのために必要なものを所有する生得の基本的権利を持つことの根拠を、自己保存の努力・欲求や身体的労働といった自然的事実に求めるに留まった。カントはこれと違って、普遍的道徳法則の立法者である自律的で自由な存在としての人間の人格の尊厳を、人間の生得の権利である自由権の根拠とし、そこから他の基本的諸権利を派生させることにより、人間が基本的人権を有すると認められなければならない確たる道徳的理由を明らかにした。これに加えて、彼が自由を原理とする唯一の国家体制とみなした、三権分立と立法権の優位と代議制に立脚する共和制は、これと民主制との違いが強調されている――この見方は、アリストテレス以来君主制・貴族制と鼎置《ていち》されてきた民主制の古代的概念に基づくものであろう――にもかかわらず、その基本的特色において近代民主制国家と軌を一にしており、この意味で彼は、近代民主主義に立脚する立憲国家を完成態とする人権擁護国家に堅固な道徳的基礎を与えてもいる。

●「自己の意思の自由が他人の自由と、同じ一つの普遍的法則に従って共存しうるように行為せよ」という法の普遍的原理は、ホッブズが全自然法の要約とみなした「他人が自分に対して持つことを自分が許すような権利（自由）を他人に対して持つことで満足せよ」という掟に通じるものであり、近代市民社会の道徳的基本原則を端的に言い表わしたものと言える。ただしこの両者を、もしくは前者の依拠する定言命法と、後者の言い換えである「己れの欲せざる所、人に施すことなかれ」――これはサン・ピエールが自然法の本質と考えた掟でもある――とを比較すると、次のような違いのあることがわかる。すなわち後者は、例えば「自分が戦場で斃《たお》れることを厭《いと》わない勇士は、敵をどれだけ殺戮してもよい」といった蛮行容認的解釈の余地を残すのに対して、死を厭うか否かといった主観的傾向性とは無関係に、他人がみな同じように行なうのを自分が許容できないような行為を自分だけが例外的に行なうという意志作用の自己矛盾を排する定言命法は、かかる解釈を決して許さない。このような行為を万人が行なえば、敵も味方も皆が死の危険に晒《さら》され、この行為がめざす物事――例えば自分の国や部族の防衛と安全――が不可能ないし無意味となるからである。この意味で、カントは自然法の根本原理を、彼以前の思想家たちの考えたものに比べて昇華されたものにしたと言えよう。

●定言命法は理性の働きによって純粋にアプリオリに導かれる原理であり、神の法という性格が完全に払拭されている。いやそれどころか、カントにあっては神そのものさえ、理性が自ら定立する道徳法則の実効性と最高善の理念の客観的可能性のために発する「神あれ」(Fiat Deus)の一声によって存在せしめられているかのような観がある。自己の理性に照らして善いと真に理解し納得していない行為を、教会や聖職者の教えだからという理由で、なぜかはわからないが善いはずだと信じて行なうことは、中世ならば自己の不完全な理性よりもその理解を遥《はる》かに超えた神の命令に信を置く敬虔な態度と称えられたであろうが、カントにおいては、現世または来世における神の恩恵の期待を動機とした他律的行為として厳しく排される。近代にあっても、人間理性にこれほど高い位置を認めた哲学者は他になく、この意味でもカントは、自然法を神から独立させて人間理性に依拠させようとする近代自然法思想の傾向の極点に立っているとみることができるであろう。

(ii) **道徳哲学＝自然法思想の問題点**　カントの道徳哲学・法哲学・自然法思想には、既に言及した抵抗権および無産者・女性の市民権の否認その他、種々の問題点が指摘されうるが、ここでは特に重要な点として、次の二つを挙げておきたい。

●自由の法則に基づいて善い行為をしようと意志する理性的存在者としての人間は、物自体の世界＝叡智界に属しているとしても、その意志に由来する実際の行為は、カント自身も認めるように、自然界の中で必然性の法則に従って行なわれる。したがって、――スピノザの場合のように単に自己保存のために、ではなく――道徳法則の命令を自然界において実現するために、それに抵抗する自己の傾向性や欲求を自然法則に従って制御・抑制する技術を探究する行動科学が、カント的視点からしても不可欠なはずであり、これが倫理学の経験的部門として彼が分類した実践的人間学の内容をなしていなければならない。カントはしばしば、このような探究がそれ自体道徳の本質を見失わせ、道徳哲学を不純にするかのような口吻を漏らしているが、この主張は当を得ていない。また最晩年の『実用的見地における人間学』は、道徳哲学との連関が緊密でないなど、右の探究に相当するものと考えるには物足りない点が多い。この点にカントの倫理学の最大の遺漏が認められる。

●カントが確たる基礎を与えた人格の尊厳は、いわば人間性一般の尊厳であり、他のいかなる事物(物件)の価値とも置き換えられない理性的存在者としての人間の絶対的価値である。しかし現代において人の尊厳を語る場合、これでは視野が狭すぎるのであって、他の何人《なんぴと》の価値とも置き換えのきかない個々人の絶対的価値にも目が向けられなければならない。そしてこの意味での尊厳を基礎づけるには、道徳的価値のみに留まらない諸々の多様な価値とその担い手としての、理性的存在者という述語では規定し尽くされない人間性とが考慮されなければならない。また、人間以外の一切の存在を一括りに物件と称し、目的自体である人間の単なる手段として位置づけることは、現代の環境倫理や動物倫理の視点から、悪しき人間中心主義として退けられるであろう。今後私たちはこの種の限界を超え、それぞれにかけがえのない存在意味を持つ無限に多様な存在者の織り成す世界共同体の一員として人類および個々人を捉える視座に立って、人の生のあるべき姿を考える必要がある。

(iii) カントの平和論の意義と問題点——サン・ピエールとの比較

カントとサン・ピエールに共通するのは、人間の自然状態を戦争状態として捉え、平和状態を人為的に創出されるべき法的体制とみなしたこと、そして国家同士の関係の現状を自然状態と見、恒久平和の実現のためには諸国家が相互の国際関係において共通の法的体制の下に入る必要があるとしたことである。諸国家相互間のこの法的体制と一国内における私人相互間のそれとの関係については、両者を完全に類比的に捉えるサン・ピエールと、前者は後者よりも緩やかであるべきだとするカントとの間に違いが見られるが、両人が実際に提唱するのは、共に諸国家の連合ないし連邦の創設による各国の対外主権の発展的解消であって、この点に根本的な違いは認められない。この考え方は、非当事諸国の会議による国際紛争の仲裁・裁定というグロティウスのプランや、多数国家の盟約による連邦化というスピノザの構想を拡充し具体化したものであり、その歴史的・現代的意義は五・七の(ii)で既に述べたとおりである。

次にカントとサン・ピエールの相違点としては、次の五つの点を挙げることができる。

●既述のように、サン・ピエールの平和論はその哲学的基盤として、「公正の法」としての自然法の観点と功利主義的観点の二つを、相互の矛盾を整理・解決しないまま共存させていた。これに対してカントの議論は、道徳法則としての定言命法とそれに基づく法の普遍的原理を確固たる根底として、永遠平和のためのあるべき法的体制を哲学的・論理的一貫性をもって論じたものとなっている。

●カントは法的体制を国民法・国際法・世界市民法の三次元に分け、それぞれについて永遠平和のためのあるべき体制を考察し、永遠平和のための国内体制が共和的でなければならないことを、道徳的根拠と戦争回避への有効性の二面から明らかにしている。これに対してサン・ピエールは、通商審判廷の提案――これはすぐ述べるように世界市民法の次元に属する――を除いて、議論を国際法の次元にほぼ限定し、平和の永続のために各国の国法や国家体制がどのようなものであるべきかという問題を棚上げしたことにより、結果的に各国の既存体制を無条件・無差別に容認している。

●国籍の異なる私人同士や、国家と他国籍の私人との関係に関わる、永遠平和のための世界市民法の体制については、カントはこれを他国訪問の権利の保障のみに限定し、その具体的方途についても語るところがない。これに対してサン・ピエールは、この体制を通商という具体的活動との関係で考察し、通商審判廷の設立を提言している点で、カントよりもむしろ先に進んでいる。しかし世界市民法に関しては、両者ともその基本的立場からしてなされるべき主張の遙《はる》か手前で議論を停止してしまっている。カントの立場からすると、あるべき国民法の体制すなわち共和的体制の三原則のうち、(ア)の自由の原則に普遍妥当性を認めるかぎり、他国に外国人として在住・居留する人々が、その国の国法の立法に参与する権利を欠いたまま、この国法への服従のみを強いられるという現状は容認できないはずであり、したがって世界市民法の体制下でのこの居留外国人の自由権の保障にまで論が及ばなければ、議論が尽くされたことにならない。またサン・ピエールの場合は、通商審判廷の判決の基準となるべき全ヨーロッパに共通の通商ルールの制定へ、さらにそこから進んで、各国の国法に優越する、外国人の基本的権利擁護のためのヨーロッパ共通法の制定へと、議論が進められる必要があった。これらは今日の世界においても依然として満足な解決に達していない問題であり、サン・ピエールやカントから私たちが受け継いだ宿題と言わなければならないであろう。

●軍備に関してカントは、常備軍の存在自体が際限のない軍拡競争と国力疲弊の原因になるとして、その全廃を主張している。これは一見したところ、サン・ピエールよりも大きく前進し徹底した主張であるように見える。しかし既述のように、カントが否認するのは有給の傭兵や職業軍人による軍隊であって、祖国防衛のための志願兵による国民軍は容認されている。これでは、偏狭な民族意識と排他的愛国心の狂熱に駆り立てられた国民が、自国のエゴイスティックな国益の確保を祖国防衛のために絶対に死守すべき生命線と称して、利害の対立する他国の主張を力ずくで退けるべく挙って武器を執って立ち上がる、といった形で発生する自称「防衛」戦争に対しては、抑止効果を欠くことになる。これは彼が永遠平和に適する国民法の体制として賞揚する共和的体制もまた等しく有する欠陥であり、カントの平和論の最大の弱点をなしている。これに対して軍事力に関するサン・ピエールの提案は、厳格な制限の下で傭兵隊の保持を認めつつ、国民兵から成る軍隊をその国の主権から完全に切り離してヨーロッパ連合の全面的な統制下に置くことにより、各国の国益上の身勝手な主張のために軍備が使用されることを防止し、ヨーロッパ全体の安全保障のために必要な限りでの軍事力行使に限定されるようにしている点で、今日から見ても先進的・画期的な発想を示している。

●カントの平和論では、国際法の次元での平和的体制の確立の眼目である諸国家の連邦制に関して、その具体的細目や設立のための方策が示されず、その実現へ向けての関係者の動機づけやインセンティブに関する視点も欠落している。これは彼の議論があくまでも永遠平和の体制に関する理念の提示に留まったこと、この意味で道徳哲学と同様の限界を抱えていることを物語っている。これに対してサン・ピエールの平和論は、ヨーロッパ連合の制度の詳細な設計図を伴い、かつ当時の国際的政治情勢の綿密な分析に基づいた、現実的・具体的計画の提案である。この違いは、カントの説が時代と状況という現象面の移り変りを超越して今なお永遠平和の理念としての輝きを放っているのに対し、サン・ピエールの構想はその土台と背景をなしていた一八世紀初頭のヨーロッパの政治情勢が完全に過去のものとなった今日、思想史上のアナクロニックな遺物にすぎないかのように閑却されがちであることの原因でもあろう。しかし、理念はその現実化の展望と具体的戦略を欠いては美しい画餅に留まるほかはない。この意味で、サン・ピエールの平和論とカントの平和論は、全世界の恒久平和という人類の目標への到達の道を切り開くための、互いにそれぞれの手薄な面を補い合う貴重な思考努力として、併せ学ばれるべき思想遺産なのである。

あとがき

近年、思想史、わけても社会思想史を大学で教養科目として学ぶ機会が急減し、それに伴って、この分野の適切・簡便な概説書も書店の店頭から消えつつある。しかし人類の将来について考え、来たるべき望ましい人間社会のイメージを思い描くためには、現在の人間生活と社会制度を生み出す母胎となった過去の思想を深く理解することが必要不可欠である。本書は、現代世界において「平和」と「人権」が、社会生活の基本理念として重んじられ高く掲げられながら、しばしば大小さまざまな規模で蹂躙《じゅうりん》され破壊され続けているという実情に鑑《かんが》み、この理念に立脚する社会のあり方を構想した主要な哲学者・思想家の説を、彼らの共通の拠り所である近代自然法思想を軸として叙述すべく試みたものである。この叙述をつうじて、右の二つの理念の実現のために今後どのような方向をめざして人類の努力がなされるべきかについて、筆者がこれらの説から受け取った示唆を、幾分かでも読者に伝えることができていれば、筆者の執筆の目的の一端は果されたことになる。

とは言え、思想史からどのような現代的・将来的な意味や示唆を汲み取るかは、人それぞれの立場や考え方に応じてさまざまであるべきものである。過去の思想上の理説や教説を概観した諸々の書物のうちには、往々にして、その論じている理説・教説の持つ現代的・将来的意義についての著者の思い入れを押し付けがましく前面に出しすぎて、同じ思いを共有する読者にはよくても、そうでない読者にとってはそれが鼻について読むに耐えないと感じられるであろうようなものが見受けられる。本書はこの弊に陥ることを避けるため、筆者自身の受けとめ方や感じ方を述べたような記述はすべて、それぞれの思想家・哲学者の説の意義・限界・問題点等について論じた各章の最終節に集約し、そのほかの部分では、各々の思想の客観的で忠実な叙述に徹するように心がけた。したがって、「平和」「人権」というテーマについて筆者の考えるところ、感じるところに関心のある読者は、各章の最終節を含めて読んでいただければよいし、そうでない読者や、筆者の考え方に異和感のある、もしくはそう予感される読者は、最終節をすべて無視して、その代りに、各思想に関して読者なりの意義と問題点の発見に努めていただければ、不快な思いなしに本書を有効に活用して勉強していただくことが可能なはずである。

筆者は一〇数年前から、本書で論じた哲学者・思想家のうちの何人かの主要な著作の邦訳を、京都大学学術出版会の「近代社会思想コレクション」の一環として発表してきたが、この訳業の締め括りとして、また自分自身の学問上の最後の大仕事として、グロティウスの『戦争と平和の法』の新訳を世に送りたいという希望を抱いていた。この書の既存の訳は、非常な労作ではあるが、文献紹介の④について記したような理由により、新たな邦訳の必要が高まっていると考えたからである。この訳を右と同じ叢書のうちに加えて出版することは、出版会と筆者との口頭の合意事項ではあったが、種々の事情により、断念のやむなきに至った。その代替案という形で同会から提案されたのが、本書の刊行である。筆者にとってこの誘いは思いがけないものであったが、一〇年前に大学の職を退いて今は年金生活をしているために、出版助成の獲得も自費の醵出《きょしゅつ》も不可能な身としては、学術上の自著刊行のこのような機会は誠に貴重であり、さらに謝辞の最後で述べるような動機もあったので、有難くお受けすることにした。生来の遅筆のうえに、ロックやカントなどこれまで自分が業績をものしたことのない哲学者も対象に含んでいるため、脱稿までに二年余を要したが、多くの方々の御協力・御支援・励まし等のお蔭もあって、ともかくも完成に漕ぎつけることができた。

最後に、右の方々に一言ずつ、謝辞を述べさせていただきたい。

本書の第五章は、元々は政治哲学研究会の会誌「政治哲学」への掲載を意図して二〇一六年に書かれ、事情あって未発表のままになっていた論文に手直しを加えたものであるが、これを半分強の分量に圧縮したものが、「国際社会のユートピア――サン＝ピエールの永久平和構想をめぐって」という題で、石崎嘉彦・菊池理夫編『ユートピアの再構築』（晃洋書房　二〇一八年）の第五章として、既に刊行されている。したがって同書と本書の当該章同士は、内容上重複する点が少なくない。このことを御諒解のうえ、元の論文の本書への収録を御快諾下さったことについて、石崎・菊池両先生と、晃洋書房の井上芳郎氏に対し、まず第一に感謝の意を表したい。

次に第六章の執筆に当たっては、カントの『人倫の形而上学』第一部「法論の形而上学的基礎」の中のある重要な一文の訳し方について、熊本大学の八幡英幸教授の教えを受けた。同教授は御多忙の中、筆者の疑問に懇切丁寧に御回答下さり、筆者の気付かずにいた点について貴重な示唆を与えて下さった。八幡教授のこの御協力に対しても、心からの感謝を表明しなければならない。

さらに序章は、これも筆者が門外漢である古代・中世哲学を扱っているが、幸いなことに、京都大学学術出版会編集部の國方栄二氏は、同章の触れている分野に関して重要な業績のある古代哲学の専門家であり、同章の原稿を綿密に検討されたうえで、筆者の記述の不正確・不適切な箇所に対して修正意見を提案して下さった。古代哲学に造詣の深い読者の目に、同章が素人の滑稽な作文と映らずに済んでいるとしたら、それは氏のこの御教導のお蔭である。本書執筆のお誘いに対する、また本書の刊行に向けての編集者としての諸々の御尽力に対する感謝と併せて、國方氏に厚く御礼申し上げたい。

ただし、序章・第五章のいずれも、なお何らかの誤りや不正確な記述を含んでいるとすれば、それらはすべて筆者の責任に帰せられるべきものであることは言うまでもない。

最後の謝辞は故廣川洋一先生に向けてのそれである。廣川先生が数多い教え子や後輩の方々に対して、その研究の動向に絶えず気を配られ、さり気なく、しかし非常に有益かつ剴切《がいせつ》な指導や励ましの言葉をかけられたことは、これら多くの方々が一致して語られるところである。筆者は先生と数年間同じ大学の教壇に立ったというだけの間柄で、弟子でもなければ後輩の名にも値しないが、にもかかわらず再三にわたり、研究の方向性に関する貴重な示唆や暖かい励ましを頂戴した。本書もまた、「本田さんは、社会契約論か自然法論をテーマにした近代の思想史の本を一冊書けそうですね。この分野は、適当な本がありそうで仲々見当らないから、是非書いて下さい」という先生の一言が、着想の端緒をなしている。しかし当時の筆者は、出版のあてもなく、既述の翻訳の仕事で手一杯でもあったため、「いずれ必ず書きたいと思います」とお答えしたきり、その約束を果さないうちに、先生は五年前にお亡くなりになってしまった。今回、京都大学学術出版会から著書刊行のお誘いを受けたとき、直ちに先生とのこの約束が頭に浮かび、遅ればせながら宿題を果そうと、執筆を決意した次第である。そういうわけで本書は、先生の助産術《マイエウティケー》のお蔭でこの世に生まれ出たと言ってよい。御存命中に約束を果せなかったことのお詫びと併せて、右の点に関する深甚の感謝をもって、本書を廣川先生の霊位に捧げたいと思う。

本田裕志

索　引

人名・書名索引
（記号 f は「および次頁」，ff は「および次頁以下数頁」を意味する。）

事項索引

（・一部の例外を除き，各章の思想解説部分の頁に限定し，「意義・限界・問題点」の論評部分や，「はじめに」「あとがき」の頁は含んでいない。
・記号 f，ff の意味は「人名・書名索引」の場合と同じである。）

文献紹介

各章において取り上げた哲学者・思想家の著作原典のうち、その章の記述内容に直接関係しているものを列挙し、その邦訳を紹介する。複数ないし多数の邦訳のある著作については、翻訳の正確度・読みやすさ・入手しやすさ等の観点から最も良いと思われる訳書1～2点に絞って紹介することにする。邦人研究者の著述または翻訳に成るいわゆる「二次文献」は含んでいない。本書を読まれて関心を抱かれた哲学者・思想家がいれば、この文献紹介を参考に、彼らの著作原典に直接触れて理解を深めていただけると幸いである。

（序章）

①ソフィストたちの著作断片／②マルクス・アウレリウス『自省録』／③トマス・アクィナス『神学大全』

①は岩波書店刊行の『ソクラテス以前哲学者断片集』（全6巻）の第Ⅴ分冊（1997年）に収録されている。②は京都大学学術出版会の西洋古典叢書にある水地宗明訳（1998年）、または岩波文庫の神谷美恵子訳（改版、2007年）が利用しやすい。③は創文社から全訳が刊行されており、本書で触れた第2–1部第90～第105問題は、その第13巻（稲垣良典訳、1977年）に入っている。

（第1章）

④グロティウス『戦争と平和の法』／⑤同前『海洋自由論』

④には酒井書店刊行の一又正雄訳（全3巻）がある。初刊（巖松堂刊）が1950～51年と古いため、旧字旧仮名の古色蒼然とした訳文のうえ、翻訳上の問題もあるが、邦訳は今のところこれしかない。⑤には京都大学学術出版会刊行の拙訳（近代社会思想コレクション31『グロティウス海洋自由論　セルデン　海洋閉鎖論1』、2021年）がある。

（第2章）

⑥ホッブズ『リヴァイアサン』／⑦同前『市民論』／⑧同前『人間論』／⑨同前『物体論』／⑩同前『法学要綱』（『自然法と国法の諸原理』）

⑥は岩波文庫の水田洋訳（全4巻、1992年）が利用しやすく好便である。⑦～⑨には京都大学学術出版会刊行の拙訳（近代社会思想コレクション01, 08, 13、2008, 12, 15年）があり、また柏書房から⑦～⑩の4作を収録した『哲学原論・自然法および国家法の原理』（伊藤宏之・渡部秀和訳、2012年）が出版されている。

（第3章）

⑪『エチカ』（『倫理学』）／⑫同前『神学・政治論』／⑬同前『国家論』／⑭同前『知性改善論』／⑮同前『神・人間および人間の幸福に関する短論文』／⑯同前『往復書簡』

⑪～⑯を含むスピノザの主要著作は、すべて岩波文庫の畠中尚志訳（1931～55年）によって読むことができ、従来広く利用されてきたが、最新の研究成果を踏まえた邦訳全集が同じ岩波書店から現在（2024年時点）順次刊行されつつあり、研究者の間では今後、後者の利用が広まってゆくものと思われる。

（第4章）

⑰ロック『人間知性論』／⑱同前『統治論二篇』／⑲同前『寛容についての手紙』／⑳同前『聖書に伝えられたキリスト教の合理性』／㉑フィルマー『家父長制君主論』（『パトリアーカ』）／㉒同前『制限王政，もしくは混合王政の無政府状態について』

⑰～⑳もすべて岩波文庫によって好便に読むことができる。訳者は、⑰（全4巻）が大槻春彦（1972～77年），⑱（『完訳　統治二論』）と⑳（『キリスト教の合理性』）が加藤節（2010, 19年）で、⑲は加藤節・李静和（2018年）の共訳である。また㉑・㉒は、京都大学学術出版会刊行の『フィルマー著作集』（近代社会思想コレクション19,

伊藤宏之・渡部秀和訳、2016年）に収録されている。

（第5章）

㉓サン・ピエール『永久平和論』

京都大学学術出版会刊行の拙訳（全2巻、近代社会思想コレクション10，11，2013年）がある。

（第6章）

㉔カント『純粋理性批判』／㉕同前『実践理性批判』／㉖同前『プロレゴメナ』／㉗同前『人倫の形而上学の基礎づけ』／㉘同前『人倫の形而上学』第1部「法論の形而上学的基礎」／㉙同前『永遠の平和のために』／㉚同前『世界公民的意図における普遍的歴史のための理念』／㉛同前『人類史の臆測的起源』／㉜同前『理論と実践に関する俗言』

カントの著作に関しては、古くは理想社版（1965～77年）、近年では岩波書店版の邦訳全集が刊行されており、㉔～㉜も全集版によって読むことができる。全集以外の単行本の訳書も非常に数が多いが、私見を述べれば、㉔・㉕・㉗は以文社刊行の宇都宮芳明訳（2004，1990，89年）、㉖と㉗は中公クラシックス版（W42、㉖は土岐邦夫・観山雪陽訳、㉗は野田又夫訳、2005年）、㉘は岩波文庫の熊野純彦訳（2024年）、㉙は岩波文庫の宇都宮芳明訳（1985年）、㉚～㉜は同じく岩波文庫の篠田英雄訳（『啓蒙とは何か』のタイトルで㉚～㉜を含む5つの論文を収録、1974年）が最もお勧めできるように思う。

本田　裕志（ほんだ　ひろし）

龍谷大学文学部元教授
1956年　東京都に生まれる
1987年　京都大学大学院文学研究科博士課程満期退学
龍谷大学文学部助教授を経て、2007年より教授（2014年8月退職）

主な著訳書
『ベルクソン哲学における空間・延長・物質』（晃洋書房2009年）、『環境と倫理』（共著、有斐閣2005年）、『応用倫理学事典』（共編著、丸善2008年）、『環境思想を学ぶ人のために』（共著、世界思想社1994年）、『生命倫理の現在』（共著、世界思想社1989年）。翻訳として、グロティウス／セルデン『海洋自由論／海洋閉鎖論1～2』（2021年）、サン-ピエール『永久平和論1～2』（2013年）、ホッブズ『市民論』『人間論』『物体論』（2008, 2012, 2015年）（以上、「近代社会思想コレクション」京都大学学術出版会）がある。

学術選書

平和と人権の思想史

——近代自然法思想と哲学　　学術選書 116

2024 年 10 月 25 日　初版第 1 刷発行

著　　者…………本田 裕志
発 行 人…………黒澤 隆文
発 行 所…………京都大学学術出版会
京都市左京区吉田近衛町 69
京都大学吉田南構内（〒 606-8315）
電話（075）761-6182
FAX（075）761-6190
振替 01000-8-64677
URL http://www.kyoto-up.or.jp
印刷・製本…………㈱太洋社
装　　幀…………上野かおる

ISBN 978-4-8140-0554-3

定価はカバーに表示してあります

学術選書［既刊一覧］

＊サブシリーズ　「心の宇宙」→ 心　「諸文明の起源」→ 諸
「宇宙と物質の神秘に迫る」→ 宇

001 土とは何だろうか？　久馬一剛
002 子どもの脳を育てる栄養学　中川八郎・葛西奈津子
003 前頭葉の謎を解く　船橋新太郎　心 1
006 古代アンデス　権力の考古学　関　雄二　諸 12
007 見えないもので宇宙を観る　小山勝二ほか 編著　宇 1
008 地域研究から自分学へ　高谷好一
009 ヴァイキング時代　角谷英則　諸 9
010 GADV仮説　生命起源を問い直す　池原健二
011 ヒト　家をつくるサル　榎本知郎
012 古代エジプト　文明社会の形成　高宮いづみ　諸 2
013 心理臨床学のコア　山中康裕　心 3
015 恋愛の誕生　12世紀フランス文学散歩　水野　尚
018 紙とパルプの科学　山内龍男
019 量子の世界　川合　光・佐々木節・前野悦輝ほか編著　宇 2
021 熱帯林の恵み　渡辺弘之
022 動物たちのゆたかな心　藤田和生　心 4
023 シーア派イスラーム　神話と歴史　嶋本隆光
024 旅の地中海　古典文学周航　丹下和彦
026 人間性はどこから来たか　サル学からのアプローチ　西田利貞
027 生物の多様性ってなんだろう？　生命のジグソーパズル　京都大学総合博物館 京都大学生態学研究センター 編
028 心を発見する心の発達　板倉昭二　心 5
029 光と色の宇宙　福江　純
030 脳の情報表現を見る　櫻井芳雄　心 6
031 アメリカ南部小説を旅する　ユードラ・ウェルティを訪ねて　中村紘一
032 究極の森林　梶原幹弘
033 大気と微粒子の話　エアロゾルと地球環境　笠原三紀夫 東野　達 監修
034 脳科学のテーブル　日本神経回路学会監修／外山敬介・甘利俊一・篠本滋編
035 ヒトゲノムマップ　加納　圭
036 中国文明　農業と礼制の考古学　岡村秀典　諸 6
037 新・動物の「食」に学ぶ　西田利貞
039 新編　素粒子の世界を拓く　湯川・朝永から南部・小林・益川へ　佐藤文隆 監修
040 文化の誕生　ヒトが人になる前　杉山幸丸

041 アインシュタインの反乱と量子コンピュータ　佐藤文隆
042 災害社会　川崎一朗
043 ビザンツ　文明の継承と変容　井上浩一　諸8
044 江戸の庭園　将軍から庶民まで　飛田範夫
045 カメムシはなぜ群れる？　離合集散の生態学　藤崎憲治
046 異教徒ローマ人に語る聖書　創世記を読む　秦　剛平
047 古代朝鮮　墳墓にみる国家形成　吉井秀夫　諸13
048 王国の鉄路　タイ鉄道の歴史　柿崎一郎
049 世界単位論　高谷好一
050 書き替えられた聖書　新しいモーセ像を求めて　秦　剛平
051 オアシス農業起源論　古川久雄
052 イスラーム革命の精神　嶋本隆光
053 心理療法論　伊藤良子　心7
054 イスラーム　文明と国家の形成　小杉　泰　諸4
055 聖書と殺戮の歴史　ヨシュアと士師の時代　秦　剛平
056 大坂の庭園　太閤の城と町人文化　飛田範夫
057 歴史と事実　ポストモダンの歴史学批判をこえて　大戸千之
058 神の支配から王の支配へ　ダビデとソロモンの時代　秦　剛平
059 古代マヤ　石器の都市文明［増補版］　青山和夫　諸11
060 天然ゴムの歴史　ヘベア樹の世界一周オデッセイから「交通化社会」へ　こうじや信三
061 わかっているようでわからない数と図形と論理の話　西田吾郎
062 近代社会とは何か　ケンブリッジ学派とスコットランド啓蒙　田中秀夫
063 宇宙と素粒子のなりたち　糸山浩司・横山順一・川合　光・南部陽一郎
064 インダス文明の謎　古代文明神話を見直す　長田俊樹
065 南北分裂王国の誕生　イスラエルとユダ　秦　剛平
066 イスラームの神秘主義　ハーフェズの智慧　嶋本隆光
067 愛国とは何か　ヴェトナム戦争回顧録を読む　ヴォー・グエン・ザップ著・古川久雄訳・解題
068 景観の作法　殺風景の日本　布野修司
069 空白のユダヤ史　エルサレムの再建と民族の危機　秦　剛平
070 ヨーロッパ近代文明の曙　描かれたオランダ黄金世紀　樺山紘一　諸10
071 カナディアンロッキー　山岳生態学のすすめ　大園享司
072 マカベア戦記㊤　ユダヤの栄光と凋落　秦　剛平
073 異端思想の５００年　グローバル思考への挑戦　大津真作
074 マカベア戦記㊦　ユダヤの栄光と凋落　秦　剛平
075 懐疑主義　松枝啓至
076 埋もれた都の防災学　都市と地盤災害の２０００年　釜井俊孝
077 集成材〈木を超えた木〉開発の建築史　小松幸平
078 文化資本論入門　池上　惇